가질 수 있고 될 수 있고 할 수 있다

YOU

가질 수 있고 될 수 있고 할 수 있다

OWE

매일 아침 나를 일으킨 한 마디

에릭 토머스 지음 · 박선령 옮김

YOU

포레스트북스

아내 디디와 디디처럼
인생의 큰 타격을 입었지만 포기하지 않고
정면으로 맞서서 장애물을 극복하기로 결심한
모든 이들에게 이 책을 바친다.

오늘 밤 잘 수 있는 곳을 매일 걱정해야 하는 노숙자가 꿈꿀 수 있는 인생의 진로는 무엇일까? 아마 어둡고 긴 터널의 미래를 벗어나는 상상을 하기 쉽지 않을 것이다. 이 책의 저자 에릭 토머스는 부모님의 이혼, 가출, 노숙자, 늦은 학업, 배우자의 생사고비를 한 번의 삶에서 모두 겪었다. 그것도 한꺼번에. 하지만 그는 오랜 세월 스스로 강점을 발굴하고 뾰족하게 다듬으며 마음 맞는 사람들과 팀을 구성하고 유튜브를 통해 소통하며 성공가도에 오를 수 있었다.

그런데 사실 가까이 들여다보면 그 과정은 굉장한 극복의 연속이었다. 뭘 하려고 하면 매번 다른 장애물이 인생을 막았고, 그때마다 에릭 토머스는 다음과 같은 주문을 외웠다.

'인생을 정말 간절하게 바꾸고 싶어? 정말 그렇다면 그저 포기하고, 놀고, 자기보다 일단 눈앞의 기회에 집중해보자. 그러다 보면 몰라서 겪는 고통은 오래가지 못할 거야. 그리고 나의 시대는 올 거야.'

그리고 그의 시대는 기다림 끝에 기회를 만나 소셜네트워크와 함께 시작되었고, 이제 어엿한 동기부여 전문가로 일어서서 스스로뿐 아니라 다른 사람에게도 희망의 메시지를 전한다. 인생이 잘되어야 하는 이유가 필요하다면, 인생이 더 잘될 방법을 알고 싶다면, 뭘 좀 해보려고 하는데 장애물이 계속 등장해서 포기하고 싶다는 생각을 하고 있다면, 이 책이 당신이 찾아헤매던 해답으로 안내할 것이다.

손종수 브라운백 주식회사 대표이사

이 책은 인생이나 커리어가 계획한 대로 잘 안될 때 '난 참 운이 없다'라는 생각부터 하고 그 유를 밖에서 찾는 우리들에게 변화의 계기를 선물해주는 책이다. 에릭 토머스는 모든 것을 '나'에서 시작하라고 한다. 변화를 만들어 가는 건 그 누구도 아닌 나. 저자의 인생역전 자수성가 스토리도 함께 담은 이 책은 '나'에게 집중할 수 있도록 자극하고, 실행 가능한 세부 과제까지 제공하는, 삶에 착 달라붙는 자기계발서다.

책을 읽으면서 29살 때 극소심한 성격과 태도를 바꾸었던 나의 '본어게인 프로젝트born again project'를 떠올렸다. 상황을 바꾸고 인생을 바꾸는 건 나이고 믿을 수 있는 건 내 안에 있는 나의 내재된 힘뿐이다. 내 안에 얼마나 강한 내공이 축적되어 있는지는 그걸 꺼내 본 사람들만 안다. 이 책과 함께 내 안에 잠재된 힘을 확인하기 바란다.

정김경숙(로이스킴) 구글 글로벌 커뮤니케이션 디렉터
『계속 가봅시다 남는 게 체력인데』저자

"에릭 토머스의 비전은 당신의 마음과 정신에 대한 인식을 변화시킬 것이다. 그의 말은 인생의 목적을 찾아 헤매는 사람들을 위한 선물이다. 이 책은 내면의 자아를 찾는 사람들을 위해 강력한 통찰력을 제공한다."

마이클 B. 조던 Micheal B. Jordan 영화배우

"나는 에릭 토머스의 목소리를 처음 듣자마자 그의 팬이 되었다. 그의 목소리에는 열정, 추진력, 끈기가 들어있다. 세월이 흘러도 변하지 않는 에릭 토머스의 연설은 우리에게 노력과 헌신에 대한 의미를 다시 생각하게 만든다."

크리스 폴 Chris Paul NBA 올스타

"에릭 토머스의 연설은 언제나 경이롭다. 그는 인간이 가진 위대해지고 싶다는 욕망을 세분화한다. 거울을 통해 자신을 진정으로 바라보며 '내가 위대해지고 싶은 것인지, 아니면 그냥 위대해지고 싶다고 말하는 것인지'를 생각하게 만든다. 에릭 토머스는 언제나 당신이 그 이상으로 나아갈 수 있도록 마음의 불이 꺼지지 않도록 계속해서 마음의 연료를 공급한다."

자이언 윌리엄스 Zion Williams NBA 올스타

"에릭 토머스는 결코 좌절하지 않고 한계점까지 밀어붙여 자신도 몰랐던 내면의 힘을 찾을 수 있도록 도와준다. 이 책의 모든 문장에는 여러분이 더 열심히 일하고, 진정한 동기를 발견하고, 지속적인 성공의 암호를 푸는 데 도움을 주는 지혜와 영감, 오래된 진리로 가득 차 있다."

에드 마일렛 Ed Mylett 『한 번 더의 힘』 저자

『가질 수 있고 될 수 있고 할 수 있다』는 거울 속에 비친 내면의 두려움과 걱정으로 가득찬 나를 용기 있게 마주 보게 한다. 이 책은 가진 것 없고 제대로 이루지 못한 나 같은 사람도 영웅이 될 수 있는 자신감을 심어줬다.

아마존 독자 Thad***

무엇이든 내가 되고 싶은 대로 될 수 있다는 강한 자신감을 심어줬다. 내가 읽은 인생 최고의 책이다.

아마존 독자 Mic***

이 책을 향한 찬사

에릭 토머스는 내 사고방식을 바꿔 준 은인이다. 지금 내게 닥친 삶의 문제가 나 혼자만 겪는 것이 아니라는 걸 느끼게 해줬다. 당신도 인생의 탈출구를 발견하고 싶은가? 그렇다면 지금 당장 이 책을 읽어라.

아마존 독자 Ibu***

첫 문장만 읽었는데도 에릭 토머스의 목소리가 울려 퍼지기 시작했다. 수많은 인생의 시련으로 심각한 불안증을 겪는 등 삶을 포기할 이유가 있었음에도 밑바닥에서 기어코 일어선 한 사람의 인생이 생생하게 펼쳐졌다. 매 페이지마다 위대한 성공에 대한 열망이 가득한 책이다.

굿리즈 독자 Fred****

원하는 목표에 도달할 때까지 감수해야 하는 불편함을 이겨내고 끝까지 내 삶의 도전을 계속 이어가는 방법을 알려준다.

굿리즈 독자 Ang***

책을 읽으면서 벽돌로 맞은 것 같았다. 지난한 인생을 멈추고 야수처럼 강한 열정을 다시 느꼈다. 에릭 토머스의 보석같은 문장들은 편안하고 평범한 일상을 도전과 희망의 날로 만들어줬다.

굿리즈 독자 Shau*****

당신의 인생을 바꿔줄 열정, 추진력, 끈기의 목소리

나는 에릭 토머스의 목소리를 처음 듣자마자 그의 팬이 되었다. 그의 목소리에는 열정, 추진력, 끈기 같은 게 있었다. 들을 때마다 날 사로잡았다. 몇 년 동안 그는 경기 전이나 내가 어떤 일을 겪고 있을 때마다 메시지를 보냈고, 그의 목소리를 들으면 항상 효과가 있었다. 그의 연설은 세월이 흘러도 변치 않는다. 유튜브에서 그의 연설을 볼 때, 그게 언제 한 연설인지 알 수 있는 유일한 방법은 타임스탬프를 확인하는 것뿐이다. 그의 강연은 꼭 설교 같다. 교회에 가서 목사의 설교를 들으면 '와, 저건 꼭 나한테 하는 말 같네'라는 생각이 들 때가 있는데, 그의 강연을 들어도 그런 느낌이 든다. 그가 여러분에게 직접 말하는 것처럼 느껴질 것이다.

에릭 토머스의 강연과 유산을 보면 노스캐롤라이나에서 최초의 흑인 소유 휴게소를 연 할아버지가 생각난다. 나와 내 동생에게 스포츠와 삶을 가르친 아버지가 생각난다. 또 날 자랑스러워하면서 내가 인생에서 누린 성공을 경험하길 바라는 내 아이들도 생각난다. 그는 동기의 중요성에 대해 얘기한다. 내 경우, 예전에는 이기는 걸 좋아했다기보다 지는 걸 너무 싫어했다. 그러나 세월이 흐르면서 동기도 바뀌었다. 처음 NBA에 입성했을 때는 리그와 내 가족, 함께 자란 모든 이들 앞에서 나를 증명해야 한다고 느꼈다. 이제 나는 아이들에게 열심히 노력하는 모습을 보여줄 기회가 생겼다. 준비가 어떤 것이고 헌신이 어떤 것인지 보여줄 수 있다. 내 생각에 그는 우리 모두를 위해 그렇게 하는 것 같다. 우리에게 노력과 헌신이 어떤 건지 보여준다.

나는 일할 때 나 같은 사람들에게 끌린다. 지금 17번째 시즌을 치르는 중인데, 아직도 처음 느꼈던 기분 그대로 누구도 날 능가하지 못할 거라고 생각한다. 나는 나와 똑같은 직업윤리를 가진 사람들에게 끌린다. 때로는 상대방 눈빛만 보고도 그가 얼마나 끈기 있는 사람인지 알 수 있다. 그런 사람은 언제든지 우리 팀에 올 수 있다. 에릭 토머스를 보면 그가 얼마나 노력했는지 알 수 있다. 그의 열정과 헌신을 볼 수 있다. 그는 내 경기를 보러 오려고 전국을 돌아다녔다. 그는 미국 전역에 있는 내 청소년 리더십 캠프에 와서 강연을 한다. 대가도 요구하지 않고 매번 찾아온다. 그리고 그건 나만을 위한 게 아니라 모두를 위한 것이다. 그가 대화할 사람이 필요한 아이들에게 자기 전화번호를 알려주는 걸 본 적이 있다. 그가 이런 일을 하는 이유는 이것이 그의 소명이기 때문이다. 우리가 필요로 하는 모든 방법으로 우리를 지도하는 게 그의 소명이다. 우리 팀에 같이 있어주는 것이 그의 소명이다.

우리에겐 공통점이 있다. 그는 여러분의 팀이기도 하다.

크리스 폴 NBA 올스타

자기 삶을 바꿀 수 있는
사람은 자기 자신뿐이다

지금 이 책을 손에 들고 있다면, 이 책은 여러분을 위한 것이다. 바로 여러분을 위해 쓴 것이다. 수천 명이 똑같은 책을 손에 들고 똑같은 내용을 읽고 있을 텐데 이게 무슨 미친 소리냐고 생각하겠지만, 사실이다. 나는 바로 여러분에게 말하고 있다.

『가질 수 있고 될 수 있고 할 수 있다』는 여러분의 힘과 목적을 이해하도록 도와주는 설명서다. 내가 겪은 수많은 고난과 승리의 이야기를 들려주는 이 안내서는 여러분을 동기로 인도하고 잠재력을 실현할 수 있도록 이끈다. 여러분이 지금 위대함으로 향하는 여정의 어느 지점에 있든, 이 책은 여러분을 위한 것이다. 더 이상 별들이 정렬되기를 기다리지 말고 갑자기 영감이 떠오르기를 기다리지 말고, 깨어나서 자신의 삶을 장악하라는 긴급한 메시지가 담긴 책이다. 오늘 당장 말이다. 여러분은 진정한 자신이 되어야 할 의무가 있다. 자기만이 살 수 있는 방식으로 자신의 삶을 살아야 한다.

나는 위대함으로 향하는 길로 이끌어 줄 이런 청사진을 원했나. 나는 방황하며 보낸 세월이 너무 길다. 아무 목적 없이 많은 시간을 허비했다. 목적을 추구하지 않으면서 긴 시간을 보냈다. 아마 내게 이런 책이 있었다면 내가 가진 재능과 힘을 훨씬 빨리 깨달았을 것이다. 예전의 내게 이런 책이 있었다면 그렇게 오랜 세월을 피해의식에 젖어 혼자라고 느끼면서 나에 대한 다른 사람들의 생각에 사로잡히지 않았을 것이다.

나는 많은 장애물과 실수 끝에 마침내 목적을 향한 나의 길을 찾았다. 그리고 오늘날 다양한 부류의 많은 청중들을 상대로 얘기할 수 있는 축복을 받았다. 나는 이제 국제적으로 유명한 연설가이자 동기부여 코치다. 그리고 부유한 사람, 가난한 사람, 흑인, 백인, 중년층, 80대 노년층과 함께 일하는 행운을 얻었다. 유명한 이들을 상대로 강연을 하기도 하고, 길을 가다 보면 날 알아보고 멈춰 세우는 사람들도 있다.

하지만 가장 먼저 날 따르기 시작한 건 아이들이었다. 옛날에 아이들과 먼저 일을 하기 시작했기 때문이다. 대학 때 앨라배마주 헌츠빌에 있는 오크우드에서 동료 학생들을 상대로 연설을 했다. 그리고 예전에 내가 도움을 받았던 것처럼 고교 중퇴자들이 고졸 학력 인증서GED를 받도록 돕는 일을 시작했다. 초등학교와 중학교에서도 일했다. 소년원과 위탁 가정도 방문했다. 헌츠빌에서 영어와 연극, 말하기를 가르쳤다. 그리고 나처럼 학교 공부를 잘 따라가지 못하는 아이들을 가르쳤다. 이 모든 일을 통해 나는 힙합 전도사 ET로 알려지게 되었다.

유튜브를 시작했을 때도 아이들이 가장 먼저 내 동영상을 찾아냈다. 그리고 마침내 그 아이들 중 일부가 성공했다. 그들은 대학 운동선수나 프로 운동선수가 되었다. 기업가와 교육자가 되었다. 코미디언, 배우, 음악가가 되었다. 그 아이들은 자라서도 날 좋아했다. 나는 그런 아이들 때문에 이 책을 쓰게 되었다. 특히 아버지 없이 자란 아이들, 학습 장애나 트라우마로 고생한 아이들, 나처럼 문제아였던 아이들을 위해서.

내가 학교에 가든 감옥에 가든 NBA 라커룸이나 NFL 훈련 캠프에 가든, 호주, LA, 디트로이트, 런던, 앨라배마, 프랑스에 가든 반응은 항상 똑같다. 다들 내 말을 듣고, 내가 자기들 한 명 한 명에게 말하고 있다는 걸 안다. 나는 그들에게 지금이 바로 그때라고 말한다. 이건 생과 사의 갈림길이다. 지금이 바로 일어나서 자신의 삶을 바꿀 때다. 이건 돈이나 명성, 학위나 터치다운, 노력 끝에 얻은 수표를 말하는 게 아니다. 매일 아침 일어나 자신의 힘을 이해하고, 목적을 향해 걷고, 자기가 뭘 원하는지 알고, 남은 인생의 매 순간을 그걸 추구하며 보내는 것이다.

이 책은 데니스 킴브로Dennis Kimbro의 『생각하라 그러면 부자라 되리라Think and Grow Rich: A Black Choice』, 나임 악바르Na'im Akbar 박사의 『흑인을 위한 비전Visions for Black Men』, M. 스콧 펙M. Scott Peck의 『아직도 가야 할 길The Road Less Traveled』 등 전에 읽은 책들과 내 경험을 담아 자비 출판한 『성공의 비밀The Secret to Success』, 『고된 노력The Grind』 같은 책에서 많은 정보를 얻었지만 그래도 이 책만의 독특한 전달 방식이 있다. 전에 읽은 책은 대부분 어렵고 학문적이고 복잡하다. 내 메시지는 심오하지만 간단하다. 여러분이 열두 살이든 마흔 살이든 이 책을 읽고 의미를 이해할 수 있기를 바란다. 여러분이 어디 출신이고 학교를 얼마나 다녔든 상관없이 이 책을 읽을 수 있기를 바란다. 내 메시지가 모든 사람에게 명확하게 전해지길 바란다.

내가 전하려는 메시지는 여러분은 자기 인생을 바꿀 수 있는 유일한 사람이라는 것이다. 여러분은 자신의 가치를 결정할 수 있는 유일한 사람이다. 자신의 진정한 목적을 선택하고 위대함으로 향하는 길을 찾을 수 있는 사람도 여러분뿐이다. 자신의 차이를 식별하고 그걸 본인에게 유리하게 이용할 수 있는 사람도 마찬가지다. 여러분은 스스로를 도울 수 있는 유일한 사람이다.

나도 여러분과 같은 처지에 있었다. 나는 자기가 외부인이라고 느끼는 모든 사람을 향해 말하고 있다. 세상이 자기를 위해 만들어지지 않았다고 느끼는 모든 사람. 이들은 자기가 모르는 언어를 이해하기 위해 고군분투해본 공통된 경험이 있다. 이들은 자기가 지금 하는 일에 생사가 걸려 있다는 절박감을 느낀 적이 있다는(자녀를 키우거나, 집세를 내거나, 아픈 배우자를 돌보거나, 인생에서 가장 중요한 경기에 임하거나, 학교에 계속 다니느냐 쫓겨나느냐가 결정되는 시험을 치르는 등) 공통점이 있다. 우리는 인간이다. 누구나 이런 감정을 느낄 때가 있다. 따라서 내가 다른 사람들에게 말할 때도 결국 여러분에게 말하는 것이나 매한가지다.

내 일은 나와 불가분의 관계에 있기 때문에, 항상 미국에서 흑인으로 살면서 아메리칸 드림을 이루기 위해 노력하는 게 무얼 의미하는가와 관련이 있다. 하지만 인종이나 성별, 나이, 사회경제적 지위 등 내가 처한 상황의 어떤 요소 때문에 피해자 행세를 한다는 얘기는 아니다. 이건 여러분에 대한 세상의 인식이 어떻든 간에 자신의 이야기를 쓰고 세상에서 자신의 위치를 주장하는 것을 의미한다. 나는 예전에 피해자 행세를 한 적이 있다. 세상이 날 가지고 논다고 생각했다. 그래서 노숙자가 되었다. 가족에게 등을 돌리고 내 선택에 대한 책임을 거부했다. 쓰레기통을 뒤져 음식을 주워 먹었다. 버려진 건물에서 잠을 잤다. 나를 그런 위치에 놓이게 하는 결정을 내리고는 그 모든 일에서 내가 한 역할을 부인했다. 그렇게 피해의식에 사로잡혀 있었지만 결국 거기에서 벗어나 승자가 되기 위한 길을 찾아냈다.

사실 성공의 비결은 다양하다. 그중 하나는 숨쉬고 싶은 만큼 간절하게 성공을 바라는 것이다. 하지만 그건 시작에 불과하다. 성공하려면 자신의 성공을 방해하는 유일한 사람이 자기 자신이라는 걸 알아야 한다. 그리고 자기 힘을 깨닫고, 목적을 찾고, 그걸 따라 걸어가야 한다. 자기가 어떤 사람인지 깨닫고, 자신의 본질을 명확하게 파악해서 주변 세상에 대응하고, 그 대가로 기회를 발견해야 한다. 또 자신의 동기, 아침에 일어나 열심히 일하는 이유를 찾아야 한다. 훌륭한 것을 위해 좋은 걸 포기해야 할 때를 알아야 한다. 자신의 잠재력을 향해 뻗어나가야 한다. 그리고 어느 시점쯤 되면 자신에게 위대해질 의무가 있다는 걸 깨달아야 한다.

여러분은 이제 막 나를 알게 됐을지도 모르지만 나는 오래 전부터 여기 있었다. 나는 30년 넘게 강연을 해왔다. 난 목사이자 교육자이며 상담가이기도 하다. 난 프로 선수들을 일대일로 지도한다. 공동체 구성원들을 상대로 결혼 상담과 가족 상담을 해주기도 한다. 매주 전 세계 수천 명의 사람들과 함께 기도를 드린다. 대학과 교도소에서 사람들을 가르친다. 포춘 500대 기업 CEO들과 함께 팀 구성이나 개인 성장 문제를 다룬다. 내가 지금 하는 일은 전부 개인적인 일을 처리하고, 내 문제를 해결하고, 교육을 받고, 탁월함을 향해 노력한 것에서 비롯되었다. 나는 평생 동안 내가 누구이고 내 목적이 무엇인지 알아내기 위해 노력했다. 매일 내 잠재력을 향해 손을 뻗고, 내 삶의 목적을 위해 잠을 깨고, 위대한 것에 도달하기 위해 좋은 것을 포기하고 있다. 정말 긴 여정이었다. 그래도 그럴만한 가치가 있었다고 말하고 싶다. 그 여정에 모든 것이 담겨 있다. 중요한 건 여정이다. 그냥 바라기만 해서 여기까지 온 게 아니다. 여행을 떠났기 때문에 이곳에 당도한 것이다. 그리고 지금도 여행을 계속하고 있다. 이제 여러분도 여행길에 올라야 한다.

| 차례 |

YOU
OWE
YOU

CHAPTER

너와 너의
대결

주인 의식을 가지면
자기 인생의 CEO가 될 수 있다

어릴 때는 사람들이 내게 별다른 기대를 하지 않았다. 지금 나는 NBA 라커룸이나 포춘 500대 기업의 중역 회의실 등 엄청난 특권이 가득한 곳에 서슴없이 들어갈 수 있다. 하지만 디트로이트 길거리에서 놀던 어린 시절에는 장차 그런 삶을 살 수 있으리라고 감히 상상도 못 했다.

난 1970년대에 시카고에서 태어나 미시간주 디트로이트에서 자랐다. 그 무렵 디트로이트에 살던 블루칼라 계급은 어릴 때부터 운명이 결정되어 있었다. 고등학교를 졸업한 뒤 포드나 제너럴 모터스, 크라이슬러에 취직해서 가정을 꾸리고 그후 40년간 계속 일하다가 은퇴해서 사회보장 연금을 받는 것이다. 내 인생은 그렇게 흘러가도록 예정되어 있었다. 그리고 그렇게 사는 것도 나쁘진 않았을 것이다. 우리 부모님은 그렇게 사셨다. 과거의 많은 사람들도 그렇게 살았고. 그건 꽤 괜찮은 삶이다.

미래에 대한 기대가 없었던 이유는 살아있다는 사실만으로도 만족했기 때문이란 걸 알아야 한다. 우리 증조할아버지는 소작농이었다. 그 부모님은 평생 노예로 살았다. 우리 부모님처럼 집과 차가 있고 돌볼 정원이 있고 매일 포드 자동차 회사에서 일한다는 건 우리 선조들이 꿈도 꾸지 못한 일이었다. 오로지 생존만이 목표인 상황에서 어떻게 더 큰 목표를 생각할 수 있겠는가?

내 성장 과정을 이해하려면 우리 어머니 버네사 토머스가 어떻게 자랐는지부터 얘기해야 한다. 우리 어머니에게 어릴 때 어떤 미래를 기대했느냐고 물어보면 아무것도 기대하지 않았다고 대답할 것이다. 그리고 인종차별이 극심했던 1960년대의 시카고에서 어떻게 살았는지 얘기해줄 것이다. 사우스사이드에 있는 22평짜리 아파트에서 13명의 형제자매와 함께 살았던 어머니는 미래에 대한 희망이 별로 없었기 때문에 기대도 없었다.

어머니의 조부모는 아프리카계 미국인들이 피부색 때문에 백인과 같은 공간을 사용하지도 못했던 짐 크로Jim Crow(미국 남부 11개 주에서 공공장소에서의 흑백 분리를 강제한 법-옮긴이) 시대에 태어났다. 우리 가족은 기차, 식수대, 화장실, 호텔 같은 공공장소에서 지배적인 문화와 교감할 수 있는 존엄성을 박탈당했다. 외할아버지는 앨라배마주 셀마 외곽에서 태어났고 외할머니는 앨라배마주 사르다스 출신이다. 가난한 시골 지역인 그곳에는 사실상 노예 제도가 아직 남아 있었다. 그분들의 가족은 계약 노동을 기반으로 근근이 생계를 유지했고 생존을 위해 농작물 일부를 지주에게 바쳤다. 하지만 남북전쟁 후 약 65년 동안 600만 명의 아프리카계 미국인들이 그랬던 것처럼, 그분들도 결국 남부에서의 삶을 정리하고 가능성 있는 미래를 찾아 북부로 떠났다.

내 외조부모인 제시 맥윌리엄스와 메리 크레이그, 그리고 그분들의 부모는 1940년경에 디트로이트에 도착했다. 앨라배마에서 기차를 타고 올라온 그들은 흑인 공동체간의 유대가 긴밀하기로 유명한 블랙 보텀이라는 동네에 정착했다. 그곳에서는 다 함께 일하고 서로 먹을 것을 나누고 이웃을 정성껏 보살폈다.

제시 맥윌리엄스는 아일랜드 삼자 대기근 때 가족과 함께 미국으로 건너온 에바와 애런 맥윌리엄스 부부의 여덟 자녀 중 한 명이다. 제시는 혼혈이고 피부색이 밝아서 쿠바인이나 이탈리아인으로 통할 수 있었기 때문에 다른 흑인들보다 자유롭게 세상을 돌아다녔다.

"

오로지 생존만이 목표인 상황에서
어떻게 더 큰 목표를 생각할 수 있겠는가?

"

외증조모인 케이트 가드너는 우리 외할머니 메리 케이트 크레이그를 낳다가 돌아가셨다. 어머니의 말에 따르면, 그 일 때문에 외할머니의 영혼에 커다란 구멍이 뚫렸고 거의 평생을 다른 사람들과 거리를 두고 살았다고 한다. 외할머니는 본인의 과거에 대해서 얘기한 적이 없다. 외동딸이었던 외할머니는 유모 손에 자랐는데 그 유모가 외할머니의 아버지인 프레드와 결혼해서 자식을 10명 낳았다. 외할머니는 항상 소외감을 느꼈고 다른 가족들과 친밀한 관계를 맺지 못했다. 난 어릴 때 외할머니가 진지하고 사무적인 사람이라고 느꼈다. 진정한 부양자의 입장에서 가족들이 살아가는 데 필요한 것들을 제공하는 데만 전념했기 때문이다. 당시에는 그 이유를 몰랐지만, 그분이 다른 사람의 도움 없이 혼자 힘으로 자녀들을 키워온 걸 생각하면 왜 본인의 진정한 감정을 제대로 표현하지 못했는지 알 것도 같다.

내 외조부모인 메리 크레이그와 제시 맥윌리엄스는 디트로이트에서 만나 세 아이를 낳았지만 결혼은 하지 않았다. 그리고 제시는 메리 곁을 떠났다. 외할머니는 우리 어머니의 계부가 된 브랙스턴 씨를 만나 함께 시카고로 가서 아이를 11명 더 낳았다. 우리 어머니는 친아버지가 돌아가신 줄 알고 자랐다. 그러다가 10살인가 11살 때쯤 아버지가 불쑥 나타났는데 누군지 전혀 알아보지 못했다. 어머니의 친부는 외모가 꼭 백인 같았고 그와 함께 온 계모 버니스는 백인이었다. 어머니는 친부를 받아들이기까지 시간이 꽤 걸렸지만 결국 두 사람은 가까워졌고 버니스는 그들의 관계를 안정시키기 위해 애썼다. 어머니 계부의 가족들은 어머니와 그녀의 두 자매보다 피부색이 짙은 계부의 친자식들을 편애했지만, 아이들은 복잡한 혈연관계에 아랑곳하지 않고 서로를 친형제처럼 대했고 피부색 차이에 따른 정치적인 문제를 무시하면서 자랐다.

우리 가계도의 얽히고설킨 역학을 설명하는 이유는 나라는 개인의 역사가 불안정한 기초 위에 세워졌다는 걸 보여주기 위해서다. 우리 가족은 사생활 면에서도 확실한 부분이 없는 것처럼 사회에서의 입지도 확실하지 않았다. 상황이 계속 격변했고 생존에 필요한 기본적인 걸 손에 넣는 데에도 걱정이 끊이지 않았다. 남자들은 사라지고 여자들만 남아서 자신과 아이들을 보호해야 하는 패턴이 이어졌다. 이로 인해 가정은 제기능을 못하고 예측 불가능한 상황이 계속됐다. 극심한 빈곤 속에서 어떻게 성취감 있는 삶을 꾸릴 생각을 할 수 있겠는가?

바네사 크레이그는 17살에 임신해서 18살에 날 낳았다. 어머니는 시험 점수가 뛰어난 학생들만 입학할 수 있는 직업 기술 학교인 넌바 고등학교에서 10등 안에 드는 성적을 유지했다. 하지만 당시는 임신한 여학생은 학교에서 쫓겨나던 시절이다. 다행히 어머니를 상담한 교사가 학교 측에서 임신한 소녀들에게 알리고 싶어 하지 않는 비밀을 알려줬다. 시험을 치러서 합격하면 졸업장을 받을 수 있다는 것이다. 그래서 어머니는 시험에 합격했다. 어머니는 던바에서 만난 내 생물학적 아버지인 제럴드 먼데이와 잘 해보려고 애썼다. 어머니는 그가 이웃에 살던 다른 청년들과는 달랐다고 기억했다. 폭력배도 아니고 문제아도 아니었다. 하지만 기본적으로 그는 어머니를 도와 나, 에릭 먼데이를 키우는 데 관심이 없었다.

어머니가 텍사스 서던에서 농구를 하던 키가 203센티미터인 제시 토머스를 처음 만났을 때 두 사람은 친구 사이로 시작했다. 1972년의 일이다. 어머니는 스무살이고 두 살 난 아들이 있었다. 제시는 자기가 배구선수 타입의 키 큰 여자를 만나게 될 거라고 생각했다. 그리고 주부 타입인 여자를. 어머니는 키가 162센티미터고 확실히 주부 타입은 아니었다. 하지만 두 사람이 대화를 나누기 시작하자 제시는 어머니를 이해했고 어머니의 의지와 지성에 이끌렸다. 그는 아이를 원한다고 했고, 그 말은 곧 내가 두 사람 사이의 장애 요인이 아니라는 뜻이다. 실제로 그는 나를 자기 양자로 입양하고 싶어 했다. 둘은 결혼을 했고 어머니는 바네사 토머스가 되었다. 그리고 제시는 디트로이트(열심히 일하면 마당 딸린 집도 사고 좋은 일자리도 구할 수 있는 곳)로 이사하자고 어머니를 설득한 뒤 그곳 법원에 입양 신청을 했다. 1974년에 나는 제시의 아들 에릭 토머스가 되었다. 부모님은 내게 다른 생물학적 아버지가 있다고 얘기한 적이 없다. 그냥 그렇게 살았다. 그리고 나도 자라는 동안 그렇게 생각했다.

디트로이트로 이사한 뒤 한동안은 셋집에 살았지만 결국 8마일 앤 브레일 거리의 모퉁이 부지에 있는 침실 3개짜리 벽돌집에 정착했다. 어머니는 자기가 집을 소유하거나 그런 삶을 살 수 있을 거라고는 상상도 못했지만, 그 집을 손에 넣기 위해 열심히 일했고 그곳을 사랑했다. 당시에도 인종적인 경계가 여전히 존재했다. 대부분의 미국 도시들과 마찬가지로 디트로이트도 인종 분리 정책을 썼다. 8마일 북쪽으로 두 블록 이상 가서는 안 됐다. 우리는 때때로 7마일까지 가는 모험을 감행하곤 했지만 6마일이나 9마일에는 가지 않았다. 거주지에서 1마일 반경 안에 머물러야 한다는 암묵적인 규칙이 있었다.

내가 자라던 무렵의 디트로이트는 근사했다. 활기찬 도시였다. 우리는 마음속 깊이 그 도시에 대한 자부심을 느꼈다. 디트로이트는 중부 아메리카의 이상향이었다. 전 세계가 우리 음악을 듣고 우리가 만든 차를 운전했다. 당시 콜먼 영Coleman Young이 그 도시의 첫 번째 흑인 시장으로 당선되었고 모타운Motown 레코드 소속 가수들(템테이션스 Temptations, 슈프림즈Supremes, 아이즐리 브라더스Isley Brothers, 클라크 시스터스Clark Sisters 등)이 차트 최정상을 차지했다. 우리는 다이애나 로스Diana Ross가 시내에 있다거나 마이클 잭슨Michael Jackson이 막 도착했다는 소식을 들었고, 나와 친구들은 파란색 치장 벽토를 바른 베리 고르디Berry Gordy의 스튜디오로 향하는 리무진을 잠깐이라도 볼 수 있을까 해서 모퉁이를 서성거리며 먼 곳을 바라보곤 했다. 우리 할머니가 그 근처에 사셨는데 유명인들과 가까운 곳에 있다는 것만으로도 마음이 술렁이는 걸 느꼈다. 또 디트로이트는 당시 시민권 운동이 가장 활발하게 벌어지던 곳이었다. 로자 파크스Rosa Parks가 시내에서 연설한다는 소식을 듣기도 하고, 어른들은 가끔씩 마틴 루터 킹 주니어Martin Luther King Jr가 '자유를 향한 머나먼 여정' 연설을 했던 때를 얘기하기도 했다. 랜싱에서 머물기도 하다가 불과 10년 전에 암살당한 맬컴 XMalcolm X에 대한 기억도 여전히 생생했다.

요즘에도 그렇지만 난 다른 사람들보다 먼저 일어나곤 했다. 새벽녘부터 밖에 나가서 친구들이 일어나길 기다리고 어른들이 침대에서 나오길 기다렸다. 우리는 여름 내내 하루종일 밖에 나가서 자전거를 타거나 길거리에서 축구를 했다. 나는 제2의 칼 루이스Carl Lewis가 되어 올림픽 100미터 경주에 출전하게 될 거라고 생각했다. 아니면 NFL에서 뛰는 선수가 되거나.

거의 매주 주말이면 어머니는 가족을 방문하기 위해 나와 여동생들을 데리고 시카고에 갔다. 어머니의 형제자매들은 모두 시카고에 살았고 다들 사이가 좋았다. 시카고의 여름은 환하게 불이 밝혀져 있었다. 밤이면 사람들이 사운드 시스템을 길모퉁이로 가지고 나왔고, 다들 자리에서 일어나 테크노 음악을 틀고 거리에서 춤을 췄다. 시카고는 디트로이트보다 좀 더 거칠었지만 사촌 중에 가장 나이가 많은 랜디는 모두와 사이가 좋았기 때문에 우리는 안전하다는 걸 알았다. 우리는 부두에 가서 낚시도 하고, 도미닉의 가게에 가서 사탕도 사고, 식료품을 배달하는 기차에서 시리얼을 훔치고, 여자애들이 줄 두 개로 줄넘기 놀이를 하는 모습을 지켜보곤 했다. 삶은 안락했고 나는 그 외의 삶에 대해서는 아무것도 몰랐다.

하지만 열한 살인가 열두 살쯤 되었을 때 몇 가지 의문을 품기 시작했다. 이웃 사람들이 말하는 걸 들었다. 이모들이 하는 말도 들었다. 동네 애들은 우리 아빠가 진짜 아빠가 아니라고 놀리곤 했다. 우리는 카드놀이나 농구를 하면서 서로 경쟁할 때면 말다툼 끝에 서로의 엄마를 걸고 넘어지곤 했다. 그럴 때마다 내게 돌아오는 건 "그 사람은 네 진짜 아빠가 아니야"라는 말이었다. 결국 그 말에 일말의 진실이 담긴 건 아닌지 의문이 들기 시작했다.

그래서 어느 날 방과 후에 집을 샅샅이 뒤졌다. 내가 찾고 있는 걸 발견할 때까지 선반과 상자와 옷장을 다 뒤졌다. 그건 엄마의 침실 맨 위 서랍에 있었다. 내 출생증명서 말이다. '아버지' 칸 아래에 적힌 이름은 제시 토머스가 아니었다. 나는 좌절했지만 그게 사실이라는 걸 알았다. 알고 싶지 않았기 때문에 외면해 오던 진실이었다. 동시에 민을 수가 없었다. 내가 속았다는 생각밖에 들지 않았다. 우리 가족 모두가 내게 거짓말을 했다. 하지만 가장 충격적인 건 내게 가장 중요한 사람인 엄마가, 나를 낳은 사람이 그동안 계속 거짓말을 했다는 것이다.

엄마에게 직접 얘기를 들어야 했다. 그래서 회사로 전화를 걸었다. 나중에 엄마에게 그날 일에 대해 물어보자, 엄마는 전화를 받았을 때 내 목소리가 평소와 달랐다고 말했다. 그래서 뭔가가 잘못됐다는 걸 즉시 알았다고 한다. 나는 물어볼 게 있다고 말했다. 그리고 엄마가 뭐라고 말하든 그 말을 믿겠다고 했다. 그런 다음 단도직입적으로 물었다. 내 아버지가 내가 생각하는 사람이 맞는가? 엄마는 내가 이미 알고 있는 사실을 말해주었다.

돌이켜보면 꽤 명백한 일이었다. 나는 세 명의 할머니와 함께 자랐다. 우리 아빠는 키가 203센티미터인데 나는 언제나 동네에서 가장 작은 축에 속했다. 아빠는 나보다 피부색이 까맣고 우리는 닮은 점이 하나도 없었다. 속삭임과 빈정거리는 말을 들었다. 하지만 그 나이 때는 자기가 들은 것만 믿게 된다. 더 이상 그럴 수 없을 때까지 말이다.

"

진실은 사람을 창조할 수도 있고
망가뜨릴 수도 있다.

"

성공으로
가는 길에서는
변명할 여유가 없다.

그날 내 안의 뭔가가 부서졌다. 그 후로는 전과 똑같은 게 하나도 없었다. 하나의 지식이 자리를 잡자 세상의 기분 좋고 옳은 것들을 모두 질식시켰다. 그 기분은 계속 내 안에 남아 내 존재의 기본 구조에 깊숙하게 박혔다. 심지어 요즘에도 그 기분이 날 파괴하지 않도록 열심히 싸워야 한다. 나는 아주 근본적인 방법으로 속았다는 기분, 모든 사람이 내게 등을 돌렸다는 기분을 느꼈다. 그리고 난 그 감정을 직시하면서 헤쳐 나가려 하지 않고 날 도와줄 수 있는 사람들을 모두 밀어낸 다음 내 안에 꽁꽁 갇혔다. 여기서부터 일이 잘못되기 시작했다.

진실은 사람을 창조할 수도 있고 망가뜨릴 수도 있다. 나를 키워 준 아버지가 진아버지가 아니라는 걸 알게 되자 뭔가를 빼앗긴 것 같은 기분이 들었고, 항상 부족했던 나의 일부분을 의식하게 되었다. 갑자기 일생일대의 사건이 발생했는데 난 아무것도 통제하거나 멈출 수가 없었다. 위기에 처한 채 그 속으로 계속 빠져들기만 했다.

내가 찾은 대처법은 화를 내는 것이었다. 난 원래 감정에 사로잡히기 쉬운 사람이라서 힘든 일이 생기면 주위를 둘러보면서 실증적인 증거를 수집하기보다 그냥 내 감정 속으로 빠져든다. 나는 아버지와 아무 관계도 맺고 싶지 않았다. 그를 적으로 여겼다. 그와 감정적으로 교감해본 적이 없다는 사실을 곱씹으면서 점점 그를 아버지가 아닌 엄마의 남편으로 여기기 시작했던 게 틀림없다. 또 그를 엄격한 사람이라고 생각하면서 그것 때문에 아버지를 원망했다. 어떻게 보면 엄마가 나와 아버지 중에서 한 명을 선택하길 바랐던 것 같다. 그리고 모든 걸 고려한 결과, 엄마가 날 사랑한다는 확실한 증거가 있고, 아버지는 날 자기 아들처럼 키웠고, 엄마는 가족을 꾸릴 안정적인 부양자를 찾았다는 사실에도 불구하고, 난 엄마가 내가 아닌 아버지를 선택했다고 여기기로 했다.

이 문제로 학교 상담사들을 만났다. 심리 치료사도 만났다. 가족들이 내게 말을 걸었다. 이웃들도 말을 걸었다. 엄마는 나와 화해하려고 온갖 노력을 다 기울였지만 내가 받아들이지 않았기 때문에 어떤 방법도 효과가 없었다. 난 낯선 정신과 의사들과 잡담을 나누면서 형편없는 영화에 출연한 듯한 기분이 들었다. 그들은 상담을 빨리 해치우려고 했고, 내가 너무 내밀하고 심오해서 도저히 말로 표현할 수 없는 뭔가에 대해 얘기하길 기대했다. 난 꼭 실험실 쥐가 된 기분이었다. 내게 거짓말을 한 건 엄마와 아빠인데 왜 상담사를 만나야 하는지 이해할 수 없었다. 결국 너무 화가 나서 그들의 말을 아예 듣지 않게 되었다. 학교를 빼먹고 친구들 집에서 잠을 자기 시작했다. 12살 때부터 집에서 벗어나 밖을 떠돌기 시작했고, 16살 때는 집을 완전히 나왔다.

고등학교 3학년이 되던 해 3월의 어느 주말에 벌어진 논쟁 때문에 한계점에 이르렀다. 그날 부모님은 여동생인 11살 제니코, 2살 말로리와 함께 시카고에 가셨다. 가족이 없는 동안 나는 친구들을 집으로 불러서 파티를 열었고 엄마가 아빠를 위해 사다둔 스테이크를 비롯해 집에 있던 음식을 다 먹어치웠다. 우리는 그릴에서 요리를 했고 친구들은 맥주를 마셨으며 다들 둘러앉아 어른인 척 행동했다. 부모님이 집에 돌아오셨을 때 스테이크를 찾으러 간 아버지는 더러워진 그릴과 가득 찬 쓰레기통을 보았다. 엄마가 자리에 앉으라고 했지만 난 거부했다. 아빠가 엄마 말을 무시하지 말라고 했지만 난 그 자리를 떠나려고 했다. 아버지 옆을 지나치려고 하자 그가 내 팔을 잡았고 난 이성을 잃었다. 그때까지 난 한마디도 하지 않았다. 너무 오랫동안 감정을 억누른 채 침묵 속에서 고통스러워했고 그래서 전속력으로 달리는 기차 같은 상태였다. 전에는 엄마에게 욕을 해본 적이 없다. 절대로. 하지만 그때는 도저히 자제할 수가 없었다. 입에서 제멋대로 추잡한 말이 튀어나왔다. 내 생각에 우리 부모님은 위선자였다. 그들은 존경받는 진실한 사람들이었지만 내 삶의 중요한 세부 사항과 관련해서는 그들이 날 무시하고 어둠 속에 가둔 것 같은 기분이 들었다. 분노와 괴로움이 극에 달했고 더 이상 참을 수가 없었다. 나는 집에서 뛰쳐나왔다. 일요일 오후였다. 동네 사람들이 모두 밖에 나와 있었고 다들 내 모습을 봤다.

> **"**
>
> **여러분은 환경을 바꿀 수 있지만,**
> **자기 자신을 바꾸기 전까지는**
> **아무것도 변하지 않을 것이다.**
>
> **"**

그날 내 안의 다른 뭔가가 부서졌다. 아주 긴 길의 끝에 도달한 기분이었고 이제 남은 건 그 길에서 벗어나 내 길을 가는 것뿐이었다. 더 이상 누가 나에게 뭔가를 하라고 지시하는 걸 원치 않았다. 특히 내게 지시할 권한이 없다고 생각되는 사람의 지시는 더더욱 받고 싶지 않았다. 그래서 영원히 집을 떠났다. 입고 있는 옷 말고는 아무것도 없이 떠났다. 첫날밤에는 뒷마당의 덤불과 벽 사이에서 잠을 잤다. 디트로이트의 3월은 축축하고 진창투성이에 회색이다. 아침이 되자 추워서 뼈가 뻣뻣하게 굳었지만 뭐든 집에 돌아가는 것보다는 낫다는 생각이 들었다. 버스가 왔을 때는 학교에 가는 게 이렇게 기뻤던 적이 없었다. 2~3일 동안 계속 같은 옷을 입고 지냈고 뒷마당에서 두어 밤을 더 잤다. 그러다가 결국 집에서 점점 더 멀리 벗어나기 시작했다.

내가 집을 떠날 무렵 디트로이트는 점점 거칠어지고 있었다. 1986년이었고 YBI Young Boys Incorporated라는 갱단이 도시에서 마약을 판매하고 있었다. 백인들은 도심에서 점점 더 먼 곳으로 떠났다. 어떤 날은 친구 집에서 잘 수 있었지만, 어떤 날은 텅 빈 건물에서 춥고 배고픈 상태로 잠들었다. 쥐들이 머리 근처에서 종종걸음을 치는 소리가 들리고 밖에서는 총소리가 났다. 사람들이 내가 있는 곳을 찾아내서 물건을 다 빼앗아 가거나 더 험한 꼴을 당할 수도 있었기에 한 곳에 2~3일 이상 머물 수 없었다. 너무 배가 고파서 유통기한이 지난 물건을 버리는 식료품점 쓰레기통이나 교대 후 남은 음식을 버리는 패스트푸드점 근처의 쓰레기통을 뒤지기 시작했다.

집에서 나올 때 아무것도 갖고 오지 않았다. 난 너무 무지해서 잘 곳이나 음식, 온기를 얻기 위해 뭘 해야 하는지 생각하지도 않았다. 신분증도 없고 현금도 없고 깨끗한 옷도 없었다. 그리고 당시에는 휴대폰도 없었다. 누군가와 이야기를 나누고 싶으면 공중전화를 이용하거나 직접 찾아가야 했다. 하지만 집을 떠나고 1주일이나 지난 뒤에야 비로소 내가 처한 상황이 어떤지 확실하게 와 닿았다. 에버그린

근처의 12마일 거리를 걷고 있을 때 비가 쏟아지기 시작한 게 기억난다. 가진 거라고는 스타터Starter 재킷과 야구 모자뿐이었다. 근처의 주류 상점에 들어가서 음료수와 바비큐 칩을 사고 잠시 바쁜 척하려고 했지만, 흑인 청소년이 디트로이트에 있는 아랍인 소유의 주류 상점을 배회하고 있으면 금세 누군가의 의심을 살 수밖에 없다.

그날 밤이 지난 직후에 어머니에게 전화를 했다. 어머니는 집을 떠나겠다는 내 결정에 동의하지 않았지만, 내가 고집을 부려서 결국 허락한 뒤에도 계속 날 사랑하고 지지해줬다. 심지어 내가 운전면허증 따는 걸 도와주고 고맙게도 차까지 사줘서 놀아다닐 방법이 생겼나. 가끔 친구 집에서 지낼 수 없을 때나 너무 추워서 개방된 건물 안에서 자기 힘들 때는 차에서 잠을 자곤 했다. 하지만 계속 길에서 잘 수는 없는 일이고 안전하지도 않았다. 그래서 맥도날드에서 야간 근무를 하기로 하고 오후 5시부터 새벽 5시까지 근무했다. 덕분에 밤에 있을 곳이 생겼다. 그곳은 핀클 가와 와이오밍 가 사이에 있는 24시간 영업하는 맥도날드였다. 저녁 근무 시간부터 일을 시작해서 아침 근무 시간까지 계속 일했다. 그러는 동안에도 학교는 계속 다니면서 내가 노숙자라는 사실을 숨기려고 했다. 맥도날드에서 야간 근무를 마치고 나면 등교하기 전까지 시간이 좀 남아서, 어머니가 아침 6시에 일하러 나가시는 친구 집에 들러서 눈을 붙였다.

당시에는 내가 노숙자라고 생각하지 않았던 것 같다. 그냥 집에서 살지 않는 것뿐이다. 어둠 속에서 혼자 있는 시간이 너무 많다 보니 나까지 어두워지기 시작했다. 내 힘으로는 아무것도 통제할 수 없다고 느꼈다. 그래서 분개했다. 여전히 화가 많이 났다. 내 인생에서 잘못된 모든 것을 엄마와 날 키워준 아버지 탓으로 돌리며 원망했다. 나 자신에게 나쁜 짓을 하고 싶다는 생각이 들 때도 있었다. 구체적인 계획을 세운 적은 없다. 그냥 앞을 볼 수 없는 안개 같은 우울 속으로 빠져들도록 내버려뒀다. 오늘 이런 얘기를 하긴 하지만, 이 상태가 내 본성과 어긋난다는 건 확실하게 말할 수 있다. 난 우울증이나 정신 질환에 잘 걸리는 사람이 아니다. 그건 일을 훨씬 더 복잡하게 만들 수 있는 문제라는 걸 안다. 난 천성적으로 낙천적이고 쾌활하고 사교적인 사람이다. 원래 부산스럽고 활기찬 성격을 타고났다. 난 사람들과 함께 있을 때 성장한다. 하지만 집을 떠날 때는 내 상황의 희생자가 되는 길을 택했다. 그리고 나 자신을 해치기 시작했다.

어릴 때는 우리가 뭘 해야 하는지를 부모님이 정해준다. 우리가 살아남기 위해 필요한 것들을 제공해 준다. 또 우리가 입고 먹을 것도 정해주고 어떻게 걷고 말해야 하는지도 알려준다. 학교가 끝나면 부모님이 우리를 데리러 오고 우리 집의 생활비를 지불한다. 부모님이 직접 가르치지 않더라도 우리는 그들을 본보기 삼아 여러 가지 것을 배운다. 다행스럽게도 어릴 땐 언젠가 자기 힘으로 자신을 책임져야 한다는 사실을 모른다. 그러다가 어느 날부턴가 모든 게 내 책임이 된다. 그 이후로는 아무도 여러분에게 뭔가를 해줘야 하는 의무가 없다.

노숙자가 된 건 내가 한 일이다. 내가 그 길을 택했다. 세상이 나를 학대했다고 생각했기 때문에 희생자가 되기로 했다. 나는 엄마가 잘못했다고 생각했다. 엄마가 나보다 남편을 선택했다고 생각했다. 당시에는 어머니가 한 일이 자신과 가족을 부양해줄 강한 남자, 날 자기 아들로 키워줄 남자를 찾기 위한 것이라는 사실을 몰랐다. 내 버전의 이야기에서는 내가 억울했다. 내가 희생자였다. 하지만 사실 나는 나 자신과 맞서고 있었다.

나는 고등학교를 중퇴했다. 나중에 고졸 학력 인증서를 받고 대학에 진학했지만 그 이후에도, 심지어 미래의 아내 디디를 만나 결혼한 뒤에도 여전히 피해자 행세를 했다. 비디오 게임에 푹 빠져서 시험도 보지 않았다. 보고서도 제출하지 않고 공부도 하지 않았다. 그러니 어떻게 됐겠는가? 고등학교에서 쫓겨난 것처럼 대학에서도 쫓겨났다. 난 계속해서 다른 누군가가 날 책임져야 한다고 생각했다. 다른 누군가가 와서 내 인생을 인수해주길 바랐다.

우리는 희생자가 될 수도 있고
승리자가 될 수도 있다

피해의식은 마음가짐이다. 그건 우리가 특정한 결정을 내리거나 특정한 방식으로 행동하도록 밀어붙이는 태도다. 세상이 날 괴롭히면 피해의식이 생긴다. 세상이 삶의 방향을 지시해주길 기대할 때도 생긴다. 내가 앞으로 나아가기 위해 필요한 도구를 세상이 제공해주길 기다릴 때도 피해의식이 생긴다. 자신의 통제권을 다른 사람이나 사물에 양도할 때도 생긴다. 그런데 세상에 통제권을 맡기는 건 자기 인생으로 러시안룰렛 게임을 하는 것과 마찬가지라는 걸 알아야 한다. 자기가 차를 조종하지 않으니 어디에 멈추게 될지도 모른다. 하지만 직접 통제력을 발휘하기 시작하면 지금까지의 관점을 바꿔서 여정의 승자가 될 힘이 있다는 걸 알게 될 것이다.

하지만 실제로 난 위기가 닥쳤을 때 피해자가 되는 쪽을 택했다. 그리고 피해자가 되기로 결정하는 과정에서 나 자신을 다치게 했다. 내 상처에 매달려서 그게 내면을 온통 점령하도록 내버려뒀다. 다른 사람이 내 인생을 엉망으로 만들었다고 생각하려고 애썼지만, 사실 아무도 날 집에서 쫓아내지 않았다. 아무도 내게 떠나라고 하지 않았다. 그리고 내 결정으로 인해 나 자신보다 더 상처받은 사람은 없다. 나는 버려진 건물에서 살기로 했다. 쓰레기통에서 음식을 주워 먹기로 했다. 이 일을 필요 이상으로 질질 끌고 가기로 결정한 것도 나다.

살다 보면 일이 틀어질 때가 많을 것이다. 마음이 아플 때도 있고 상처를 받을 수도 있다. 속상하고 화가 날 때도 있다. 그러나 감정은 팩트가 아니다. 그건 감정이다. 팩트는 자신의 감정을 헤쳐 나갈 수 있는 방법이다. 내가 열여섯 살의 에릭에게 말하고 싶은 건 이거다. 화를 낼 수는 있지만 집에서 화를 내라. 자기 침실에서 화를 내라. 속상할 수도 있지만 에어컨과 머리 위에 지붕이 있는 곳에서 속상해해라. 슬플 때도 있겠지만 식탁에 음식이 차려져 있고 깨끗한 옷을 갈아입을 수 있는 곳에서 슬퍼해라. 어떤 감정을 품기 위해 자기 인생을 사보타주할 필요는 없다. 감정을 느낄 수는 있지만 피해자가 될 필요는 없다.

멋진 점은 피해의식을 버리고 주인의식을 가지면, 책임을 지고 상황을 통제하면, 보스가 될 수 있다는 것이다. 여러분은 본인 인생의

CEO다. 자기가 주인의식을 가지면 인생에서 성공하지 못할 부분이 없다. 여러분에게 반대하는 유일한 사람은 자신뿐이다. 이건 여러분 대 여러분의 대결이다. 자신의 발전을 방해하는 사람이 자기뿐이라는 걸 깨달으면 삶의 패턴을 바꿀 수 있다.

피해의식을 이겨낸 사람을 생각하면 우리 엄마 바네사 크레이그가 떠오른다. 아무도 엄마에게 기대를 걸지 않았고, 어릴 때 생활 보조금에 의지해 살았고, 나보다 더 적은 자원을 가지고 있었음에도 불구하고 그녀는 결코 자기 상황의 피해자처럼 행동하지 않았다. 엄마에게는 투지가 있었다. 그리고 아무도 자기에게 뭔가를 주지 않으리라는 걸 알았다.

> **의미 있는 성공은 자기 삶의 단점까지
> 받아들이고 책임을 질 때 시작된다.**

엄마는 아홉 살인가 열 살 때 폭행을 당한 뒤 트라우마 때문에 한 동안 말을 잃었다. 또래들에게 놀림을 받고는 모든 시간을 독서에 쏟았다. 그때 읽은 책들을 통해 행복으로 가는 길이 있다는 걸 알았다. 반대편에 다른 세상이 있다는 걸 안 엄마는 그 세상 안에서 자기 자리를 찾기로 결심했다. 날 임신했을 때 그 길에서 벗어날 수도 있었지만, 정부 보조금으로 살아가는 생활을 그만두고 독립적인 한 인간으로서 날 부양하겠다는 결심이 더 굳어졌다. 당시에는 자녀가 있는데 집에 남자가 없는 여성은 정부 보조금을 받을 수 있었다. 어머니는 두 가지에 다 해당됐다. 하지만 그녀는 열심히 일했다. 엄마는 14살 때 첫 일자리를 구했고, 결국 시카고 외곽에 있는 아르곤 국립 연구소에서 정부 일을 하게 되었다.

엄마는 1973년에 사회복지 사무소에 찾아가서 담당 사회복지사에게 더 이상 보조금을 받지 않겠다고 말했다. 하지만 그 전에 세탁기와 침실 비품을 살 수 있는 바우처가 필요했다. 담당자는 엄마가 대담하게도 너무 멋진 걸 요구한다는 듯이 바라봤지만, 결국 어머니의 뜻을 존중해서 동의해줬다. 당시 흑인 여성들은 순종하라고 배웠지만 엄마는 절대 그러지 않았다. 바네사는 항상 적극적이었고 언제나 자기가 원하는 걸 요구했다. 엄마는 전투에서 승리한 것 같은 기분으로 키케로 가에 있는 폴크 브라더스 가구점으로 향했다. 그곳은 할스테드 반대편에 있었지만 그 가게에는 엄마가 살던 동네에서 구할 수 있는 것보다 더 좋은 가구가 있었다. 침실 가구를 산 엄마는 다시 버스 정류장으로 걸어가기 시작했다. 도시의 그 구역은 흑인들에게 무서운 곳이었다. 시카고에도 백인들이 사람을 기분 나쁘게 쳐다보면서 환영받지 못한다는 기분을 느끼게 하는 곳이 있지만, 키케로에서는 온갖 상스러운 말을 다 듣고 어쩌면 싸움이 시작될 수도 있었다. 몇몇 남자들이 엄마에게 야유를 퍼붓고 흑인을 모욕하는 말을 하고 뒤를 따라다니면서 불안하게 만들었다. 다행히 버스가 도착해서 엄마는 최대한 빨리 올라탔다. 엄마는 흑인 운전사가 화를 내면서 다시는 키케로에 가지 않겠다는 약속을 받아냈던 걸 기억한다. 엄마는 운전사 덕에 끔찍한 일을 면할 수 있었던 건지도 모른다고 말하면서도, 남은 인생 동안 계속 그런 식으로 살지는 않겠다고 맹세했다.

그 순간을 떠올리면, 엄마가 흑인들이 갈 수 없는 시카고의 어떤 지역을 돌아다니면서 자기 수준으로는 감당할 수 없는 값비싼 침실 비품을 사는 모습을 상상하면 엄마가 어떤 사람인지 아주 명백해진다. 엄마는 늘 그랬다. 자기가 자란 세상, 자신에게 불리한 법과 제도, 그녀를 하찮은 존재로 여기는 권력에도 불구하고 엄마는 결코 상황의 희생양처럼 행동하지 않았다.

내가 사랑하는 누군가가 위기를 생산적으로 헤쳐나간 일을 생각하면, 내 친구이자 강연가인 잉키 존슨Inky Johnson이 떠오른다. 잉키는 어릴 때 조지아주 커크우드Kirkwood의 작은 집에서 가족 14명의 함께 살았다. 잉키는 처음부터 자기가 미식축구 스타가 되리라는 걸 알았다. 그는 키 175센티미터에 몸무게가 81킬로그램이었다. 하지만 열심히 노력했다. 어릴 때는 가로등이 꺼지는 시간까지 훈련을 했고 심지어 가로등이 꺼진 뒤에도 엄마 자동차의 헤드라이트 불빛에 의지해

> **거울을 보라, 그가 당신의 경쟁자다.**

서 계속 뛰곤 했다. 결국 그는 테네시 대학교에 진학했다. 잉키는 꿈을 실현했다. 모두가 그의 이름을 알았고 NFL에 진출할 수 있을 거라고들 말했다. 잉키는 엄마에게 집을 사드리고 가족을 위해 저축도 좀 할 수 있을 거라고 생각했다. 하지만 2학년 때 공군 팀과 경기를 하다가 누군가와 심하게 부딪치는 바람에 경기장 밖으로 실려나갔다. 그는 내출혈로 죽을 뻔했다. 혈관 손상을 복구하기 위한 몇 시간의 수술과 재건 작업 끝에 잉키는 오른팔을 전혀 사용할 수 없게 되었다. 그가 지금껏 노력해 온 모든 것이 사라졌다.

하지만 잉키 존슨은 젊은 시절의 나와 달랐다. 잉키는 자신을 피해자라고 여기지 않았다. 그는 그럴 자격이 있었음에도 불구하고 자기에게 심각한 일이 벌어진 것처럼 굴지 않았다. 그는 병상에서 일어나 학교로 돌아갔다. 그리고 스포츠 심리학 석사 학위를 받은 뒤 나처럼 동기부여 연설가가 되었다. 내가 보기에 잉키는 '너와 너'의 싸움을 이해하는 사람의 전형이다. 그의 몸으로는 더 이상 그가 꿈꾸던 일을 하지 못한다. 그의 몸이 배반하는 바람에 이제 그는 절망적이고 우울하고 경력도 쌓을 수 없는 상태가 되었다. 하지만 잉키는 그 도전을 정면으로 직시하며 다가갔다. 그는 피해의식을 버리고 더 많은 일에 도전했다. 잉키는 자신을 극복했다.

여러분 인생에 이런 일이 생기면 어떻게 하겠는가? 어떻게 해야 피해자 같은 성격을 버릴 수 있을까? 어떻게 해야 자기만의 길에서 벗어나 목적을 향해 나아갈 수 있을까?

첫째, 자신에 대한 소유권을 가져야 한다. 여러분의 선택은 자기만의 것이지 다른 누구의 것도 아니다. 다른 사람이 지각을 하거나 제때 돈을 지불하지 않거나 정지 신호에서 앞을 가로막았을 때 그에 대한 책임을 묻는 것처럼 여러분도 스스로 책임을 물어야 한다. 지금 인생의 어느 지점에 있든 그걸 소유할 힘이 있다. 뒤에서 시작하는 사람들도 있고, 아예 시작하지 않는 사람들도 많다. 우리 할머니에게는 엄마 같은 기회가 없었다. 엄마는 나 같은 기회를 얻지 못했다. 요새 두 분은 편안히 앉아서 본인들이 기여한 것에 놀란다. 두 분은 내가 지금의 위치에 오른 것을 믿을 수 없어 한다. 내 아이들에 대해서도 마찬가지다. 하지만 그건 그들이 자기 삶의 주인이 되었기 때문이다. 나도 내 삶의 주인이 되었다. 난 피해자 행세를 그만두고 통제권을 가졌다.

노숙자가 되었을 때는 내게 목적도 계획도 동기도 기준도 없다는 사실을 감당해야 했다. 어느 순간이 되자, 너무 많은 사람을 인생에서 밀어낸 탓에 이렇게 위험한 상황에 처하고 음식을 훔치고 추위와 배고픔에 시달리게 된 것이 전부 내 책임이라는 걸 깨달았다. 아무도 나를 집에서 쫓아내지 않았다. 아무도 내게 내 침대에서 자지 말라고 하지 않았다. 물론 어머니와 가족은 내 친아버지에 대한 정보를 내게 알리지 않기로 했지만 그건 그들의 선택이지 내 선택이 아니었다. 한편으로 생각하면 내 인생을 다른 사람들이 선택하는 처지에서 해방되었지만, 이제 내가 선택을 하는 사람이고 그 선택은 내 것이라는 사실을 아직 연결시키지 못했다.

둘째, 자기가 직접 결정을 내려야 한다. 물론 살다 보면 언제든 위기가 발생한다. 일자리가 없어지거나 가족이 병에 걸리거나 돈이 빠듯해질 수도 있다. 하지만 자기가 피해자라고 여긴다면 이런 문제를 헤쳐 나갈 수 없을 것이다. 그 문제가 여러분을 압도할 테고 결국 통제력을 잃게 될 것이다. 아무도 여러분이 하루 종일 핸드폰만 들여다보는 걸 막을 수 없다. 소파에 앉아 4시간 동안 TV만 보는 걸 막을 사람은 아무도 없다. 아무도 새벽 5시에 여러분을 깨워 달리기를 하거나 시험공부를 하거나 일자리를 구하러 가게 하지 않을 것이다. 그건 전부 자기가 해야 할 일이다. 본인을 위해 그런 일을 할 사람은 자기 자신뿐이다.

셋째, 기준을 정해야 한다. 기준이 없으면 끝없는 하강을 겪을 수 있다. 목표는 무형의 욕구지만 기준은 확고한 기반이다. 몸매를 가꾸고 싶은가? 운동과 식단 기준을 정하고 그 기준을 충족시키자. 자기 가족을 위해 집을 사고 싶은가? 저축 기준을 정해서 꾸준히 저축하고, 책을 읽으면서 자기 재정 상태에 대한 글을 쓰기 시작하자. 학위를 따고 싶은가? 항상 숙제를 잘하고, 자료를 외우고, 성적을 올리기 위한 기준을 세우자. 아무도 여러분을 위해 기준을 세워주지 않을 것이다. 아무도 여러분을 위해 책을 읽거나 수업에 들어가 주지 않을 것이다. 오직 자기 자신만이 기준을 정하고 실천할 수 있다.

나는 4년제 학위를 따는 데 12년이 걸렸다. 그 이유 중 하나는 적절한 기준을 세우지 않았기 때문이다. 처음 대학에 들어갔을 때는 내 삶을 직시하지 않았고 어떤 기준이 있어야 A지점에서 B지점까지 갈 수 있을지 생각하지 않았다. 그때는 매일 밤 잘 곳이 있다는 사실만으로도 너무 기뻤다. 내 수준이 너무 낮아서 교육상 어려움을 겪고 있다는 걸 깨닫지 못했다. 결국 나중에 삶이 안정되고, 내가 다음 단계로 넘어갈 유일한 방법은 대학을 졸업하고 박사 학위까지 따는 것이라는 사실을 깨달았을 때 비로소 기준을 세우고 그 기준을 충족하고 뛰어넘기까지 했다.

넷째, 변명하지 말자. 일단 기준을 정하면 변명의 여지가 없다. 뭔가를 하겠다고 말했으면 그걸 해야 한다. 우리 마음은 이룰 수 없는 일은 절대 생각하지 않는다. 새벽 5시에 일어난다고 해놓고 안 일어났으면 변명하지 말고 그냥 인정하자. 그리고 내일은 알람을 맞추고 5시에 일어나자. 숙제를 하겠다고 했으면 숙제를 하자. 그걸 하지 않은 데는 아무런 변명의 여지도 없다.

나는 120퍼센트 노력하겠다고 약속해놓고는 그 약속을 지키지 않아도 그냥 넘어가곤 했다. 동기부여가 안 된 게 아니라 시간 관리 능력이 떨어지고 잠재력을 충분히 발휘하지 못했던 것이다. 첫째, 기준도 없고 체계도 없었다. 이건 다음 단계로 확실히 넘어가는 데 필요한 도구인데, 이 책 뒷부분에서 이런 도구를 구축해서 사용하는 방법을 자세히 설명하겠다. 그리고 둘째, 비생산적이고 형편없는 선택을 하는 나 자신을 내버려뒀다. 나는 늘 수업에 들어가지 않거나 숙제를 하지 않은 것에 대한 핑곗거리를 찾았다. 나중에 대학에 들어간 뒤에도 변명이 될 만한 이유가 늘 있었다. GED 수업을 가르치거나 캠퍼스 어딘가에서 연설을 해야 했지만, 그건 선택과 우선순위의 문제다. 다음 단계로 올라가지 못한 것에 대해 항상 이런 식으로 변명을 늘어놓았다.

자기가 자신의 성공을 가로막는 유일한 사람이라는 걸 깨달으면 그때부터는 진척이 생길 거라고 장담한다. 본인 외에는 본인의 상황을 바꿀 수 있는 사람이 없다.

이제 다음을 고려해 보자. 내가 나를 책임져야 한다는 사실을 깨달으면 즉시 주위를 둘러보고 자기를 지원해줄 사람을 찾아야 한다. 도달하려는 기준을 향해 나아가도록 도와줄 사람들이 있다. 진전을 이루기 위해 의지할 수 있는 자원이 있다. 자신을 방해하지 말고 함께 노력하다 보면, 남은 인생을 가로막는 유일한 존재가 본인이라는 걸 알 수 있다.

해야 할 일

1. 크든 작든 살면서 가장 최근에 직면한 문제는 무엇이었는가? 그 문제가 생겼을 때 가장 먼저 본능적으로 한 생각이나 행동은 무엇이었는가? 그 문제에 어떻게 대처했는가? 결과는 어땠는가? 자기가 상황을 통제할 수 없다는 무력감을 마지막으로 느낀 건 언제인가?

2. 이제 자기가 통제할 수 없다고 느꼈던 문제나 상황을 되돌아보면서, 어떻게 달리 접근할 수 있을지 분석해 보자. 그때의 감정을 돌이켜 보자. 사실을 분석하자. 만약 그 문제에서 벗어나 끝까지 회피했다면 결과가 어떻게 변했을지 생각해 보자.

앞으로 어떤 도전이 닥칠 것으로 예상하는가? 미래에 어떻게 대처할지 예상하면서 위와 똑같은 실습을 해보자. 자기가 통제권을 쥐면 어떤 모습일지 가능성을 펼쳐보자. 문제를 처리하는 방법에 따라 결과가 어떻게 바뀔 수 있을지 잠시 생각해 보자.

CHAPTER

당신은
결코 혼자가
아니다

나는 혼자라고 되뇔 때만
혼자가 된다

나는 피해의식에 젖어 있었다. 난 자라면서 노예제도, 상속, 내 과거에 대한 깊은 사연을 내면화했다. 어릴 때 학교에서 「뿌리 Roots」라는 영화를 보거나 우리 민족의 노예화에 대해 배울 때는 모든 게 너무 가깝게 느껴졌다. 왜 나는 학교에 다녀야 하고 남들이 추천하는 직장을 구해야 할까? 왜 내가 원하는 삶의 방식과 관련이 없는 다른 사람의 규칙을 따라야 할까? 다른 사람들이 내 시간과 마음을 소유하려고 하는 것 같았다. 날 키워준 아버지가 엄하게 꾸짖었을 때는 그가 노예 주인 역할을 하는 것처럼 느꼈다. 엄마가 내게 정보를 숨겼을 때는 내 삶과 관련된 사실을 조작하려는 것 같았다. 그래서 내 삶에 대한 통제력을 되찾으려면 두 사람 다 차단해야 한다고 생각했다.

그리고 피해의식에 빠진 나는 모든 이들을 차단하고 나는 혼자라고 되뇌기 시작했다.

이제는 자기가 혼자라고 느끼면 혼자가 된다는 걸 안다. 외로움은 피해의식의 일부다. 이건 세상이 자기를 속인다고 여기는 사람의 사고방식이다. 피해자처럼 행동하면 의사소통과 관계가 차단된다. 세상과 맞서 싸우게 된다. 아무도 날 보거나 건드릴 수 없는 어두운 구멍 속에 자신을 파묻는다. 그리고 잠재적인 해결책을 차단한다. 하지만 사실 여러분은 절대 혼자가 아니다. 자기가 세상과 맞서고 있다는 생각은 그냥 생각일 뿐이다. 세상은 여러분을 상대로 음모를 꾸미지 않는다. 여러분이 자신에 대해 음모를 꾸미는 것뿐이다. 이건 자신 대 자신의 대결이다. 여러분 말고는 아무도 여러분이 혼자라고 말할 수 없다.

나는 친부가 따로 있다는 걸 알았을 때 의사소통과 해결을 위한 채널을 모두 차단했다. 이모, 할머니, 가족, 친구 등 가족과 관련된 이들을 모두 차단했다. '나는 혼자'라고 생각했고 그래서 혼자가 되었다. 하지만 그건 사실이 아니다. 엄마는 아무 데도 가지 않았다. 우리는 내가 태어난 날부터 쭉 함께였다. 이모들과 할머니, 나를 키워준 아버지, 그들 모두 아직 내 곁에 있었다. 떠난 것은 나였다.

난 가족에게서 벗어나기 위해 동네를 떠나 밥이라는 친구와 많은 시간을 함께 보내기 시작했다. 그의 부모는 둘 다 헤로인 중독자였고 그의 아버지는 밥이 고등학생 때 총탄 8발을 맞고 죽었다. 밥의 할아버지가 이 상황에 개입했을 때 그의 어머니는 여전히 마약 중독에서 회복하는 중이었다.

"

사람들은
여러분이 위대해지도록
영감을 줄 수도 있고
시궁창으로
끌어내릴 수도 있다.
혼자 실패하는
사람도 없고,
혼자 성공하는
사람도 없다.

"

할아버지는 밥과 그의 형제 빌, 마키, 웨인을 데리고 7마일에 있는 침실 3개짜리 집으로 갔다. 그곳에는 이미 밥의 의붓할머니와 그녀의 딸, 손주 두 명이 함께 살고 있었다. 할아버지는 자기 집 지하실에 2단 침대 4개와 욕실, 그리고 우리가 대부분의 시간을 보낸 거실을 마련해줬다.

7마일은 8마일과는 완전히 다른 세상이었다. 우리 동네는 조용한 교외 지역인 사우스필드와 가까운 반면, 7마일은 디트로이트 도심 바로 옆에 있었다. 8마일이 주로 중서부 지방 가정(집, 마당, 아이들, 진입로에 세워놓은 자동차, 포드, 크라이슬러, GM 같은 직장)다운 핵가족이 사는 곳이라면 7마일은 다세대 가족이 많았다. 어떤 사람은 직업이 있지만 어떤 사람은 없었다. 내가 보호받던 세상에서 불과 1마일과 몇 블록 떨어진 곳에는 완전히 다른 사회적, 경제적 풍경이 존재했다. 어떤 거리는 괜찮았지만 분위기가 안 좋은 블록을 걸을 때는 조심해야 했다.

밥과 나는 헨리 포드에 있는 고등학교에 다녔고 스포츠 활동도 같이 했다. 주말에는 밥이 교회에 갔기 때문에 그와 놀고 싶으면 나도 교회에 갔다. 디트로이트 센터는 퓨리탄 앤 워드 가에 있는 커다란 교회에 뚫어놓은 작은 구멍 같은 곳이었다. 정문으로 안을 들여다보면 바로 뒷문이 보였다. 바닥은 얇은 진홍색 카펫으로 덮여 있고 새빨간 쿠션이 깔린 목제 좌석이 빽빽이 놓여 있었다. 디트로이트 센터는 유대인과 기독교 달력의 일곱 번째 날인 토요일을 신성하게 지키는 장로교 신앙의 일종인 제7일 안식일 재림교회였다. 45명 정도 되는 사람들이 정기적으로 예배에 참석했는데 가족 단위로 오는 이들이 7~8가족 정도고 나이 든 사람들도 좀 있었다. 나한테 그런 공간이 필요한

지 전혀 몰랐었는데, 디트로이트 센터는 내가 찾던 집이었다. 내게 다시 지원 체계가 생긴 듯한 기분이 들었다.

　내가 기억나는 어린 시절부터 늘 영적인 느낌을 받았다. 어릴 때는 교회에 다니지는 않아도 항상 기도를 했다. 8살 때 엄마가 종교 캠프에 보내줘서 아이들이 좋아하는 고전 성경 이야기인 다윗과 골리앗, 요셉과 파라오, 삼손과 델릴라 이야기를 읽었다. 종교가 나한테 잘 맞는 건 아니지만(종교의 컨트리클럽 같은 부분에는 전혀 관심이 없다) 성경은 좋아한다. 아웃사이더 유대인인 예수가 인류를 구하러 왔다는 개념은 여전히 멋지다고 생각한다. 그보다 중요한 건 내가 영적인 사람이라는 것이다. 요즘 나는 친구와 NFL 선수들을 위해 기도회를 이끌고 성경 공부 모임에 참석하고 내 교회 공동체의 목사로 일한다. 하지만 나한테 중요한 건 함께 모여서 함께 기도하는 것이다. 사람들과의 관계가 가장 중요하다는 얘기다. 여호와의 증인이 우리 집 문을 두드리면 나는 그들과 함께 앉아 공부할 것이다. 여러분이 내 교회에 와서 함께 찬송가를 부르고 기도하고 싶다면 진심으로 환영한다. 디트로이트 센터에 발을 들였을 때 나도 같은 기분을 느꼈다. 다른 사람들과 함께 교회에 있다는 사실 자체가 좋았다.

　P. C. 윌리스P. C. Willis 목사가 회중을 이끌었다. 그는 군인이고 가라데 검은띠 유단자였다. 윌리스 목사는 키가 185~188센티미터 정도 됐고 항상 몸이 탄탄했다. 남자들끼리 같은 공간에 있을 때 반드시 서로를 존중하는 건 아니다. 남자들 사이의 존중은 노력을 통해 얻어야 한

다. 하지만 윌리스 목사는 남자 중의 남자였다. 그가 방으로 걸어 들어오면 1분 안에 모든 사람의 존경을 받을 수 있었다. 그리고 일어나서 말할 때는 확신을 담아 말했다. 그는 항상 위급한 상황인 것처럼 말했다. 당장 생사가 걸리기라도 한 것처럼 말이다. 항상 행동을 촉구했다. 그가 하는 말은 전부 세상의 중심처럼 느껴져서 다들 주목해야 했다. 내 말투를 생각해 보면 우리는 아무래도 같은 혈통 출신인 것 같다.

윌리스 목사의 가족은 꼭 흑인 파트리지 패밀리Partridge Family 같았다. 목사와 아내, 네 딸과 아들 모두 교회에서 노래를 불렀다. 성경 낭독도 하고 함께 기도도 했다. 전부 텔레비전에서 본 것과 똑같았다. 그곳에 있으면 삶이 어떻게 진행되어야 하는지 알 것 같았다.

정말 이상한 일이다. 노숙자로 살던 시기는 내 인생 최악의 시기였다. 그날 밤 어디서 자게 될지 전혀 몰랐고, 3~4일간 샤워도 안 하고 옷도 안 갈아입었다는 사실이 부끄러웠고, 마음속으로는 계속 혼자였다. 하지만 한편으로는 내 인생 최고의 시간 중 하나이기도 했다. 집의 경계와 규칙으로부터 자유로워졌고 친구들과 함께 돌아다니며 디트로이트의 소리를 흡수했다(1980년대 힙합은 우리의 언어였다). 주말에는 차를 몰고 캐나다에 가고 여름에는 개조해서 성능을 높인 스즈키와 지프를 타고 벨 섬까지 갔다 왔다. 그러면서 그때까지는 존재한다는 사실을 전혀 몰랐던 새로운 집을 발견했다. 1987년 여름이 끝날 무렵에는 디트로이트 센터에 올인했다. 평일 저녁과 주말을 교회에서 보내며 노래를 부르고, 부흥회 봉사를 하고, 이런저런 일을 도왔다. 내가 가질 수 있으리라고 생각하지 못했던 가족을 찾은 것 같았다. 우리는 함께 밥을 먹고, 함께 기도하고, 다른 사람들 집에서 열리는 바비큐 모임에 참석했다. 새로우면서도 친숙한 일체감이 느껴졌다.

내가 항상 갈망하던 새로운 자유와 함께 찾아온 직접 선택한 가족의 느낌은 강력했다. 나는 스스로 결정을 내리고 있었다. 나만의 규칙에 따라 행동했지만 아무도 간섭하지 않았다. 아무도 내게 이런저런 일을 해선 안 된다고 말하지 않았다. 버릇없이 굴거나 규칙을 어겼다고 나를 매질하는 사람도 없었다. 심지어 길바닥에서 잠을 잘 때도 자유로워진 기분을 느꼈고 내가 강요받던 삶 너머에 존재하는 나 자신과 세상의 일부를 빌건헌 기분이었다.

물론 상황이 좋지 않을 때도 있었다. 춥고 소리가 울리는 빈 건물에서 잠을 청할 때는 과연 앞으로 상황이 괜찮아질지, 누군가와 다시 연결된 기분을 느낄 수 있을지 의문이 들었다. 하지만 교회에 가면 그곳 사람들은 날 받아들이고 바라보고 사랑해준다는 기분이 들었다. 내 장점 하나는 원래 긍정적인 사람이라는 것이다. 나는 항상 잔이 반쯤 차 있다고 여기는 사람이다. 그리고 언제나 사람들에게 매력을 느꼈다. 사람들과 대화하고 소통하면서 에너지를 얻는다. 그게 내 충전 방법이다. 그래서 집과 가족을 떠나기로 결심했을 때도 자연스럽게 다른 유형의 가족에게 마음이 끌린 것이다.

나는 교회를 찾으면서 난생 처음으로 곁에 둘 이들을 직접 선택하게 되었다. 그때까지 만난 사람들은 모두 가족관계나 지리적인 이유 때문에 내 삶 속에 있던 이들이었다. 내가 아는 이들은 동네 사람들, 디트로이트와 시카고에 있는 가족, 학교 친구들이었다. 그러다가 교회를 찾았을 때 처음으로 남이 강요하지 않은 생각을 직접 만들어 가기 시작했다. 교회에서는 노래를 부르든 기도를 하든 아니면 열정적으로 설교 중인 윌리스 목사의 낮고 굵은 목소리에 귀 기울이든, 매 순간 온전히 몰입할 수 있었다. 다음에 무슨 일이 일어날지 걱정할 필요가 없었다. 독립적으로 세상을 탐험하면서 질문을 던지고 주변 사람과 풍경을 새로운 눈으로 바라보기 시작하자, 함께 있고 싶은 사람을 선택하는 데서도 성취감을 느끼기 시작했다. 내게 책임감을 부여하고 타고난 재능을 활용할 수 있게 해주는 가족이 여기 있었다. 이곳에서 영적, 지적으로 날 육성하는 활동을 통해 연결과 유대감을 찾을 수 있었다.

나는 어릴 때부터 생존하려면 끝없이 매진해야 한다고 배웠다. 그게 블루칼라의 사고방식이다. 일하고, 일하고, 또 일해야 한다. 내 출신 지역에서 그렇게 노력하려면 체력이 튼튼해야 했다. 일찍 일어나고 늦게 자고 야근을 해야 성공할 수 있었다. 디트로이트에서의 개인적인 성공은 언제나 생산 능력에 달려 있었다. 연금을 탈 나이가 될 때까지 45년간 매일 아침 일어나 끝없이 노력해야 한다. 우리 동네 노인들의 손은 죄다 관절염 때문에 뒤틀려 있었다. 또 동네 사람들은 야간 근무에 시달리느라 아이들이 자라는 모습을 제대로 지켜보지 못하는 등 삶의 일부를 놓치면서 살았다.

계속 갈아대기만 하면 닳아버릴 수 있다. 내가 어릴 때 배운 것처럼 고된 노력을 기울이는 것도 물론 필요하다. 하지만 그건 일의 한 방법일 뿐이다. 절구에 계속 부딪히는 절굿공이처럼, 다르게 일할 방법을 찾지 못하면 몸과 마음이 마모될 수 있다. 이렇게 몸을 갈아 일하는 방식은 한동안 내게도 도움이 됐다. 그게 내가 아는 유일한 방법이었다. 하지만 교회에서, 그리고 나중에 학교에서, 그런 노력이 단순히 물리적인 힘하고만 관련이 있는 게 아니라는 걸 배웠다. 그건 정신적인 부분도 마찬가지다. 그건 완전한 헌신을 통해 일과 삶 속에서 힘을 얻는 하나의 방식이다. 자신에 대해 전체적으로 생각하는 방법이다. 자기 마음이 뭘 할 수 있는지, 심장이 뭘 할 수 있는지, 두뇌가 뭘 할 수 있는지 물어보는 것이다. 중요한 건 더 열심히 일하는 게 아니라 더 똑똑하게 일하는 것이다. 난 지금도 여전히 노력하고 있지만 방법이 예전과 달라졌다. 단순히 존재하는 것 이상의 목표가 있기 때문이다. 충만한 삶을 살면서 내 목표에 더 가까워지기 위해 열심히 노력한다.

도와주는 사람들을 주변에 두자

디트로이트 센터는 너무 작아서 내가 동료 신도들에게 말을 하든 안 하든 다들 내가 노숙자라는 걸 알았다. 어떻게 모를 수가 있겠는가? 난 씻지도 않고 교회에 갔다. 항상 같은 옷을 입었다. 아무도 나를 집까지 데려다주지 않았고 부모님을 만나러 가지도 않았다. 그리고 신도들은 가족들만이 할 수 있는 방법으로 날 돌보기 시작했다. 내게 먹을 것과 옷을 줬다. 저녁 식사와 집에서 열리는 기도회에 초대해줬다. 이렇게 보살핌받는 것에 마음을 열자 보살펴줄 이들을 찾을 수 있었다.

또 결혼할 여자도 찾았다.

디디와 나는 처음에는 친구 사이였다. 그녀도 근면성실한 사고방식을 가진 미혼모 밑에서 자랐고, 우리는 여러 가지로 비슷한 점이 많았다. 디디는 남을 잘 돌봐주고 진지한 성격이었다. 학교 성적이 좋았고 자기 앞에 무슨 일이 펼쳐질지도 알고 있었다. 그리고 열심히 일했다. 처음에는 디디에게 내 상황을 제대로 얘기하지 않았다. 내 소유의 차가 있고 이제는 떠나온 곳이지만 멋진 교외 지역인 라스럽 빌리지에 "산다는" 사실만 얘기했다. 하지만 결국 내 상황을 털어놨고 이것 때문에 그녀가 내게 마음이 끌린 것 같다. 아마 내게서 어떤 프로젝트를 발견한 것 같다. 그녀는 자기 엄마가 일하러 나가고 없을 때 집에 오라고 해서 먹을 걸 주거나 내가 한동안 샤워를 하지 않은 것 같으면 샤워를 해도 된다고 말했다. 디디는 내게 친절했고 내가 스스로 알아차리지 못할 때도 내게 필요한 게 뭔지 깨닫도록 도와줬다. 내가 디디에게 매력을 느낀 건 단순히 친절하고 타인을 잘 이해해서가 아니라 그녀가 자신에 대해 잘 알았기 때문이라고 생각한다. 디디는 항상 자기가 뭘 원하는지 알고 있었고 그걸 추구했다.

디디를 통해 내 본질을 알아보는 사람을 찾았다. 디트로이트 센터에서는 나를 있는 그대로 받아들여주는 공동체를 발견했다. 가족과의 관계는 차단했지만 난 여전히 연결을 위해 마음을 어느 정도 열어둔 상태였다. 하지만 누구나 이런 태도를 쉽게 가질 수 있는 건 아니다. 난 외향적인 사람이다. 내게 무슨 일이 일어나든 인간관계에 의지해서 살아간다. 나는 입을 열면 할 말이 있을 거라고 확신하며, 오랫동안 이 재능을 이용해서 일해왔기 때문에 내가 말하는 내용을 통해 듣는 사람과 연결되리라는 걸 알고 있다.

하지만 여러분이 내성적인 성격이라서 다시 자기 껍질 안으로 기어 들어가거나 세상에서 도피하는 게 자연스러운 사람이라면 어떻게 될까? 사실 내향적인 사람이 외향적인 사람보다 의사소통 능력이 뛰어난 경우가 많다. 외향적인 사람은 자신감과 외향성을 가질 수 있지만 내향적인 사람은 지적으로 5~6단계 앞서 나가는 능력이 있다. 전 세계 억만장자들은 대부분 내향적이다. 여러분이 내향적인 성격이거나 그런 사람과 함께 일한다면, 의사소통에 있어 계속 개방적인 태도를 유지하는 게 중요하다. 내향적인 사람은 다른 이들에게서 멀어지는 게 자연스러운 모습이기 때문에, 성공하려면 다른 사람의 지원과 연결이 필요하다는 걸 적극적으로 상기해야 한다. 내향적인 사람은 명확성과 투명성을 좋아한다. 여러분이 내향적이라면 자기에게 어떤 지원이 필요한지, 그리고 그걸 어떤 식으로 받고 싶은지 주변에 알리자. 대화를 미리 연습하는 게 좋다. 머릿속으로 잠재적인 시나리오를

"

**내 주변에는 내 인생을 바꾸도록
도와줄 사람들이 있다.
그들에게 쇠처럼 부딪쳐
나를 연마할 수 있다.**

"

생각해 보자. 내향적인 사람과 일하고 있다면, 그들에게 원하는 걸 얘기하고 그 보답으로 해줄 수 있는 일을 명확하게 전달하자.

내가 함께 일하는 많은 운동선수의 경우, 적절한 지원을 찾기가 어렵다. 그 정도 위치에 도달하면 주변에 사람이 정말 많다. 팀 동료, 코치, 의사 등이 모두 팀 생태계의 일부다. 여러분도 지금의 위치에 도달하기까지 여러 가지 선택을 했겠지만, 한편으로는 자기가 완전히 통제할 수 없는 구조에 둘러싸여 있을 것이다. 아무리 지상 최고의 운동선수라 하더라도 피해의식에 사로잡혀 사람들과 고립될 수 있다.

내가 함께 일하는 운동선수 중 일부는 부모에 대한 원망을 품고 있다. 경기를 보러 오지 않은 아버지, 이기거나 질 때 곁에 있어주지 않은 아버지에 대한 얘기를 자주 듣는다. 이런 얘기를 하는 선수들에게 자기가 경기 중일 때 아버지가 어디에 있었는지 생각해 보라고 한다. 그러면 "그때 아버지는 직장에 계셨다"는 대답이 자주 나온다. 또 누가 연습장까지 데려다줬는지, 누가 신발과 유니폼을 사줬는지 물어본다. 그런 물건을 살 때 쓴 돈은 어디서 났을 것 같으냐고도 물어본다. 피해의식에 사로잡히면 남들이 자기를 위해서 해준 일이 아니라 해주지 않은 일을 보게 된다. 나는 늘 우리가 집중하는 쪽으로 에너지가 흐른다고 말한다. 누가 자기 삶의 중요한 순간에 없었는지 또 그들에게서 무엇을 받지 못했는지에만 집중하다 보면, 그때 곁에 있어준 사람이나 그들이 다른 방식으로 함께 해줬던 일을 깨닫지 못하게 된다.

감정은 유효하지만 증거는 되지 못한다. 여러분 내면의 피해자는 머리가 아닌 감정에 빠지게 만든다. 나는 UFC 파이터인 메이시 바버Maycee Barber와 함께 그녀의 직업에 대한 아버지의 의견 때문에 생긴 엉킨 감정을 풀기 위해 노력했다. 메이시는 아버지가 자신의 스포츠 경력을 지지하지 않는다고 느꼈다. 아버지는 딸이 파이터가 되어 잠재적으로 자신을 위험에 빠뜨리는 것에 의구심을 품었다. 메이시는 아버지가 자기를 사랑하고 지지하는 사람이라는 생각과 그녀가 이 스포츠에 참여하는 걸 반대한다는 생각을 분리하는 데 어려움을 겪었다. 나는 메이시와 함께 하면서 그녀가 감정과 증거를 분리하는 걸 도왔다. 그녀의 아버지는 딸에 대한 지지를 철회하지 않았고 딸의 건강을 걱정한 것뿐이다. 아버지는 어려움을 겪는 딸을 도와주기 위해 계속 그 자리에 있지만, 그녀도 아버지가 느끼는 감정을 계속 느낄 수 있게 해줘야 한다는 걸 깨닫도록 했다. 감정과 사실을 분리해야 인간관계의 복잡성이 해소되고 피해자의 위치에서 벗어날 수 있다.

운동선수들을 코칭할 때는 감정을 잠시 접어두고 증거를 보라고 말한다. 그 증거는 그들 혼자 힘으로는 지금의 위치에 도달할 수 없었다는 걸 보여준다. 그들에게는 코치, 부모, 이모와 삼촌, 조부모, 친구, 팀 동료 등 다른 사람들이 필요했다. 여러분은 혼자가 아니고 주변 사람들의 지지를 받고 있다는 증거가 항상 존재한다.

그런데 주변 사람들을 자신의 지원 시스템으로 여기는 데는 또 하나의 문제가 있다. 어느 정도 수준의 성공에 도달했을 때(금전적으로든 다른 기준으로든) 여러분 곁에 있고 싶어 하는 사람이 모두 진실한 이유 때문에 거기 있는 건 아니다. 여러분이 높은 곳으로 올라가고 있기 때문에, 유명하고 돈이 있고 덩크슛과 터치다운을 할 수 있기 때문에 함께 있고 싶어 하는 이들도 있다. 그 수준에 도달하면 증거를 바탕으로 계속 선택을 해야 한다. 누가 내 강점을 살려주는가? 내가 주는 것보다 더 많은 걸 주는 사람은 누구인가? 나를 돈더미나 백넘버로 보지 않고 있는 그대로의 내가 좋아서 곁에 있는 사람은 누구인가? 피해의식과 맞서려면 주변인들을 명확하게 봐야 한다. 나는 혼자라고 되뇌다 보면 거짓된 관계나 칭찬, 동반자, 쾌락에 대한 표면적인 욕구를 충족시키기 위한 관계에 쉽게 빠져들 수 있다. 계속해서 자신의 행동과 패턴을 평가하고 감정에 휘둘리기보다는 확실한 증거를 찾아야 자신을 잘 볼 수 있고 주변 사람도 더 명확하게 바라볼 수 있다.

지지해줄 사람을 찾으려면 그런 지지를 받아들일 수 있게 마음을 열어둬야 한다. 의사소통을 차단하면 도움을 받을 가능성까지 차단하게 된다. 내 친구 찰스는 아들 잭슨에 대한 얘기를 하는 걸 좋아한다. 잭슨은 어릴 때부터 항상 독립적인 아이였다. 세 살 때부터 아침에 일어나면 아래층으로 내려가서 혼자서 시리얼을 그릇에 따라 먹었다. 하지만 우유에 문제가 있었다. 어린아이가 혼자 힘으로 1갤런짜리 우유통을 들려고 하다 보니 매번 사방에 우유를 쏟았다. 찰스는 잭슨을 도와주고 싶었지만 잭슨은 아빠의 도움을 받아들이지 않았다. 결국 찰스는 아들을 위해 우유를 작은 용기에 담아두었다. 덕분에 잭슨은 부엌 바닥에 우유를 쏟지 않고도 혼자 시리얼을 먹을 수 있었다. 혼자서 무언가를 성취하는 데 어려움이 있다면 도움을 청하는 건 부끄러운 일이 아니다. 때로는 다음 단계로 나아가기 위해 지원이 필요하다. 그리고 지원을 받으려면 경계심을 풀고 기꺼이 남들의 도움을 받아들여야 한다.

여러분이 이 세상에 혼자가 아니라는 사실을 확인하고 받아들이는 데 중요한 단계가 하나 더 있다. 자신을 지지하고 성장시켜 줄 관계를 선택할 능력이 있다는 걸 깨달았으면, 이제 타인과의 연결보다는 피해자의 입장을 선택하고 싶어 하는 자신의 일부분, 계속해서 나는 혼자이고, 사랑받지 못한다고 속삭이는 부분도 이해하고 인정해 줘야 한다.

나를 키워준 아버지가 친부가 아니라는 걸 알았을 때 내 안의 뭔가가 부서졌고 다시는 완전히 복구되지 않았다. 감정 발달에 분열이 생겼고 그 분열 때문에 슈오로만 빠져들어 나를 사랑해주고 키워준 이들을 밀어내게 되었다. 엄마와 날 키워준 아버지, 이모들, 그리고 날 속였다고 생각했던 다른 이들과의 관계가 회복되었다고 해서 그때 망가졌던 부분이 완전히 치유되는 건 아니다.

여러분이 아는 나(어디 갈 때마다 사람들을 껴안고 주먹 인사를 나누는 허풍이 심하고 태평스러운 사람)는 세상에 존재하는 유일한 에릭 토머스가 아니다. 내 일부는 아직도 세상을 노숙자 시절에 잠자던 낡아빠진 건물처럼 어둡고 추운 곳으로 여길 수 있다. 거짓말에 속아 넘어간 것에 힘들어 하면서 화를 내던 에릭 토머스가 아직도 남아 있다. 그리고 이런 에릭이 등장하면 다른 버전의 나만 아는 사람들은 곤혹스러울 수 있다.

예를 하나 들어보겠다. 예전에 사업 파트너인 CJ와 조쉬와 함께 출장을 간 적이 있다. CJ는 가장 친한 친구다. 우리는 2006년에 미시간 주립대에서 처음 만난 이후로 줄곧 함께 해왔다. 우리는 날마다 하루종일 대화를 나눈다. 함께 여행도 다닌다. 가족끼리도 친하고 그는 내 삶의 모든 세부사항을 다 알고 있다. 디디를 제외하면 CJ보다 가까운 사람은 없다.

우리가 출장을 갔을 때 CJ와 조쉬가 둘이서만 함께 아침을 먹거나 술을 마시며 어울리는 모습을 보게 되었는데, 난 이들의 만남에 대해 들은 적이 없었다. 내가 보기엔 그들이 내 등 뒤에서 몰래 만나는 것 같았고 나를 일부러 따돌리는 것 같았다. 엄마에게 속았다거나 엄마가 날 상대로 음모를 꾸몄다고 생각했던 내 안의 에릭이 CJ와 조쉬가 내 등 뒤에서 뭔가를 하고 있다고, 나를 조종하거나 밀어내려 한다고 귓가에 속삭이기 시작했다. 예전에 상처받았던 에릭, 치유되지 않은 나의 일부분이 튀어나와서 의심을 품기 시작했다.

하지만 지금의 내가 16살 때의 나와 다른 점은 내게 이런 방어적이고 냉정한 부분이 있다는 걸 안다는 것이다. 피해자처럼 굴고 싶어하는 내 모습을 볼 수 있고 그에게 자제하라고 말할 수 있다. 피해자라고 느끼기 시작하면 증거도 보지 않고 감정에만 빠져든다는 걸 잘 안다. 그래서 내 감정에서 벗어나기 위해 팩트를 수집하는 연습을 했다. 이 상황에서 CJ를 믿지 말아야 할 이유가 있는지 자문해봤다. 내가 CJ에 대해 아는 건 다음과 같다. 그는 20대 초반에 대리 교사 일을 그만두고 나와 함께 수익도 보장되지 않는 일을 하러 왔다. CJ와 그의 아내 캔디스(역시 우리와 함께 일하는)는 나와 함께 모든 곳을 돌아다니면서 우리 사업 기반을 견고하게 다졌다. CJ는 내가 경력을 쌓는 동안 계속 월급도 받지 않고 일했다. CJ는 나를 이 분야의 정상에 올려놓는 데 집중하기 위해 자신의 연설 경력도 포기했다. CJ는 내 강연료를 협상하고 내가 타협할 수 없는 부분이 있으면 나를 대신해 열심히 노력했으며, 내게 다가오는 사람들을 여러 번 체크해서 그들이 진실하고 선의로 가득한 이들인지 확인했다. CJ는 항상 내 편이었다.

나는 내 성격의 추악한 부분, 망가진 채로 아직 치유되지 않은 부분을 알고 있기 때문에 그런 성격이 다시 고개를 들기 시작했을 때도 그 속에서 내 길을 찾을 수 있었다. 주변을 둘러보면서 난 혼자가 아니고 무력하거나 통제 불가능한 상태도 아니라는 걸 확인했다. 과거의 관계 때문에 짊어진 짐을 지금의 관계로 옮겨올 필요가 없다는 것도 안다.

그래서 CJ를 외면하지 않고(20년 전이라면 그랬을지도 모르지만) 그에게 왜 내가 없는 자리에서 조쉬와 제말을 만났는지 물어봤다. 알고 보니 그들은 우리 회사와 내 재정적 안정성을 뒷받침하고 성장시킬 수 있는 사업 계획을 세우고 있었다. 그들은 내가 원하지 않으면 앞으로 강연을 하러 다닐 필요가 없도록 투자와 불로소득을 늘리는 작업을 하고 있었다. 그들이 나를 빼놓고 만나는 모습을 봤을 때, 피해자처럼 굴고 싶어 하는 나의 일부분은 그들이 나를 돕기 위해 만났을 거라는 가능성은 상상도 못했다. 나의 그 부분은 내가 그 자리에 포함되지 않았다는 사실만 중요하게 여겼다.

당시 나는 아내 디디와 함께 많은 시간을 보내면서 최근에 진단받은 다발성 경화증 치료를 돕고 있었다. 그래서 그녀가 건강했을 때만큼 강연이나 출장을 많이 다닐 수 없었다. CJ는 우리 회사의 번영을 유지하려면 내가 연중무휴로 강연을 다니는 것에 의존하지 않는 안정적인 대안을 찾아야 한다는 걸 알았다. 난 회사 설립 초기부터 내가 사업에 능숙하거나 관심이 있다고 여기지 않았다. 나는 관계를 중심으로 살아가는 사람, 즉 의사소통자이자 관계 구축자다. 그래서 일의 사업적인 측면에 대해 배우는 걸 그만뒀다. CJ와의 관계가 중요한 것도 그런 이유 때문이다. 그는 사업가가 되는 걸 두려워하지 않았고 우리 회사의 조종사가 된 걸 자랑스럽게 여긴다. 나는 내 약점을 알기 때문에 내가 못하는 일을 능숙하게 해내는 이들을 주변에 많이 둔다. 조쉬와 CJ가 나 없이 만난 건 나를 상대로 음모를 꾸미기 위해서가 아니었다. 그들은 나를 돌보고 내가 노년기까지 일하지 않고도 슈퍼파워를 계속 키워나갈 수 있도록 도와주기 위해 만난 것이다. 내가 그들과 소통하면서 증거를 평가하기로 한 덕분에 내 온전한 자아가 나타나 그들이 보내주는 지지를 확인할 수 있었다. 그리고 내가 혼자가 아니라는 걸 깨달았다.

자기가 혼자가 아님을 깨닫는 또 하나의 방법은 자신의 자아를 인식하는 것이다. 그리고 자아를 인식하고 나면 여러분을 지지하는 이

> "
> **진정한 우정은 무엇을 받을 수 있느냐가 아니라 무엇을 줄 수 있느냐가 중요하다. 진정한 우정은 친구의 삶을 향상시키기 위해 자신을 희생하고 그들에게 투자하는 것이다.**
> "

들에게 그 자아의 전체적인 모습을 분명하게 알려줘야 한다. 내가 미리 말을 해뒀기 때문에 CJ도 피해자 행세를 하려고 드는 내 성격을 알고 있었다. 나는 그와 관계를 키워나가는 동안 내 과거와 내 단점을 모두 말했다. 내가 피해자 성향을 드러내는 부분은 내 성격의 다른 부분과 너무 다르기 때문에 그런 피해자의 모습이 나타나면 사람들이 놀랄 수도 있다. 사람들은 나에 대해 잘 몰랐다고 여기게 되고 속았다고 느끼며 움츠러들 수도 있다. 생각해 보라. 매일 외향적인 태도로 직장에 출근해서 명랑쾌활한 모습으로 이 사람 저 사람과 하이파이브를 하고 다니던 사람이 어느 날 갑자기 사람들을 회피하며 화를 낸다면 동료들은 충격을 받고 물러날 것이다. 우리의 망가진 부분도 건강한 부분만큼이나 중요하다. 세상과 계속 연결을 맺으려면, 남들이 있는 그대로의 나를 보면서 지지해 준다고 느끼려면, 자신의 숨겨진 모습도 드러내고 인정을 받아야 한다.

다른 예를 들어보겠다. 데니스 로드먼Dennis Rodman이 1995년에 시카고 불스Chicago Bulls로 트레이드되자 그의 온전한 자아가 드러났다. 그는 파티에 대한 열망을 숨기지 않았고 현란한 생활방식을 멈추거나 다른 NBA 선수들과 어울리기 위해 외모를 바꾸지도 않았다. 그는 필 잭슨Phil Jackson과 마이클 조던Michael Jordan에게 어려웠던 과거와 떠돌아 다니면서 살던 유년기의 일들을 모두 털어놨다. 그리고 그는 자신의 개성을 있는 그대로 표현하고 보여주었기 때문에 코트에서 온전한 자신이 될 수 있었다. 사심 없이 전적으로 남들을 지지했다. 로드먼이 불스에 자신을 바치자 잭슨과 팀은 성공을 위한 상호 지원을 제공할 수 있었다. 1998년 시즌이 한창 진행중이던 때에 그가 라스베이거스에서 말썽을 부렸을 때도 잭슨과 조던, 스코티 피펜_{Scottie Pippen}은 그를 어느 정도 이해했다. 만약 데니스 로드먼이 우리가 특이한 그의 모습과 동일시하는 부분을 드러내는 행동을 자제했다면 불스는 1998년 시즌에 마법 같은 모습을 보여주지 못했을지도 모른다.

온전한 자아를 이끌어내는 또 다른 방법은 자신의 강점과 약점이 뭔지 아는 것이다. 이런 내용을 효과적으로 전달할 수 있으면 도움이 되고 결국 필요한 지원을 찾을 수 있다.

회사, 팀, 개인을 코칭할 때 내가 쓰는 전략 중 하나는 우리 팀이 DISC 지수를 기반으로 만든 자체 평가 도구인 비행 평가_{Flight Assessment}를 이용하는 것이다. DISC는 성격을 '결단력', '상호작용', '안정형', '신중형' 유형으로 구분하는 감정 이론과 행동 이론에 기반을 두고 있다. 이건 여러분이 팀에서 어떻게 일하고 있고 주변 환경에 어떻게 적응하는지 이해하는 데 도움이 된다. 우리 팀은 행동 스타일을 판단하는 자체 평가 시스템에 이걸 적용해서 여러분이 일을 어떻게 처리하고 싶어 하는지 알아냈다. 이 도구는 자기 인식을 높이는 데 도움이 된다. 난 비행 평가를 통해 어떻게 하면 더 효과적으로 일을 처리할 수 있는지, 내가 어떤 역할을 가장 잘 수행할 수 있는지 알게 되었다. 다음과 같은 네 가지 행동 스타일이 있다. 조종사는 결과를 원하고 조종석에 앉아 큰 그림을 그리는 사람이다. 승무원은 혁신적이고 감정을 통해 타인과 연결되며 다른 사람들과 함께 일하는 것에서 동기를 얻는다. 지상 근무원은 쾌활하고 사교적이면서 위협적이지 않고 다른 사람들을 지원하는 걸 선호한다. 항공 교통 관제사는 사실적이고 논리적이며 복잡한 문제를 해결하는 데서 동기를 얻고 구조를 잘 활용한다.

다들 이 네 가지 행동 방식을 조금씩 가지고 있지만, 자연스럽게 다른 것보다 강하게 드러나는 스타일이 하나 있게 마련이다. 그 방식은 우리가 자연스러운 상태인지 아니면 적응 상태인지에 따라 달라지며 주변 사람들에 맞춰서 조정해야 한다. 최고의 팀과 회사는 다양한 자연적 행동 스타일과 적응적 행동 스타일을 가진 사람들을 중심으로 구성된다. 자기가 주변 세상에 접근하는 방식을 알면 그룹과 개인으로서 최고의 성과를 달성하기 위해 보다 효과적으로 지원을 주고받을 수 있다.

나는 승무원 타입이다. 관계를 매우 중요시하고 사교적인 사람이라는 뜻이다. 난 새로운 사람을 만나 이야기 나누는 걸 좋아한다. 또 충동적이고 감정적이다. 나의 이런 측면을 알고 있기 때문에 이제 편안하게 내 감정에 빠져들어도 되는 때와 목적의식과 논리를 이용해 감정을 고찰해야 하는 때가 언제인지도 안다. CJ와 조쉬와 제말이 나를 빼놓고 만나는 바람에 그들에게 소외되고 어둠 속에 갇혔다고 느꼈을 때도, 한 발짝 물러나 내 감정을 곰곰이 생각한 뒤 그걸 잠시 미뤄두고 팩트를 평가하는 시간을 가져야 한다는 걸 알 수 있었다.

조종사 타입인 CJ는 나와 반대되는 성향이다. 그는 까다롭고 적극적이다. 그는 문제를 빠르고 직접적으로 해결하는 걸 좋아한다. 이런 성향은 위험성이나 대안을 고려하지 않고 결정을 내리는 모습에서 드러난다. 그의 강점은 비행기를 조종하는 것이지 남들에게 비행기 조종 방법을 알려주는 게 아니다. 그가 조쉬와 제말과 함께 다른 사업을 준비하기 시작한 건 그게 당면한 문제에 대한 해결책이기 때문이었다. 나는 아내가 아파서 예전만큼 순회 강연을 많이 다닐 수가 없었다. CJ는 나보다 12살이나 어리지만 내가 원치 않거나 불가능한 상황에서도 계속 일해야 하는 걸 바라지 않았다. 그는 내가 우리 회사의 얼굴이 될 수 없는 상황이 생겨도, 자기와 자기 가족뿐만 아니라 우리 팀에서 일하는 모든 이들의 삶을 안전하게 지켜주고 싶었다.

우리는 서로의 행동 스타일을 알기 때문에 더 효과적으로 협력할 수 있고, 최고의 잠재력을 발휘하는 데 필요한 지원을 서로에게 제공할 수 있다. 나는 내가 승무원 타입이란 걸 깨달았고 그는 자기가 조종사 타입이란 걸 알았다. 우리는 함께 제자리로 돌아와서 서로를 위해 최선을 다하는 방법을 이해하게 되었다.

2021년도 NCAA 챔피언십 경기가 열리기 전, 베일러 대학 남자 농구팀의 선수와 코치들이 서로 어떤 식으로 연결되어 기능하고 있는지 확인할 수 있도록 도와준 적이 있다. 모든 코치와 선수를 대상으로 비행 평가를 실시한 뒤, 코칭 스태프에게 그들이 선수를 개개인으로 바라보면서 각자의 잠재력을 최대한 발휘하기 위해 저마다 다른 지원을 제공해야 하는 이유를 설명했다. 베일러의 경우에는 단순화가 중요했다. 한 선수가 모든 걸 다 잘할 필요는 없다. 승무원은 사람들과 이야기를 나누면서 격려하고 조종사는 올바른 결정을 내려야 한다. 항공 교통 관제사는 플레이에 주의를 기울여야 하고 지상 근무원은 리바운드와 어시스트를 해야 한다. 점수를 20점씩 올리는 선수들은 더 열심히 노력해서 30점씩 내야 한다는 걸 깨달아야 했다. 어시스트에 능한 선수는 어시스트 성공률을 90퍼센트까지 끌어올려야 한다는 걸 알아야 했다.

그 해에 베일러 대학은 우승을 차지했고, 스캇 드류Scott Drew 코치는 자기와 스태프들이 선수들을 새로운 눈으로 바라볼 수 있게 도와준 내게 공을 돌렸다. 그들은 모든 정보를 바탕으로, 팀이 다음 단계로 나아가는 데 필요한 지원과 커뮤니케이션을 제공할 수 있는 새로운 방법을 찾아냈다. 스태프들이 자신의 진짜 모습을 봐준다고 느낀 선수들은 외로움을 덜 타게 되있다. 필요한 지원을 제공하자 선수들은 가장 중요한 순간에 잠재력을 최대치까지 발휘하게 되었다. 자신의 강점과 약점을 분명하게 표현하고 다른 사람의 강점과 약점을 깨달으면 갑자기 세상을 바라보는 방식이나 상호작용하는 방식이 새로워진다.

내가 노숙자가 되기로 했을 때는 주변의 지지를 볼 능력이 없었다. 내 장단점에 어떻게 대처해야 하는지도 몰랐다. 연결이나 해결책을 열린 마음으로 받아들이지 않았기 때문에 도움을 찾거나 요청하지 못했고 다른 사람을 도울 수도 없었다.

이제 다음을 고려해 보자. 나는 자유를 찾기 위해 노숙자가 될 필요가 없었다. 나를 돌봐줄 새로운 공동체를 찾기 위해 버려진 건물에서 잠을 잘 필요가 없었다. 사람들이 나를 자기네 삶 속에 끌어들이고 지지하도록 하기 위해 쓰레기통을 뒤져 먹을 걸 찾거나 차에서 살거나 식료품을 훔칠 필요가 없었다. 그런 짓을 해서는 안 됐다. 집을 떠나서 항상 나를 위해 곁에 있어 줬던 사람들을 외면할 이유가 없었다. 자유를 발견하고 붙잡기 위해 정말로 해야 했던 유일한 일은 애초에 내가 혼자였던 적이 없다는 걸 깨닫는 것이었다. 어느 순간, 현실을 깨달을 만큼 어른이 되자 친부와의 관계에 마음을 열었다. 요즘 우리는 정기적으로 대화를 나누며, 비록 우리 관계가 완벽하지는 않지만 항상 그 관계를 개선할 방법을 궁리하고 있다.

해야 할 일

1. 외롭거나 도움을 받지 못한다고 느낄 때가 있는가? 외롭다고 느낄 때, 무엇이 그 감정을 유발하는가? 이런 순간에 대처할 전략이 있는가? 이럴 때 연락할 수 있는 지원 체계가 있는가?

2. 감정이 여러분을 압도하거나 판단력을 흐리게 하는 순간이 있는가? 아니면 반대로, 감정적이어야 하는데 지나치게 현실적일 때가 있는가? 이런 상황과 여러분의 반응을 유발하는 것들의 목록을 작성하자.

3. 래퍼 아이스 큐브Ice Cube는 "자신을 망치기 전에 스스로를 확인해보는 게 좋다"라는 멋진 가사를 썼다. 자신을 확인할 방법이 있는가? 자신을 평가할 방법이 있는가? 의사소통을 차단하게 된 계기가 무엇인지 알고 있는가? 자신이 상처받은 부분이 어디인지 알고 있는가? 상처받은 부분과 그것이 일상적인 상호작용에서 어떻게 드러나는지 적어보자.

　　마지막으로 혼자라고 느꼈던 때를 떠올려 보자. 외로움을 느낄 때 어떻게 반응했는지 생각해 보자. 누군가에게 연락을 했는가, 아니면 계속 혼자 칩거했는가? 혼자라는 느낌이 들기 시작할 때를 위한 행동 계획을 세우자. 지원을 요청할 수 있는 사람들의 명단을 작성해 두자. 내 말을 경청해줄 사람, 해결책을 제시하거나 안아줄 수 있는 사람, 질문을 던지거나 함께 앉아 있어줄 사람 등 자기가 받고 싶은 지원 종류를 적으면 된다.

CHAPTER

3

자신의
슈퍼파워를
발견하라

자신의 슈퍼파워를 찾아서
그쪽으로 방향을 돌리면
목표하는 경로로 나아갈 수 있다

난 어릴 때 진짜 마마보이였다. 항상 엄마 옆에 있고 싶어 해서 늘상 달라붙어 있었다. 물론 당시에는 외아들이었기 때문에 모자 사이가 매우 친밀했다. 하지만 8살 때 부모님이 날 '예수를 위한 기쁨'이라는 성경 캠프에 보냈다. 일주일간 집을 떠나 독립심을 느끼고, 혼자 있는 법을 배우고, 다른 아이들과 친해지는 게 좋으리라고 생각했던 것이다. 하지만 나는 그러고 싶지 않았다. 울고 또 울면서 제발 집에 있게 해달라고 애원했다. 엄마는 내가 눈이 빨개져서 눈물 젖은 얼굴로 버스에 올라타는 모습을 보니 가슴이 찢어질 것 같았다고 말했다. 또 내가 뺨을 창문에 대고 뒤창 밖을 내다보면서 울던 모습도 기억했다.

그래서 다음 주에 아이들을 실은 버스가 마을로 돌아왔을 때, 엄마는 내가 집에 가고 싶어 안달이 나 있을 거라고 생각했다. 하지만 그때 내가 정말 원했던 건 캠프로 돌아가는 것이었다. 캠프 카운슬러들에게 최대한 빨리 이곳에 돌아올 수 있게 해달라고 간청했다. 그들은 내가 자기들이 만나본 아이들 가운데 가장 관계 욕구가 강한 아이라고 엄마에게 말했다. 난 백인 아이와 흑인 아이, 도시 출신 아이와 교외 출신 아이를 가리지 않고 모두와 어울려 놀 수 있는 유일한 아이였다. 카운슬러들은 엄마에게 내가 향수병을 앓는 아이들이 긴장을 풀고 재미있게 지낼 수 있도록 도와줬다는 얘기도 했다. 나는 모든 아이들이 함께 어울리면서 플래그 풋볼 경기를 위해 팀을 짜거나 같은 테이블에 앉거나 아침에 일어나자마자 밖에 나가 뛰어놀도록 끊임없이 동기를 부여했다. 확실히 나는 그때부터 힙합 전도사 ET다운 면모를 보인 게 분명하다.

그때부터 독립과 자유가 뭔지 뚜렷하게 느꼈던 걸 기억한다. 태어나서 처음으로 내가 세상의 다른 사람들과 구별되는 존재라는 걸 느꼈고 내가 뭘 할 수 있는지 깨달았다. 집에서 160킬로미터나 떨어진 휴런호숫가에 있는 캠프에 가기 위해 버스에 올라탔을 때는 공포에 질려 있었다. 무엇보다 흑인들은 휴가 때 북쪽으로 가지 않는다. 트래버스 시티, 포트 휴런, 매키노섬은 백인들이 가는 곳이었다. 여러분은 또 내가 도시 공동체에서 자랐다는 걸 기억해야 한다. 나는 공포 영화에서 사람들이 시골에 갔을 때 무슨 일이 벌어지는지 봤다. 그곳에는 프레디 크루거(Freddy Krueger, 영화 「나이트메어」 시리즈에 나오는 살인마-옮긴이)가 있고 전기톱 학살이 벌어지며 갈고리를 쥔 사람들이 여러분을 숲으로 끌고가려고 한다. 난 유령 탐험을 하거나 원시적으로 살거나 내가 모르는 사람들과 2층 침대를 나눠 쓰는 데 관심이 없었다. 바닥이 보이지 않는 물속으로 뛰어드는 데도 전혀 관심이 없었다. 그때까지 내가 접해본 가장 거대한 수역은 18륜차 뒤에 수영장을 싣고 디트로이트 주변을 돌아다니는 '스윔 모빌Swim Mobile'이었다. 호수에는 가본 적이 없었다.

그 버스에 타기 전에는 항상 가족 구성원의 테두리 안에 있었다. 엄마가 곁에 없어도 이모나 할머니가 있었고, 심지어 시기고에 기도 언제나 나보다 나이 많은 랜디나 코리라는 사촌이 옆에 있었다. 내가 뭘 모르는지도 모르고 내 세상이 얼마나 작은지도 몰랐다. 그러다가 버스에 올라타면서 난생 처음으로 안전지대 밖으로 완전히 발을 내디디게 된 것이다. 장담하건대 내 인생에서 그 어느 때보다 불안한 순간이었다. 하지만 주위를 둘러보고 아이들이 재미있게 놀기 시작하는 모습을 보자마자 나도 놀이에 끼었다. 아이들은 농담을 주고받고 있었는데 나는 농담을 잘 했다. 그래서 가볍게 서로를 놀리는 게임을 시작하면서 아이들을 웃겼고 남들의 관심을 즐겼다. 그리고 캠프장에 도착하자 그 주변이 너무 아름다워서 믿을 수 없을 정도였다. 어릴 때 디트로이트 강에 있는 벨 섬이라는 곳에 가본 적이 있긴 하지만 그때까지 그렇게 많은 나무와 녹지를 본 적이 없었다. 오대호는 생소한 곳이었다. 난 미시간주에 그렇게 물이 많은 줄 몰랐다. 그리고 친구를 사귀는 건 어렵지 않았다. 호세라는 아이와 어울리기 시작했다.

대학생인 캠프 카운슬러를 모두 만났다. 스페인어만 할 줄 아는 캠프 간호사 겸 요리사에게서 어머니의 모습을 발견했다. 외모가 화가 밥 로스Bob Ross와 비슷하고 캠프파이어 주변에서 아주 부드럽게 기타를 연주하던 카운슬러와도 친해졌다.

그때의 캠프 경험은 어린 내게 일어났던 일 가운데 가장 멋진 일이었다. 우리는 하루 종일 운동을 했다. 수영과 낚시를 하고 카누도 탔다. 밤에는 캠프파이어를 둘러싸고 앉아 무서운 얘기를 들으면서 마시멜로를 먹었다. 침대를 정돈하고 주변을 깨끗하게 치우면 점수를 받을 수 있었다. 하루 세 번씩 푸짐한 식사가 제공되었고 간식도 먹었다. 어른들에게 7일은 짧은 시간이다. 하지만 아이들에게는 백만 년 정도 되는 시간이다. 또 호젓한 곳에서 새로운 사람들과 유대감을 형성하기에 충분한 시간이기도 하다. 주변 사람들과 친해지면서 예수를 처음 접했다. 어릴 때 교회를 다니지 않아서 성경공부나 종교에 대한 이해가 부족했지만 기도를 하고 신과 대화를 나누는 것에 호감을 느꼈다. 그리고 나는 나답게 지내는 데 매우 능숙했기 때문에 다른 아이들의 적응을 돕는 역할을 맡아 몇 년간 계속 여름 캠프에 참가할 기회를 얻었다.

그러면서 리더의 위치에 선다는 게 어떤 건지 난생 처음으로 느끼게 되었다. 한 번에 몇 주씩 캠프에 머물면서 아이들이 집에서 멀리 떨어져 있는 것에 적응하고 새로운 경험을 하거나 새로운 사람을 만나면서 느끼는 두려움을 진정시키도록 도왔다. 성경을 낭독하고 기도를 이끌었다. 나는 정말 사교적이었다. 새로운 환경에 있는 것이 나한테는 일종의 계시 같았다. 내 슈퍼파워가 어떤 느낌인지 처음으로 맛봤다. 내면 깊숙한 곳에 내가 활용할 수 있는 에너지가 있다는 걸 알고 있었다. 슈퍼맨이 자기가 날 수 있다는 걸 처음 깨달았을 때나 스파이더맨이 손목에서 거미줄이 나오는 걸 느꼈을 때처럼, 난 새로운 사람을 만나고 그들이 세상에서 길을 찾도록 도울 때 강력한 힘을 느낀다.

하지만 내 슈퍼파워가 어떻게 작동하는지 알기 전에는, 그걸 활용하는 방법을 깨우치거나 재능으로 여기기 전에는 좋은 쪽으로 작용하기보다 혼란만 야기했다. 자기 슈퍼파워를 어떻게 활용해야 하는지 잘 모르면 해를 끼칠 수도 있다. 슈퍼파워를 방치하면 기능 상애를 일으킨 것처럼 보이고 부수적인 피해도 발생한다.

학교에 다니던 어린 시절에 선생님들은 나를 '반항아'라고 불렀다. 내가 받은 모든 성적표에 반항, 반항, 반항이라는 단어가 적혀 있었다. 그 말이 무슨 뜻인지는 나중에서야 알게 되었지만 지금은 선생님들의 심정을 이해한다. 난 관심을 끌기 위해 뭐든지 다 했다. 반 친구들 앞에서 공연하는 걸 좋아했고 농담이나 과시하는 걸 좋아했다. 그래서 항상 곤경에 처했다.

교실에 대리 교사가 들어오면 그걸 틈타서 또 까불었다. 나중에 내가 앨라배마주 헌츠빌에서 대리 교사로 일하게 된 걸 생각하면 참 아이러니한 일이다. 어쨌든 내가 재미있고 말도 잘하니까 친구들은 취약한 입장에 처한 선생님들을 놀리라며 날 부추겼다.

선생님들에게 무례하게 굴면 무슨 일이 일어나는지 알고 있었기 때문에 이건 정말 미친 짓이었다. 교장실로 불려가리라는 걸 알고 있었다. 학교에서 부모님께 전화를 하리라는 것도 알고 있었다. 집에 가는 길에 차 안에서 맞을 거라는 것도 알았다. 그런 벌을 받으면서까지 엉뚱한 행동을 할 필요는 없다는 것도 알았다. 하지만 나는 관심에 중독되어 있었다. 웃음에도 중독되어 있었다. 나는 긍정의 중독자였다.

내 재능을 발휘할 길이 막히자 그게 충동적인 행동으로 나타났다. 내가 내린 결정을 깊이 고민하지 않게 되었다. 그래서 어디서 잘지, 식사는 어떻게 해결할지 전혀 고려하지 않은 채 열여섯 살에 영원히 집을 떠났다. 양말, 속옷, 칫솔도 없이 집을 나왔다. 3월의 미시간에는 매일 차가운 비가 내렸다. 누가 그런 짓을 한단 말인가? 누가 안락한 집을 떠나 거리에서 잠을 잔단 말인가?

자신의 재능을 소중히 여기지 않으면 벽을 뚫고 돌진하는 배트맨처럼 모습을 드러낸다. 파괴적인 모습으로 나타나 관계를 무너뜨리고 자신의 세계를 파괴한다. 시간과 기회를 낭비하게 만든다. 노숙자가 되어 학교에서 쫓겨날 수도 있다.

난 학교를 일곱 번이나 옮겨 다녔다. 1년간 가톨릭 학교에 다닌 적도 있는데 그곳의 수녀 선생님들은 날 회초리로 때리면서 백과사전을 베껴 쓰게 했다(그곳에 다시 돌아가고 싶은 생각은 없다). 태프트 중학교에 1년 다니다가 실험적인 차터 스쿨인 오픈 하우스로 전학했다. 고등학교도 두 번이나 전학했다가 결국 교사에게 말을 함부로 하는 바람에 퇴학당했다. 난 그때 이미 집을 나온 상태였지만 내가 학교에서 말썽을 피울 때마다 엄마가 학교에 불려갔다. 엄마는 내게 매우 실망했다.

교장실에 앉아 있는데 엄마가 그곳에 와서 내 퇴학 소식을 들었던 일이 기억난다. 그날 엄마가 내게 얼마나 실망했는지 생각하면 아직도 괴롭다.

생각해 보니 학교 카운슬러를 만나러 갔던 기억도 난다. 그때는 몰랐는데, 내게 학습장애가 있는지 평가했던 것이다. 잉크 얼룩을 보여주면서 뭐가 보이느냐고 물었을 때 난 '잉크'라고 말했다. 독해력도 수준 미달이었다. 나는 접미사 -tion이 어떻게 '션'으로 발음되는지, 또 어떤 동사가 다른 모든 동사들과 어떻게 다르게 작동하는지 같은 특정한 부분을 이해하지 못했다. 구두점이나 문장 또는 단락의 전체적인 체계가 어떻게 작동하는지도 몰랐다. 교실에서 지명을 받아 책을 소리 내어 읽을 때는 실제로 페이지에 쓰여 있는 내용이 아니라 거기 쓰여 있으리라고 짐작하는 대로 읽었다. 학창 시절에는 교실에 가만히 앉아 있을 수가 없었다. 내 몸과 마음은 한 번에 몇 시간씩 꼼짝 않고 앉아 있도록 설계되지 않았다. 여러분이 나를 회의에 초대한다면 의자에 한 15분쯤 앉아 있다가 일어나서 테이블 주위를 서성거리거나 중간에 회의실에서 나가 전화를 받거나 주변을 산책할 것이다. 지금은 내가 난독증이 있고 ADHD를 앓는다는 걸 알지만 당시에는 학교생활을 제대로 못했고 남들에게도 방해가 되었다.

오늘날에는 이런 학습장애를 앓는 아이들이 관계를 맺는 데 뛰어난 능력을 발휘하거나 자신의 직관을 활용해서 부족한 부분을 벌충할 수 있다는 걸 안다. 그들은 어쩔 수 없이 전통적인 학습의 경계 밖에서 능력을 발휘해야 하기 때문에 남들과는 다른 방식으로 일을 한다. 요즘 학교들은 대안적인 교수법과 학습법을 통해 그런 강점과 약점에 대응하는 프로그램을 갖추고 있다. 내가 연사가 된 것, 인간관계를 구축하고 사회성을 발휘하고 출세를 위해 누구보다 열심히 노력해서 이런 약점을 보상한 것은 당연한 일이다. 그리고 내가 지금도 전통적인 방식으로는 아무 일도 하지 못하는 것도 당연하다. 내 뇌는 그런 식으로 작동하지 않는다. 요즘에도 나는 틀에서 벗어나서 일한다. 때로 사람들이 그런 방식을 높이 평가하지 않을 때도 있지만, 만약 여러분이 틀에서 벗어난 방식으로 일을 아주 잘 해내서 사람들이 뭔가를 다른 시선으로 바라보게 된다면, 여러분은 자신의 슈퍼파워를 최대한 활용한 것이다.

> **"**
>
> ## 자신의 슈퍼파워를 활성화하고,
> ## 외부의 잔소리는 무시하고 자신에게 귀 기울이자.
>
> **"**

나는 항상 말을 잘하는 사람들에게 마음이 끌렸다. TV에 스포츠 아나운서들이 나오거나 뉴스 앵커들이 6시 뉴스를 진행하는 모습을 보면 열심히 귀를 기울였다. 그래서 디트로이트 센터에서 만난 윌리스 목사는 내 영웅이 되었다. 그의 권위와 카리스마는 사람을 강하게 끌어당겼다. 설교를 하러 일어선 그는 문구나 비유를 통해 모든 사람의 관심을 끄는 법을 알았다. 그는 훌륭한 설교로 유명했고, "젤리백이 되지 마!"(줏대 없이 굴지 말라는 뜻) 같은 말을 생각해내는 언어의 장인이었다. 그는 자기 인생의 모든 부분을 책임질 수 있는 사람이 되라는 얘기를 할 때면 "모든 사람은 네 개의 견고한 사각형으로 이루어져 있다"고 말했다. 그의 군대 경력이 말하는 스타일에도 영향을 미쳐서, 모든 설교가 돌격 신호가 되곤 했다. 때로는 설교를 끝내면서 카운트다운을 하기도 했다. "10! 9! 8! 노아가 가족과 함께 방주에 들어가서 7분 뒤에는 문을 닫을 겁니다! 6! 여러분도 방주에 타야 해요! 뒤처지지 마세요!" 그는 1까지 숫자를 계속 셌고 마지막에는 모두가 환호성을 지르며 박수를 쳤다.

월리스 목사는 공격적이었지만 남을 겁주거나 하지는 않았다. 그를 보면 자존심을 지키는 사자가 떠올랐다. 그는 교회에 온 청년들을 모두 자리에 앉혀놓고 질문을 던지곤 했다. "학교에 다닌다고? 그런데 왜 지금 학교에 안 간 거야? 직장은 구했어요? 왜 직장이 없는 겁니까? 다음 단계로 넘어가려면 어떻게 해야 할까요?" 월리스 목사의 교회에 가면 그 무리의 일원이 될 수 있고 목사가 나를 돌봐줬다. 나는 보호받는 느낌이 너무 좋았고 그토록 갈등하던 아버지의 자리를 그가 대신 채워주고 있다는 걸 깨달았다. 월리스 목사가 말을 할 때면 꼭 나를 향해 말하는 것 같았다. 그가 질문을 던지면 관심있는 시선으로 바라보고 있다는 기분이 들었다.

디트로이트 센터에 적응하자마자 성경을 읽고 기도를 이끄는 자원봉사를 시작했다. 이야기할 기회가 생기면 바로 참여했다. 내 열정과 확신을 지켜본 신도들은 나를 격려해줬다. 7일 연속으로 회중들이 모이는 기도 주간이 되자 윌리스 목사가 내게 설교를 맡겼다. 토요일에는 목사의 아들이 설교를 하고 내 친구 밥은 금요일에 하기로 했다. 나는 새로 들어온 사람이라서 목요일 자리를 맡긴 것이다.

설교 요청을 받자마자 '흙탕물 속의 일곱 마리 오리' 이야기를 해야겠다고 생각했다. 그 해 초에 애틀랜타에서 열린 부흥회에 갔다가 그곳 목사님에게 들은 얘기다. 부흥회는 우리 공동체의 중요한 전통이다. 한 달 동안 교인들이 매일 천막 아래에 모여서 기도하고 노래하며 최고의 설교자들의 설교를 듣는다. 보통 여름에 열리는데 뜨거운 열기와 열심히 기도하는 사람들 때문에 강렬한 분위기가 조성될수 있다. 애틀랜타 부흥회를 이끈 월터 피어슨Walter Pearson 목사는 전설적인 인물이었다. 내가 피어슨 목사와 윌리스 목사를 바라보는 시선은 앨빈 카마라Alvin Kamara가 달리는 모습이나 톰 브래디Tom Brady가 공을 던지는 모습을 지켜보는 미식축구 팬들의 시선과 비슷했다. 그들이 말하는 방식은 꼭 조던의 덩크슛이나 매직 존슨Magic Johnson의 노룩패스 같았다. 그들의 설교에는 언어적 곡예가 가득했다. 그들은 군중을 매료시켰고 기립박수를 받았다. 나도 언젠가는 그들처럼 할 수 있기를 바랐다.

피어슨 목사의 일곱 마리 오리 이야기는 열왕기에서 따온 것이다. 아람의 한 장군이 나병 치료법이 있는지 알아보기 위해 선지자 엘리사를 찾아갔다. 엘리사는 장군의 병을 치유하려면 탁하기로 악명 높은 강물에 몸을 일곱 번 담가야 한다고 말했다. 장군은 정말 처방받은 대로 일곱 번이나 수면 아래로 '들어가야duck' 하는 건지 의구심을 품었다. 나는 예전부터 말장난이 포함된 이야기나 자기가 들은 내용을 두 번 생각하게 만드는 창의적인 이야기 방식을 좋아했다.

나는 2주 동안 거리를 오갈 때나 교회에 있을 때나 샤워를 할 때도 쉬지 않고 설교 연습을 했다. 집에 살지 않아서 혼자 있는 시간이 많았기 때문에 내 목소리의 뉘앙스와 억양을 강박적으로 확인할 수 있었다. 외로움을 잊고 집중할 수 있는 뭔가가 있다는 건 근사한 일이었다. 마이클 잭슨Michael Jackson과 아레사 프랭클린Aretha Franklin이 노래 연습을 할 때와 같은 방식으로 크레센도(소리가 점점 커지는 것)와 데크레센도(소리가 점점 작아지는 것)를 연습했다. 내가 말하는 모습을 본 적이 있다면 무슨 얘긴지 알 것이다. 가끔 나는 거의 속삭이는 소리에 가까울 정도로 조용히 말을 하기 때문에 내 말을 들으려면 몸을 앞으로 숙여야 한다. 그런가 하면 어떤 지점에서 핵심을 찌르는 말을 할 때는 목소리가 정말 거칠어진다. "숨 쉬고 싶은 만큼 간절하게 성공을 원해야 한다!" 윌리스 목사와 피어슨 목사에게서 직관적으로 배운 이 교훈을 내가 말하는 방식에 주입시켰다.

설교할 시간이 되자 자리에서 일어나 주위를 둘러봤다. 긴장됐지만 막상 그 시간이 되자 물 만난 고기 같았다. 사람들은 고개를 끄덕이며 내 말에 동조해줬다. 아멘을 외쳤고 박수도 쳐줬다. 나는 소위 말하는 유체이탈을 한 것 같은 기분이 들었다. 적극적으로 참여했지만 나의 또 다른 부분은 그 모든 것에서 벗어나 밖에서 모든 걸 주시하고 있었다. 나는 오늘날에도 여전히 그렇게 느낀다. 지금도 연설을 하려고 일어설 때는 긴장하지만, 일단 연단에 올라가면 나의 다른 부분이 임무를 떠맡기 때문에 난 몸에서 벗어나 흐름 속으로 들어갈수 있다. 그건 영적인 경험이라는 말 외에는 달리 설명할 길이 없다. 한 영혼이 나를 통해 움직이면서 달음질을 시작한다.

슈퍼파워는 바로 이런 느낌이다. 여러분의 내면에는 크고 강력하면서도 섬세한 무언가가 있다. 그리고 그걸 활성화시키면 시몬 바일스Simone Biles의 마루 운동 경기를 보거나 모차르트의 교향곡을 듣거나 러셀 웨스트브룩Russell Westbrook이 스무 번 연속으로 리바운드를 잡는 모습을 보거나 로저 페더러Roger Federer의 백핸드 슬라이스를 볼 때와 같은 기분이 든다. 순수한 시적 감동 그 자체다.

디트로이트 센터에서의 설교가 순조롭게 진행되자 그때부터 연설과 관련해서는 거의 볼 호그(ball hog, 공을 혼자 독점하는 선수-옮긴이) 같은 모습을 보이게 되었다. 학업적으로 인정받지 못했고 운동으로도 상을 받지도 못했기 때문에, 연설할 때 받은 긍정적인 반응이 지금까지 몰랐던 방식으로 나를 키운다는 걸 알게 되었다. 슈퍼파워를 활성화해서 집중력 있고 건전하게 느껴지는 방식으로 전달하는 내 모습을 발견한 건 그때가 처음이었다. 물론 당시에는 연설로 돈을 벌 수 있다는 것도 모르고 전문 연사가 되는 게 선택 가능한 직업 중 하나라는 것도 몰랐지만, 내가 잘하고 좋아하는 일을 찾았다는 건 알았다.

그런 의미에서 나는 운이 좋다. 학교와 재정 문제, 그리고 살면서 많은 어려움을 겪었지만 일단 내 재능(슈퍼파워)을 발견하자 내가 더 큰 목적을 향해 나아가고 있다는 사실이 분명해졌다. 꾸준히 연습할 대상과 가까이에 두고 양육할 것을 찾았다.

하지만 항상 그런 건 아니고, 자신의 구체적인 재능이 무엇인지 단번에 알아내는 사람은 많지 않다. 모든 사람이 NBA 포인트 가드나 NFL 쿼터백이나 할리우드 블록버스터 배우가 될 수 있는 건 아니다.

때로는 시간이 지나면서 우리 재능이 모습을 드러내기도 한다. 때로는 재능이 미묘하거나 숨겨져 있기도 하다. 그러면 어떻게 자신의 슈퍼파워를 발견할 수 있을까?

> **"**
>
> **남은 인생 내내 잠재력만**
> **믿으면서 살 수는 없다.**
> **어느 시점이 되면 그 잠재력을**
> **발휘해서 움직여야 한다.**
>
> **"**

먼저 자기 자신과 접촉해야 한다. 자신에게 자연스럽게 다가오거나 선천적으로 이끌리는 게 뭔지 알려면 자기 재능을 느낄 수 있어야 한다. 어쩌면 그림과 사진 보는 걸 좋아하고 색을 보면서 뭔가 심오한 걸 느낄 수 있을지도 모른다. 이런 이끌림에 주목하자. 어쩌면 정리하는 데 재주가 있어서 목록 만드는 걸 좋아하고 일정 정리에 소질이 있을지도 모른다. 이것도 자신에게서 주목할 만한 점이다. 망가진 물건을 고치거나 이케아Ikea 가구를 조립하면서 만족감을 얻을지도 모른다. 이런 능력도 찬찬히 살펴볼 필요가 있다.

자신의 슈퍼파워를 찾는 건 적극적인 선택이다. 또 적극적인 경청도 필요하다. 그걸 이해하고 들을 준비가 되어 있어야 한다. 여러분이 누구인지는 중요하지 않다. 누구나 자연스럽게 어떤 것에 이끌린다. 나는 우리가 세상을 헤쳐 나가는 데 있어 학교가 중요한 매개체 역할을 한다고 생각하지만, 학교가 항상 우리가 잘하는 일을 알아내도록 도와줄 수는 없다. 학교는 학생들이 수학, 과학, 사회 같은 과목에 집중하도록 하지만 학생이 그런 과목과 어떻게 상호작용하는지는 별로 신경 쓰지 않는다. 우리는 학교에서 커리큘럼에 참여하지만 그 커리큘럼을 처리하는 방식이나 느낌에 대해 남들이 물어본 적은 없다. 학교를 졸업하고 직업 세계로 옮겨가도 직업이나 지위를 강조할 뿐 그 직업이나 지위에 있는 사람에게 중점을 두지는 않는다. 자기가 뭘 공부하고 싶고 어떤 사람이 되고 싶은지 아는 것도 멋진 일이지만 먼저 자기가 누구인지 알아야 한다. 자기가 무엇에 끌리는지 생각하고 그 이유를 살펴보는 게 중요하다. 어떤 주제나 직업에 관심이 가는 이유를 살펴보자.

내 경우에는 항상 목소리에 마음이 끌렸다. ABC 스포츠의 하워드 코셀Howard Cosell이 TV에 나오면 입을 벌리고 그의 목소리를 들었다. 왜 나 같은 디트로이트 출신 아이가 하워드 코셀 같은 백인의 비음 섞인 목소리에 충격을 받았을까? 밥 코스타스Bob Costas가 불스 경기를 중계할 때면 꼭 그 방송으로 채널을 돌렸다. 왜 나는 5:5로 가르마를 탄 헤어스타일에 빳빳하게 풀 먹인 와이셔츠를 입은 사람을 동경한 걸까? 어릴 때 나는 바바라 월터스Barbara Walters와 제임스 얼 존스James Earl Jones, 마야 앙겔루Maya Angelou, 스튜어트 스콧Stuart Scott의 목소리를 듣는 걸 좋아했다. 그들은 모두 나를 사로잡는 무언가를 가지고 있었다. 윌리스 목사가 일어나서 입을 여는 순간, 나는 넋을 잃었다. 심지어 교회에 있지 않을 때도 나는 그의 설교와 목소리에 대해 생각했다. 만약 당시에 그런 내 모습을 자각했다면, 왜 그렇게 기자와 아나운서의 목소리를 듣는 걸 좋아하는지 자문해봤을 것이다. 그걸 통해 느끼고 생각한 세 번씩 고민하면서 시간을 보냈을지도 모른다.

항상 말하는 사람과 그들의 목소리에 자연스럽게 이끌렸던 것처럼, 다른 사람들을 돕고 싶다는 마음도 늘 품고 있었다. 나한테는 테레사 수녀가 셀럽이고, 넬슨 만델라Nelson Mandela가 우상이고, 로자 파크스Rosa Parks와 해리엇 터브먼Harriet Tubman이 여신이었다. 그들에 관한 책과 기사를 모두 찾아 읽었고 나도 그들처럼 사람들을 돕고 싶다는 걸 깨달았다. 내가 아는 누군가가 학교나 캠프에서 어려움을 겪고 있으면 계속 그 사실을 기억하면서 그들이 어떻게 지내는지 궁금해했다. 또 사람들의 기분이 어떤지, 혹시 내가 제공해줄 수 있는 뭔가가 필요하지는 않은지 항상 알고 싶었다. 오늘날에는 모든 사람이 감정과 직관에 따라 움직이지는 않는다는 걸 알지만, 어릴 때는 자기가 뭘 모르는지도 모른다. 그리고 나는 내가 남들과 다르다는 걸 몰랐다. 요즘에는 나의 타고난 성향에 관심을 가지고 그것과 접촉해서 발전시키는 데 공을 들인다. 즉, 나 자신에게 주파수를 맞추는 것이다.

그래서 자신의 슈퍼파워를 찾기가 어려운 것이다. 누구나 타고난 재능이 있지만 본인에게는 너무 당연한 것이라서 그게 재능이라는 사실조차 깨닫지 못한다. 그래서 슈퍼파워를 찾으려면 내면의 연습이 필요하다. 자신에게 다가가서 내면의 목소리와 능력이 하는 이야기에 귀를 기울여야 한다. 이때 외부 세계를 차단해야 내면에서 무슨 일이 일어나고 있는지 들을 수 있다. 그러려면 혼자 조용히 있는 시간을 늘려야 할 수도 있다. 아니면 TV를 *끄거나* 전화기를 내려놓고 자신에게 몇 가지 질문을 던져야 할 수도 있다.

그래서 난 기업이나 팀이나 운동선수들과 일대일로 일할 때 비행 평가를 이용한다. 그건 이미 존재하는 것에 대한 인식을 심어주는 도구다. 사람들이 본인의 행동 방식과 이유를 이해하도록 도와준다. 돕는다. 우리가 잘하는 것과 더 노력해야 하는 것이 뭔지 명확하게 파악할 수 있다. 모든 사람에게 모든 것이 될 필요는 없다는 걸 깨달으면 일종의 평화가 찾아온다. 나는 나고 그걸로 충분하다는 걸 알면 위안이 된다.

자신의 슈퍼파워에 대해 생각할 때는 내가 하는 일 중에 활력을 안겨주는 일이 뭔지 자문해 보자. 다 하고 난 뒤에도 두세 시간 정도는 더 할 수 있을 것 같은 느낌을 주는 일은 무엇인가? 나는 대여섯 시간 동안 지치지 않고 말할 수 있다. 난 비너스 윌리엄스Venus Williams 가 테니스를 치는 것처럼 얘기할 수 있다. 베토벤이 피아노를 연주하는 것처럼 말할 수 있다. 무하마드 알리Muhammad Ali가 권투하는 것처럼, 마이클 펠프스Michael Phelps가 수영하는 것처럼, 켄드릭 라마Kendrick Lamar가 랩하는 것처럼, 케힌데 와일리Kehinde Wiley가 그림을 그리는 것처럼 말할 수 있다. 말하기는 나한테 커피와도 같다. 연료만 있으면 영원히 입을 움직일 수 있다. 여러분이 시간 가는 줄도 모르는 일은 무엇인가? 여러분을 몰입 상태에 빠뜨리는 일은? 시간의 흐름이 중요하게 느껴지지 않는 일에 주의를 기울이자.

반대로 자신의 슈퍼파워를 자연스럽게 깨달아도 그걸 직업으로 삼겠다는 확신을 품지는 못할 수도 있다. 아니면 여러분에게 여러 가지 재능이 있는데 그중에서 하나를 선택하는 방법을 모를 수도 있다. 나도 어릴 때는 동기부여 강사가 될 수 있을지 몰랐고, 20대가 되어서도 교직과 사역이 주요 진로라고 생각했다. 세계 최고의 연사가 되는 건 내 마음속에서 선택 사항이 아니었다. 이렇게 자기 진로에 대한 인식이 부족한 건 래퍼 토베 엔위그위Tobe Nwigwe의 경우에도 마찬가지였다.

토베는 10년 전쯤에 내게 연락을 했다. 내 동영상을 본 뒤 연락을 취한 그는 내가 휴스턴에 들르면 그 도시를 구경시켜 주겠다고 했다. 그래서 일주일 뒤에 휴스턴행 비행기를 타게 됐을 때 그에게 간다고 알렸다. 토베는 나를 차에 태워 도시 곳곳을 안내해줬다. 혹시 토베를 만난 적이 있다면 그도 나처럼 사교적인 인물이라는 사실을 알 것이다. 그는 모르는 사람이 없고 사자처럼 강인한 에너지를 지니고 있다.

알고 보니, 그는 NFL 진출을 꿈꾸던 유망한 대학 미식축구 선수였는데 그만 부상을 당하고 말았다. 대학을 졸업한 뒤 그는 아이들이 삶의 목적을 찾도록 도와주는 비영리 단체를 시작했다. 그는 아이들이 촌극 공연을 하고 무대 위에서 랩을 하고 다들 힘을 합쳐 공연 제작을 하면서 본인들의 재능에 흥미를 가지도록 했다. 몇 년 뒤에 내 사업 파트너인 CJ가 휴스턴으로 거처를 옮겼을 때 그를 토베와 연결시켜 줬다. 토베가 하는 일을 보고 감명을 받은 CJ는 내게 전화를 걸더니, 토베가 본인의 재능을 활용해서 뭔가 더 근사한 일을 해야 한다고 말했다. CJ는 토베를 앉혀놓고 음악을 만들고 래퍼가 되는 게 그의 소명이라고 말했다. 토베는 CJ의 말을 별로 신뢰하지 않았다. 그는 곡을 써본 적도 없고 그와 관련된 정식 교육을 받은 적도 없다고 말했지만, CJ는 계속 밀어붙이면서 이게 그의 길이라고 설득했다. 결국 우리는 토베가 래퍼 경력을 시작하는 걸 도왔지만, 토베가 원하지 않았다면 결코 이루어지지 않았을 것이다. CJ와 나처럼 그에게도 자기만의 재능이 있었다. 그는 일하고 싶어 했고 자기 재능을 여러분이 오늘날 보는 것과 같은 슈퍼파워 수준으로 끌어올렸다. 우리처럼 그도 가정적이고 남들에게 베푸는 걸 좋아하며 전혀 틀에 얽매이지 않는 사람이다. 에리카 바두Erykah Badu, 미셸 오바마Michelle Obama, 데이브 셔펠Dave Chappelle, 질 스콧Jill Scott, 퍼프 대디P. Diddy 등이 모두 그를 칭찬했다. 그는 애플 뮤직, 비욘세Beyoncé, NBA, 저스틴 팀버레이크Justin Timberlake 와 함께 일했고 매년 차트 정상에 오르는 곡들을 발표한다.

토베의 이야기에서 마음에 드는 부분은 그가 자기에게 슈퍼파워가 있다는 사실을 깨닫는 과정을 겪었고, 그 힘을 깨달은 뒤에는 자신의 재능이 진짜인지 확인하기 위해 기꺼이 위험을 감수했다는 것이다. 그는 고도의 집중력을 발휘해서 자기 재능에 감춰진 잠재력을 추구하는 데 일생을 바쳤다. 이게 핵심이다. 노력이 관건이다. 힘을 사용해보지 않는다면 자기가 어떤 힘을 지녔는지 어떻게 알겠는가? 시도하지 않는다면 힘을 발견하지도, 활용하지도, 전달하지도 못한다. 그리고 때로는 다시 시도해야 한다. 때로는 더 열심히 노력해야 한다. 모든 슈퍼파워가 다 그렇듯이 유용하게 활용하려면 열심히 훈련하고 연마하고 연습해야 한다.

토베의 이야기에서 또 하나 좋아하는 부분이 있다. 당시에는 전혀 몰랐지만 토베가 나를 공항까지 미중 와서 처음 만났던 그날, 그는 자기 소유의 차도 없었다고 한다. 그에게는 렌터카 회사에서 일하는 친구가 있었는데 그 친구의 도움을 받았던 것이다. 휴스턴에서 가장 거친 지역 중 하나인 SWAT에서 자란 토베는 피해자들과 정반대되는 성격이었다. 그는 항상 자기가 할 수 있는 일을 찾았다. 그는 자신을 기적의 영역에 집어넣었다. 그리고 자기가 향하는 곳으로 갈 수 있도록 도와줄 사람들을 주위에 뒀다. 여기서 얻을 수 있는 교훈은 뭔가를 간절히 원하면 자신을 지지해줄 사람들을 찾게 되고 원하는 걸 얻을 기회가 생긴다는 것이다. 하지만 먼저 자기가 그걸 원한다는 사실을 깨달아야 하고 그런 다음 간절하게 원해야 한다.

"

다이아몬드처럼
빛나고 싶으면
다이아몬드처럼
깎여야 한다.

"

자신의 슈퍼파워와 사랑에 빠지자

주류에 순응하려는 욕망 때문에 우리 재능이 가려지는 경우가 매우 많다. 순응은 우리가 자신의 직관보다 외부의 소리에 귀를 기울일 때 일어나는 일이다. 때로는 주변 사람들이 우리 재능을 지지하거나 육성해주지 않는 경우도 있다.

아주 어릴 때, 내가 말을 잘한다는 걸 알기 전에는 바이올린을 좋아했다. 초등학교 때 자기가 연주하고 싶은 악기를 고르라고 하자, 나는 바이올린을 연주하고 싶다는 걸 깨달았다. 악기를 고르면 학교에서 그 악기를 빌려주기 때문에 틈만 나면 바이올린을 집에 가져가서 연습했다. 나는 바이올린을 케이스에서 꺼내고 페그를 돌려 조율하고 현에 활을 올려서 그 팽팽함을 느끼는 의식에 푹 빠졌다. 어스, 윈드 앤 파이어Earth, Wind & Fire나 스티비 원더Stevie Wonder의 노래를 들을 때도 현악기 소리에 귀를 기울였다. 마치 악기가 내게 말을 거는 것 같았다.

하지만 주변 사람들에게 바이올린에 관심이 있다고 얘기하자 다들, "뭐라고? 바이올린? 그건 섹시하지 않아. 남성적이지도 않고"라고 했다. 그래서 내가 좋아하는 모든 것에 의문을 품기 시작했다. 연습할 때도 한쪽 귀에서는 바이올린 소리가 들리고 다른쪽 귀에서는 다른 사람들 목소리가 들리는 듯했다. 그리고 안타깝게도 다른 사람들 목소리가 더 크게 울렸다. 결국 남들 의견에 휘둘려서 내 재능을 숙달시킬 기회를 잃어버렸다. 나는 본질적으로 마음이 가는 대상을 밀어내고 '용인 가능한' 것과 그렇지 않은 걸 지시하는 더 큰 문화의 목소리에 귀를 기울였다. 남들의 괴롭힘에 굴복해서 내 재능을 저버린 것이다.

> **"**
> **당신은 남들이 뿌린 대로 거두는 게 아니라**
> **자기가 뿌린 대로 거두게 된다.**
> **"**

자신의 본질에 접근하면 자기 재능이 무엇이고 그걸 어떻게 키워야 하는지 알 수 있다. 세상을 접하면 자신의 재능을 알아차리거나 인정하는 데 방해가 될 수 있다. 나는 내면의 목소리 대신 다른 이들의 말에 귀를 기울이는 바람에 재능을 저버리게 되었다. 인기를 생각하다 보면 감각이 흐려진다. 자신의 길을 가면서 완전히 새로운 일을 하는 것보다 다른 사람들이 하는 일에 순응하는 게 더 쉽게 느껴질 수 있다.

내가 어릴 때 스포츠는 젊은이들에게 멋진 일이었다. 축구나 농구를 하지 않거나 트랙을 달리지 않는 사람은 멍청하고 따분하다고 생각했다. 남성성은 곧 달리고 공을 잡고 패스하는 등의 신체적 능력과 동일하다고 여겼다. 바이올린 연주, 그림 그리기, 공부 등은 그와 같은 수준이 될 수 없었다. 미래에 대한 꿈이라고 하면 NBA나 NFL에 진출해서 부자가 되고 유명해지는 모습을 상상하는 것이지 교향악단의 바이올린 연주자가 되는 게 아니었다.

하지만 생각해 보면 재미있다. 이 사회가 귀하게 여기는 이들, 우리가 수세기 동안 기억하는 이들이 누구인지 떠올려보면 다들 현실에 순응하지 않았던 이들이다. 우리 사회는 괴롭힘에 굴복하지 않은 사람, 기존에 존재하지 않았던 새로운 길을 개척하는 사람들을 존경한다. 그러나 그런 길은 대개 평탄하지 않거나 인기가 없다. 인기 있는 것과 없는 것에 대한 평가는 각자의 사고방식에 따라 달라진다. 일반적인 관행에 따르지 않는 것은 대개 차이와 창의성을 열린 마음으로 대하기 때문이다. 내가 존경하는 슈퍼히어로들을 생각해 보면 마틴 루터 킹 주니어, 프레더릭 더글러스Frederick Douglass. 맬컴 X, 해리엇 터브먼, W. E. B. 듀보이스W. E. B. Du Bois. 마야 앙겔루, 재키 로빈슨Jackie Robinson 같은 사람들이 떠오른다. 이들은 성공으로 가는 길이 명확하지도 않고 평탄하지도 않았을 것이다. 프레드릭 더글러스는 노예로 태어났다. 그는 비밀리에 읽고 쓰는 법을 배워야 했고 스스로의 힘으로 자유를 쟁취해야 했다. 그는 마이너스 상태에서 시작했음에도 불구하고 당대 최고의 웅변가가 되었다. 맬컴 X의 아버지는 큐 클럭스 클랜Ku Klux Klan, KKK에게 살해당했고 맬컴은 사고뭉치라는 이유로 감옥에 갔지만, 결국 전 세계에서 흑인 파워를 개념화하는 방식을 변화시켰다. 흑인은 피해의식의 패러다임에 쉽게 넘어가거나 여론을 접하고도 아무런 진전도 이루지 못할 수 있는 사람들이다. 하지만 그들도 슈퍼파워를 활용해서 역경을 헤치고 자기만의 길을 만들 수 있게 되었다.

다른 사람들이 여러분의 재능을 인정하지 않거나 외부 세계가 그걸 받아들이지 않더라도 여러분은 자신을 위해 올바른 일을 하고 있다는 걸 알아야 한다. 유행은 돌고 돈다. 때로는 흰 피부가 유행하고 때로는 검은 피부가 유행한다. 짧은 머리가 유행일 때도 있고 긴 머리가 유행일 때도 있다. 지금 세상이 멋지다고 생각하는 게 뭔지 신경 쓸 필요 없다. 자기 자신만 신경 쓰면 된다.

요즘에도 종종 바이올린 연주곡이나 멋진 교향곡을 듣는다. 자기 곡에서 바이올린을 일종의 언어처럼 활용하는 힙합 아티스트들을 좋아한다. 지금도 예전처럼 그 악기 소리를 좋아하지만 더 이상 연주하지는 않는다. 그러면서 만약 바이올린을 계속했다면 어땠을지 궁금하다. 그게 내가 제대로 활용해본 적 없는 슈퍼파워일지 궁금하다.

우리는 최대한 자기다울 때 가장 강력한 힘을 발휘한다

물론 내 슈퍼파워가 무엇인지 이해하기까지 시간이 좀 걸렸다. 어릴 때는 항상 나보다 외부 세계에 더 관심이 많았기 때문이다. 내 재능을 알아차리려면 긍정과 검증이 필요하다고 느꼈다. 이런 생각 때문에 교실에서 문제가 생겼고 다른 곳에서도 문제가 생겼다. 외부 세계의 검증을 받으려고 애쓰는 건 위험할 수 있고 우리 힘을 잘못된 곳에 사용하게 될지도 모른다.

나는 어릴 때 엄청나게 빨리 달릴 수 있었다. 솔직히 말해서 훗날

NFL에 입성하게 될 거라고 생각했다. 체육 시간에 기록을 측정할 때마다 항상 주에서 가장 빠른 아이들에 해당되는 점수가 나왔다. 학교에서 문제가 없을 때는 트랙을 달리고 축구도 하고 어떤 운동을 하든 늘 팀에서 1순위로 뽑혔다. 그냥 달리는 게 좋았다. 그리고 남들이 뒤를 바짝 쫓아올 때의 스릴도 좋았다.

　　나는 기억나는 아주 어릴 때부터 상점에서 물건을 훔쳤다. 사탕, 비디오 게임, 옷 등을 말이다. 그 물건을 원해서 훔친 것도 아니었다. 그저 경찰을 피해 달아나면서 아드레날린이 솟구치는 게 좋았다. 10대 때는 몇몇 친구들이 날 마약 판매에 끌어들이려고 했지만 그건 거절했다. 하지만 내가 훔친 물건을 거리에서 팔았다. 친구가 쇼핑몰에서 파는 100달러짜리 옷을 원하면 그걸 훔쳐다가 75달러에 팔았다. 그리고 그걸 통해 내 가치를 입증하려고 했다. 사람들이 사고 싶어하는 비싼 물건을 들고 나타날 때의 흥분된 느낌이 좋았고 뭔가 소속감도 느껴졌다. 그런 짓을 하면서도 오랫동안 양심의 가책을 느끼지 않았다.

　　하지만 교회에 다니기 시작한 뒤로는 도둑질이 나쁘다고 느꼈다. 내가 다른 사람들에게서 빼앗은 것을 생각하니 마음이 불편해졌다. 하루는 윌리스 목사 앞에 앉아 있고 다음 날에는 운동화 한 켤레를 들고 가게에서 몰래 빠져나가는 내 모습이 마음에 들지 않았다. 그래서 어느 날 오후, 서머셋 몰에 있는 백화점에서 여러 가지 물건을 훔친 뒤 돌아가서 자수하기로 결심했다. 안 잡히면 앞으로도 계속해서 도둑질을 하리라는 걸 알고 있었다. 도주용 차를 가져온 친구에게 난 감옥에 갈 테니까 넌 집에 돌아가라고 말했다. 친구는 내가 미쳤다고 생각했지만 나는 그렇게 해야 한다는 걸 알았다. 가게로 돌아간 나는 정말 수상쩍게 행동하면서 옷이나 모자를 몇 개 챙겨 들고 나가려고 했다. 그러자 당연히 판매원이 눈치채고 날 불렀다.

나는 그 일을 절대 잊지 못할 것이다. 내 고모뻘인 아버지의 사촌이 마침 그곳에 있었다. 고모는 쇼핑몰 경비원들이 내게 수갑을 채우고 범죄자처럼 가게 뒤쪽으로 끌고 가는 모습을 지켜봤다. 그녀는 아무 말도 하지 않았지만 눈에는 비난하는 표정이 가득했고 이틀 뒤에는 우리 가족 모두가 알게 되었다. 엄마는 큰 상처를 받았고 나는 그 어느 때보다 부끄러웠다.

> "
> ## 난 사람들을 포기하지 않고
> ## 그들을 능가할 것이다.
> "

바이올린 연주와 마찬가지로, 외부 검증은 내 재능을 발전시키는 데 해가 되었다. 내 재능이 뭔지 몰랐기 때문에 내면의 목소리를 들을 수도 없었다. 안타깝게도 나는 외부에서 긍정해줘야만 내면에 귀를 기울일 수 있는 사람이었다. 그래서 마침내 나의 타고난 능력을 건전하게 지지해주는 사람들이 주변에 생긴 뒤에야 비로소 머릿속에 환하게 불이 밝혀졌다. 내가 말하는 데 관심이 있다는 걸 깨달았어야 했는데 기회가 오기 전까지는 몰랐다. 나의 슈퍼파워를 알아차린 윌리스 목사와 교회 공동체는 그걸 사용하고 시험해 볼 기회를 주기 시작했다. 그리고 마침내 이거야말로 내가 집중해야 할 재능이라는 걸 깨닫게 되었다. 마침내 내가 나다워진 기분이었다.

세상 누구도 나보다 더 나다울 수는 없다. 자신의 슈퍼파워를 이용하면 자신과 자신의 재능에 완전히 빠져들게 된다. 나는 나일 때 가장 힘이 세다.

자신의 슈퍼파워를 인식한 뒤 그걸 자기 것으로 만들기 위한 마지막 단계는 그 힘과 사랑에 빠지는 것이다. 그 힘을 낱낱이 알아야 한다. 그것에 집착해야 한다. 자신의 재능과 친밀해져야 한다. 로맨틱한 관계처럼 느껴져야 한다. 자기 재능에 집착하지 않으면 세계 1위가 될 수 없다. 재능을 존중하지 않으면 자기가 하는 일에 최고가 될 수 없다. 자기 분야에 기여하거나 상황을 발전시키거나 자기보다 앞서간 위대한 인물들과 함께 언급되려면 매일 아침 일어나서 재능을 돌보는 데 전념해야 한다. 가치 있는 다른 모든 관계와 마찬가지로, 재능과의 관계에도 노력이 필요하다. 현실에 안주해서 노력을 게을리한다면 재능이 떨어질 것이다. 자기 일을 원래부터 잘한다고 해도 그것만으로는 충분하지 않다. 그걸 위해 노력해야 하고 더 많은 걸 원해야 한다.

교육을 거의 받지 않고도, 노래를 듣기만 해도 그걸 바로 기타로 연주할 수 있는 사람은 많다. 하지만 그 재능을 제대로 발휘하기 위해 꾸준히 연습하지 않는다면 결코 지미 헨드릭스Jimi Hendrix처럼 연주하지 못할 것이다. 입을 벌려 근사하게 노래할 수 있는 사람은 많다. 하지만 그들이 그 재능에 집착하지 않는다면 결코 비욘세 수준에 도달하지 못할 것이다. 스테픈 커리Steph Curry는 던지고 달리는 능력을 타고 태어났지만, 열심히 노력하면서 재능을 불태우지 않았다면 지금처럼 유명한 NBA 선수가 되지 못했을 것이다. 세레나 윌리엄스Serena Williams는 예나 지금이나 테니스 공을 강하게 칠 수 있지만, 승리를 염원하면서 힘든 시간을 보내지 않았다면 지금처럼 코트에서 정확하고 우아하게 경기를 펼칠 수 없었을 것이다.

나는 매일 내 재능에 반한 채로 잠에서 깬다. 여전히 그것과 친밀한 관계를 맺고 있는 것처럼 느껴진다. 연단에 오를 때는 아직도 떨린다. 나보다 앞서 이 길을 걸어간 이들을 존경한다. 내게 재능이 있다는 사실에 경의를 표한다. 물론 돈도 좋지만 돈은 내가 슈퍼파워에 집착하고 난 뒤에 비로소 손에 들어왔다. 내 노동의 가시적인 성과는 목표하는 길 쪽으로 힘을 집중하기 시작한 뒤에야 나타났다.

해야 할 일

1. 여러분이 원래부터 잘하는 일은 무엇인가? 자연스럽게 마음이 끌리는 건 무엇인가? 이런 크고 작은 일들의 목록을 만들자.
2. 이런 자연스러운 성향을 어떻게 쏟아내야 하는지 알고 있는가? 어떻게 해야 그걸 잘 인식할 수 있을까? 이런 것들 가운데 하나 이상이 자신의 슈퍼파워가 되는 걸 상상할 수 있는가?
3. 자신의 슈퍼파워에 시간을 쏟아서 최고 수준까지 끌어올리려

고 노력한다면 어떤 모습이 될까?

4. 그 능력이 제대로 된 경로를 찾지 못한다면 어떻게 될까? 어떤 식으로 드러나고 어떤 느낌을 줄까?

5. 매일 그리고 장기적으로 자신의 슈퍼파워를 관리하고 발전시 키기 위해 뭘 할 수 있는가? 어떻게 해야 날마다 조금씩 연습 해서 더 발전시킬 수 있을까?

과제

자신과 함께 시간을 보내자. 조용한 장소를 찾아서 매일 20~30분 정도 자기가 좋아하고 잘하고 마음이 끌리는 것을 메모하거나 혼잣 말을 하자. 자기 재능을 어떻게 키우고 싶은지 그리고 어떤 쪽으로 발 전시키고 싶은지 명확하게 정해둬야 한다. 자신의 슈퍼파워를 활성 화할 수 있는 크고 작은 방법에 대한 아이디어 목록을 작성하자. 여러 분은 매일 어떤 일을 할 수 있는가? 다음 달 또는 1년 동안 할 수 있는 일은 무엇인가? 어떻게 해야 자신의 슈퍼파워와 더 깊은 사랑에 빠질 수 있을까? 재능을 활성화하도록 영감을 줄 수 있는 책, 프로그램, 다 큐멘터리, 사람, 장소 등의 목록을 만들자. 매일 아침 일어나 어떤 식 으로든 자신의 재능을 활용하겠다고 결심하자.

CHAPTER

당신이
아침에 일어나는
이유는
무엇인가

동기를 찾으면 자신의 슈퍼파워와 삶을 한 단계 더 끌어올릴 수 있다

동기는 슈퍼파워를 다음 단계로 끌어올릴 수 있는 힘이다.

동기는 우리가 계속 움직이게 해준다. 우리가 앞으로 나아가는 이유이자 아침에 잠을 깨는 이유이기도 하다. 내가 지금 이 자리에 있는 이유는 아내 디디 때문이다. 그녀는 내가 상상했던 것보다 더 많은 게 내 앞에 있다는 걸 알게 해준 사람이다. 그녀는 내가 나를 찾도록 도와줬다. 또 내가 세상을 헤쳐나가는 이유를 깨닫는 데도 도움을 줬다. 처음 만났을 때나 지금이나 내 삶의 이유는 디디다.

우리가 만난 지 1년이 조금 더 지난 4월 어느 날, 디디가 나를 집으로 불렀다. 나는 고등학교에서 쫓겨난 상태였고 그녀는 졸업반이 끝나가고 있었다. 그녀의 어머니는 집에 없었는데 디디는 평소와 달리 이상하게 행동했다. 뭔가에 잔뜩 몰두한 듯 진지한 모습이었다. 우리가 현관에 자리를 잡고 앉자 디디는 내게 물어볼 게 있다고 했다.

"날 사랑해?" 디디가 물었다. "그럼, 사랑하지." 내가 말했다. 하지만 그녀는 내 대답에 이의를 제기했다. "아니, 정말로 사랑하느냐고." 그래서 "물론이지, 사랑해"라고 대답했다. 디디는 내 삶을 바꾸고 거리에서 벗어나 더 큰 일을 하기로 결심할 만큼 자기를 사랑하느냐고 물었다. 무슨 뜻이냐고 되묻자, 그녀는 자기가 오크우드 칼리지(나중에 오크우드 대학이 되었다)에 합격해서 가을에 앨라배마주 헌츠빌로 갈 거라고 했다. 그러면서 내게 자기와 함께 갈 생각이 있는지, 디트로이트를 떠나 뭔가 더 큰 일을 시작할 수 있는지 물었다. 이런 생각을 해본 적은 없지만, 지금 돌이켜보면 그때 처음으로 내 인생의 '동기'가 뭔지 깨닫게 되었다. 그건 바로 디디와 함께 있으면서 그녀를 행복하게 해주는 것이다.

그때까지는 다음에 무슨 일이 일어날지 생각해본 적이 없었다. 디트로이트를 떠난다는 생각도, 학교를 마치면 내 인생이 어떻게 될까라는 생각도 해보지 않았다. 그런 생각이 아예 떠오르지 않았던 것이다. 나는 살 곳이 없었다. 그러니 10년 뒤에 어디서 살게 될지를 어떻게 상상할 수 있단 말인가? 디디와 함께 도시를 떠난다는 생각을 하자 완전히 새로운 기분을 느꼈다. 희망을 느꼈다. 마치 내 발 밑에 불이 붙은 것 같았다. 가진 게 아무것도 없는 날 받아준 이 사람을 잃을 수 없다는 걸 알았다. 내가 그녀에게 끌린 이유 중 하나는 내가 가지지 못한 걸 전부 가지고 있었기 때문이다. 디디는 집중력이 매우 뛰어났다. 결정도 척척 잘했다. 그녀에게는 계획과 방향이 있었다. 그녀는 성공할 사람이었다. 만약 그녀가 떠난다면 나는 그녀 없이는 아무 데도 가지 않을 것이다. 나는 주위를 둘러보면서 내 삶을 있는 그대로 주시했다. 나는 고등학교 중퇴생이고, 디트로이트 거리에 사는 노숙자고, 미래도 없다. 난 뭘 하려고 했을까? 계속 차에서 지내면서 맥도날드에서 일하려고?

가을에 대학에 진학하기 위해 가장 먼저 해야 할 일은 고졸 학력인증서GED를 받는 것이었다. 윌리스 목사를 찾아가자 그는 야간 학교에서 GED 수업을 들을 수 있게 도와줬다. 그 시험은 내게 모든 걸 의미했다. 나의 모든 미래가 거기 달려 있었다. 공부하는 동안 그 시험은 힘과 가능성의 상징이 되었다. 책을 펼 때마다, 특히 작문과 독해 부분을 생각할 때마다 긴장하곤 했다. 어떤 날은 개념을 바로 이해하기도 했고, 어떤 날은 동사 활용형이나 선행사 같은 걸 이해하는 데 며칠씩 걸리기도 했다. 하지만 그 기간 내내 전에는 한 번도 느껴보지 못한 에너지와 학교를 좋아하고 싶다는 열망을 품었다.

시험 일주일 전부터는 잠을 한숨도 못 잤다. 일어날 수 있는 모든 시나리오가 머릿속에서 펼쳐졌다. 합격하지 못하면 어떻게 될까? 디디는 혼자 앨라배마로 떠나고 난 디트로이트에 남게 될 것이다. 내 반석이 사라지고 모든 게 무너질 것이다. 하지만 합격한다면 완전히 다른 곳으로 가서 완전히 새로운 삶을 시작하게 될 것이다.

시험이 끝난 후, 시험지를 덮고 연필을 내려놓자 어떤 기분을 느껴야 할지 몰랐다. 시험을 잘 쳤다는 건 알았지만 합격점을 넘기에 충분한지 확신할 수가 없었다. GED 첫 번째 부분은 현지에서 채점하지만 쓰기 부분은 워싱턴 DC로 보내서 평가한다. 그래서 결과를 알기까지 몇 주를 기다려야 했다. 그때는 친구 밥의 어머니 집을 주소지로 쓰고 있었기 때문에 합격 통지서가 왔는지 확인하기 위해 매일 그 집에 들렀다. 마침내 결과지가 도착한 날에는 비가 내렸다. 편지를 손에 들고 현관에 서서 내 인생 전체가 이 작은 봉투 하나에 달려 있다는 사실을 생각했다. 내용을 보고 싶기도 하고 보고 싶지 않기도 했다. 3, 4분 뒤, 마침내 봉투를 뜯고 종이를 펼쳤다. 합격이었다. 고졸 학력 인증서를 받았다. 어디든 갈 수 있는 티켓을 받은 듯한 기분이 들고 안심이 됐다. 자전거를 타고 디디에게 합격증을 보여주러 갔다.

내가 다니던 교회 디트로이트 센터의 수많은 장점 중 하나는 제7일 안식일 재림파가 설립한 학교인 오크우드 칼리지로 가는 직통 파이프라인이라는 것이다. 디트로이트 센터에 다니는 모든 젊은이들은 자기가 원하고 열심히 노력하기만 하면 HBCU_{Historical Black College and University} 시스템의 일부인 오크우드에 진학할 수 있다는 사실을 알고 있었다. 내 경우에도 윌리스 목사가 고졸 학력 인증을 받으면 대학에 갈 방법을 찾아주겠다고 약속했다.

그렇게 해서 1989년부터 오크우드에 다니게 되었지만 공부나 연구에 필요한 기술이 전혀 없었고 내가 뭘 하고 싶은지도 몰랐다. 그래도 학비 보조금과 장학금을 받았고 학교 기부자들의 도움을 받아 공부를 시작할 수 있었다. 나머지는 학자금 대출을 받아 지불해야 했다. 커닝엄 홀이라는 기숙사에 들어가면서 2년 만에 처음으로 같은 장소에서 살게 되었다. 그곳에 사는 동안 공용 주방에서 팬케이크를 만들

당신이 좋은 것에 신경을 쓰면 그것도 당신에게 신경을 써준다.

고 다른 아이들과 함께 팬케이크를 잘게 썰고 휴게실이나 복도에서 노는 걸 좋아했다. 하지만 무엇보다 나는 디디를 위해 그곳에 있었다.

1학년을 마친 이듬해 여름, 디디와의 관계를 공식화해야 오크우드로 돌아갈 수 있겠다는 생각이 들었다. 그래서 개학을 몇 주 앞둔 어느 날, 디디를 데리고 TGI 프라이데이TGI Friday's에 갔다. 자리를 잡고 주문을 한 뒤, 그녀와 영원히 함께 있고 싶다고 말했다. 그녀 없이는 내가 누구인지도 모르겠고, 내게 살아갈 이유를 안겨준 사람과 함께 있는 기회를 놓치고 싶지 않다고 말했다. 그래서 몇 주 후, 우리는 사랑의 도피를 했다. 1990년 8월 23일에 오하이오주 톨레도의 한 법원에서 결혼식을 올렸다. 비용은 25달러로 디트로이트보다 저렴했고, 우리 둘 다 19살이었다. 우리는 보라색과 노란색 페이즐리 무늬가 들어간 검정색 반바지를 세트로 입었다. 그리고 처음 보는 사람을 결혼식 증인으로 세웠다.

그건 평소의 나답게 충동적인 행동이었다. 난 우리 둘을 부양할 수 있을지, 어디에서 살지, 어떻게 둘이 함께 인생을 계획해야 할지 몰랐다. 그냥 디디와 함께 있고 싶다는 것만 알았다. 우리의 결혼 사실을 알게 된 양가 부모님들은 화를 냈다. 특히 디디의 어머니가 격노했는데, 그녀를 탓할 수는 없다. 노숙자가 자기 딸과 데이트를 하고 그녀를 따라 대학까지 가는 걸 바랄 사람이 어디 있겠는가? 우리 엄마도 나보다 디디를 더 걱정했는데 그것도 당연한 일이었다. 하지만 다행히도 디디는 자기가 뭘 하고 있는지 알았다. 그리고 나는 내가 하는 모든 일이 디디를 위한 것임을 알고 있었다.

그때나 지금이나 내 삶의 이유는 디디다.

오크우드에 다니기 전까지 내게 학교란 쉬는 시간과 친구들을 사귀기 위한 곳이었다. 오크우드에서 처음 수업을 듣기 시작했을 때 선택 과목 성적은 괜찮았지만 영어와 고급 생물학 같은 필수 과목에서 어려움을 겪었다. 2학년이 되자 성적이 떨어졌고 3학년 때는 학사 경고를 받았다. 우리 가족 중에는 대학에 다닌 사람이 아무도 없었다. 양가 할머니들은 고등학교도 졸업하지 못했다. 친부도 고등학교를 마치지 못했고 엄마는 학교 측에서 임신 사실을 알게 되는 바람에 간신히 졸업했다. (나중에 엄마는 데이븐포트에서 경영학 학위를 취득했다.) 우리 가족에게는 성적을 유지하고 있는지, 수업에는 잘 나가는지, 졸업은 할 수 있는지 확인하는 문화가 없었다. 그래서 난 그냥 하고 싶은 대로 하며 살았다. 심지어 디디도 내가 학업에 취미가 없다는 사실에 별로 개의치 않았다.

성적이 떨어질 무렵부터 오크우드의 GED 홍보 프로그램에 참여하게 되었다. 입학해서 배우고 졸업한 뒤 봉사하는 것이 이 학교의 모토였고, 자원봉사가 캠퍼스 문화의 중요한 부분을 차지했다. 일요일에 교회가 끝나면 목사가 우리를 버스로 안내했고, 거기에서 간단히 점심을 먹은 뒤 버스를 타고 주변의 병원이나 요양원에 가서 봉사활동을 했다. 그런 곳에서 일하는 것도 좋았지만 뭔가 더 하고 싶은 불타는 열망을 느꼈기에 GED 프로그램에 뛰어들었다. 아마 내가 고졸 학력 인증을 받았기 때문에 그 과정을 거치고 있는 다른 아이들을 돕는 게 당연하다고 느꼈을 것이다. 헌츠빌의 GED 프로젝트에 참여하고 있는 아이들에게서 내 모습을 보았고 그들을 도울 방법을 알고 있다고 본능적으로 느꼈다.

헌츠빌은 이상한 곳이다. 외딴곳에 있기 때문에 차를 몰고 가면 진짜 시골 지역을 통과하게 된다. 목화밭이 수 킬로미터에 걸쳐 펼쳐져 있는데, 가끔 차에서 내려 목화밭 한가운데로 걸어 들어가기도 했다. 손을 내밀어 끈적거리는 줄기와 하얀 솜털을 만져봤다. 그리고 한 세기쯤 전에 그 밭에서 일했던 사람들을 떠올리면서 내가 그들과 어떻게 연결되어 있는지 생각했다. 마치 유령 이야기를 들은 듯한 기분이었다.

헌츠빌시 자체가 모순투성이였다. 그곳은 부유하면서 가난하다. 흑인과 백인이 뒤섞여 있다. 전쟁 이전 시대에 갇혀 있는 듯하면서도 곳곳에 현대성이 넘쳤다. 나사NASA와 텔레다인 브라운Teledyne Brown 엔지니어링 회사, 보잉Boeing이 모두 그곳에 기반을 두고 있다. 미사일 시험과 우주 프로젝트 기지인 레드스톤 아스널Redstone Arsenal도 그곳에 있다. 헌츠빌은 진보적이고 생산적이지만 동시에 흑인 차별도 극심했다. 흑인 인구 대부분이 사는 거대한 주택 단지가 4개 있었는데 언제 봐도 남루한 인상이었다. 창문마다 빨랫줄이 늘어져 있고 작은 앞마당과 뒷마당에는 풀이 별로 없었다. 디트로이트나 시카고만큼 거칠지는 않았지만 아름답지도 않았다. 내가 GED 프로그램에서 가르친 아이들은 대부분 이 주택 단지에 살았고, 그들 집의 거실에 있으면 꼭 우리 집에 있는 것처럼 편안했다.

GED 강좌를 가르치기 시작하면서, 수학과 독해력 과목을 내가 처음 배울 때와는 다른 방식으로 공부하면서 아이들에게 시험 문제를 이해시킬 방법을 강구했다. 다른 교사들은 GED 강좌를 실용적으로 전달하지 못해서 아이들을 돕지 못하는 것 같았다. 내가 고안한 방법은 심리학과 실습을 결합한 것이었다. 집에 가서 GED 시험을 몇 번씩 되풀이해서 치러보고, 데일 카네기Dale Carnegie의 『인간관계론How to Win Friends and Influence People』, 오그 만디노Og Mandino의 『위대한 상인의 비밀Greatest Salesman in the World』, 노먼 빈센트 필Norman Vincent Peale의 『적극적 사고의 힘The Power of Positive Thinking』 같은 개인 개발서를 읽었다. 그리고 그런 책 중에서 아이들에게 동기를 부여하고 비판적으로 생각할 수 있는 힘을 길러줄 수 있을 만한 내용을 발췌해서 읽어줬다.

수업 시간의 절반은 학생들에게 학교가 중요한 이유를 이해시키기 위해 올바른 마음가짐을 갖추는 문세에 대해 얘기했고 나머지 절반은 교육에 집중했다. 가끔 데니스 킴브로의 『일일 동기부여Daily Motivations』나 『생각하라 그러면 부자라 되리라』를 읽어주면서 그 아이디어를 어떻게 활용하면 좋을지 물어보기도 했다. 수업을 시작할 때는 학생들을 격려하기 위해 힙합 음악을 틀어주고 진지하게 공부에 임할 때는 클래식 음악을 틀어줬다. 또 30분마다 한 번씩 자리에서 일어나 몸을 움직이게 했고, 가끔 모의 시험을 치를 때는 계속 집중하는 연습을 할 수 있도록 일부러 주의를 산만하게 만들기도 했다. 그리고 학생들에게 우편으로 결과를 받고 점수를 확인할 때의 느낌과 그것이 자기 삶에 어떤 변화를 가져올지 상상해보게 했다. 또 그들이 앞으로 나아갈 미래와 그런 진전을 이루고자 하는 이유도 생각해 보게 했다.

우리 사회에는 학교를 제대로 마치지 않은 아이들에게 고정관념이 있다. 그들은 멍청하고 게으르며 미래가 없다고 생각하기 쉽다. 하지만 내가 이 아이들에게서 발견한 건 배움의 가치에 대한 오해였다.

나는 고등학교 졸업장이나 고졸 학력 인증서만 있으면 괜찮은 블루칼라 직업을 얻을 수 있는 곳에서 자랐다. 일의 가치와 배움의 가치 사이에 단절이 있다. 또 우리가 세상에서 하는 일과 그 일을 하는 이유 사이에도 종종 근본적인 단절이 존재한다. 자기가 그 일을 하는 이유를 알면 보다 확실하게 할 수 있고 더 많은 기회를 만들 수도 있다.

우리의 가장 중요한 동기는 배우자와 자녀를 부양하고 건강을 유지하는 것 같은 유형의 목표를 뛰어넘는 매우 심오한 것이며, 우리가 당연하게 여기는 다양한 가치관을 통해 뒷받침된다. 비행 평가는 이런 가치를 측정하고 여러분의 행동을 주도하는 요인을 보여준다. 난 이타주의를 중요하게 여긴다. 즉, 항상 다른 사람들의 필요와 그들을 돕기 위해 내가 할 수 있는 일에 관심을 갖는다는 얘기다. 또 개인주의도 중시하는데, 이는 내가 독립심과 자신감이 높다는 뜻이다. 물론 이건 모두 의미가 있다. 나는 항상 목회와 자원봉사를 과외활동이 아닌 내 직업처럼 생각해왔다. 그리고 친부에 대해 알게 된 후 다시는 누구도 내 결정을 통제 못하게 하겠다고 맹세했다. 이런 가치관은 가족을 돌보고 공동체에 헌신하려는 내 동기와 일치한다.

> **"**
>
> ## 자기가 그 일을 하는 이유를 알면
> ## 더 많은 기회를 만들 수 있다.
>
> **"**

동기는 이유 뒤편에
존재하는 이유다

1998년에도 난 여전히 GED 프로그램에서 일하고 있었고, 내가 다닌 대학과 관련이 있는 오크우드 아카데미라는 고등학교의 상임 대리 교사가 되었다. 아이러니하게도 난 대학을 중퇴했다. 당시에는 깨닫지 못했지만 나는 학교를 떠났으면서 다른 사람들이 학교에 진학하도록 돕다니 역설적인 행동이었다. (때로는 내 이타심이 나를 먼저 돕는 데 방해가 되기도 한다.) 오크우드는 규모가 큰 학교가 아니기 때문에 스포츠 활동은 힘입보나 부자석이다. 오크우드를 졸업한 사람은 일정한 지위를 얻게 되는데, 이런 위상은 특히 흑인 사회와 제7일 안식일 재림파 공동체에서는 의미가 있다.

하지만 나는 다른 곳에서 검증을 받고 있었다. 총기 환매(민간인이 소지한 총기를 환수하기 위해 정부가 민간인의 총을 구입하는 것-옮긴이) 프로그램과 유권자 등록을 홍보하는 로비스트 라마 히긴스Lamar Higgins와 함께 출장을 다니기 시작했다. 헌츠빌 시장과 앨라배마 주지사를 소개하는 연설을 할 기회를 얻었다. 시의회 회의에 참석하고 학교 이사회에도 참여했다. 아침 토크쇼와 신문에도 나왔기 때문에 다들 내가 누군지 아는 것 같았다. 그건 전부 기분 좋은 일이었지만, 나는 여전히 그 뒤에 숨겨진 가장 중요한 목표가 뭔지 명확하게 이해하지 못했다. 나는 어디로, 왜 가고 있을까? 그때도 열심히 일하긴 했지만 여전히 내가 가진 능력의 60~70퍼센트만 발휘하고 있었다.

모든 게 완전히 달라진 건 첫 아이를 가지면서부터였다. 내 나이

스물네 살 때였다. 디디와 결혼한 지 5년이 되었고 둘 다 준비가 되었다고 느꼈다. 최소한 우리가 가능한 선에서는 말이다. 디디는 그때 간호 대학을 졸업하고 헌츠빌 병원에서 좋은 직장을 얻었다. 난 관련 서적을 다 읽었고, 이웃에 사는 10대 소녀가 낳은 쌍둥이 딸 브룩과 브리아나를 마치 우리 아이처럼 사랑하며 돌봤다. 아이들에게 분유를 먹이고 기저귀도 갈아주고 낮잠도 재웠다.

잘린은 1995년 7월 20일 자정 무렵에 태어났다. 아이가 세상에 나왔을 때 디디와 나는 처음으로 우리 두 사람에게 딸린 뭔가가 생겼다고 느꼈다. 그전까지 우리는 서로를 지지한다는 목표를 가지고 있었지만, 그건 하나의 경로에 대한 통일된 비전이 아니라 각자의 독립적인 목표였다. 아이를 처음 안은 순간 우리는 가족이 되었고, 그 즉시 지금까지와는 다른 눈으로 세상을 보기 시작했다. 그건 매우 놀라운 경험이었다. 그날 나는 전혀 다른 차원의 부양자 겸 보호자가 되었다. 내 결정에 의해 나 자신뿐만 아니라 다른 누군가가 영향을 받게 되리라는 걸 깨달았다. 또 우리 가족의 세대 패턴을 명확히 이해하게 되었다. 우리 가족의 남자들은 전부 자기 자리를 지키지 않았고 다들 그들에게 아무 기대도 하지 않았다. 디디와 잘린을 이어주는 탯줄을 자르면서 무력하고 작은 아이를 바라본 순간 세상의 가능성이 바뀌는 걸 느꼈다. 나는 내 미래보다 심오한 뭔가를 바꿀 수 있었다.

내 동기를 진정으로 이해한 건 이때가 처음이었다. 동기는 이유 뒤편에 존재하는 이유다. 그 직업을 얻고 싶다고 하는데, 왜 그 직업을 원하는가? 다시 대학에 다닐 수 있는 돈을 벌기 위해서인가? 건강 문제로 어려움을 겪고 있는 부모님을 돕기 위해서인가? 밤에 안전하게 잘 수 있는 장소와 먹을거리를 확보하기 위해서인가? 뭔가를 하면서 열심히 노력하는 건 누구나 가능하지만 그 일을 하는 이유, 즉 고되게 노력하는 동기의 순수한 본질을 파악하지 않으면 노력의 방향이 달라질 수 있다. 제대로 된 청사진을 바탕으로 구축된 구조물은 남들과 다르게 기능한다. 나는 잘린이 태어났을 때 마침내 내가 어디로 가고 있고 그 동기는 무엇인지 알게 되었다.

동기를 찾자 무엇이 달라졌을까? 내 놀이 시간은 이제 끝났다. 집중을 방해하는 것들을 제거해야 했다. 비디오 게임과 카드놀이와 시시한 잡담을 그만뒀다. 오크우드의 카운슬러들을 찾아가서 학교에 복학하게 해달라고 애원했다. 레이저를 쏘듯 한 가지 일에 집중했다. 일반적인 조명으로도 집을 밝힐 수 있지만 레이저를 쓰면 수술도 할 수 있고 다이아몬드도 자를 수 있다. 잘린이 태어나자 다음에 생길 일들에 매우 진지해졌다. 이제 더 이상 나 혼자만의 삶이 아니기 때문이다. 내 인생이 곧 잘린의 인생이기도 했다.

여러분도 살아가는 동안 삶의 동기가 변하고 달라지고 성장할 것이다. 겹겹이 쌓이고 깊어질 것이다. 동기가 바뀌면 삶의 강도도 달라진다. 상호적인 결과는 직업적, 개인적인 성장 과정에서 상상하지 못했던 방식으로 모습을 드러낼 것이다. 잘린이 태어난 뒤, 그리고 딸 제이다가 태어난 뒤로 내 동기는 점점 더 가족에게 집중되었다. 가족을 보호하고 부양하고 싶은 깊은 욕구를 느꼈다. 그들에게 안정감을 주고 내가 세상을 떠난 뒤에도 간직할 수 있는 유산을 남겨주고 싶었다. 세월이 흐르면서 내 동기는 점점 더 집중되고 강렬해졌다.

그리고 더욱 다양한 층을 이루게 되었다. 공동체를 돌봐야 한다는 소명감을 느꼈다. CJ는 내게 모세 콤플렉스가 있다고 말하지만, 장담하건대 이 감정은 진짜다. 이런 감정은 아마도 과거 노예 생활을 했고 그 역사 때문에 지금도 여전히 불평등과 불공평을 겪고 있는 사람들 사이에서 자란 것과 많은 관련이 있는 듯하다. 나는 그들을 보호하고 이끌어야 할 책임이 있다고 느낀다. 내가 세상에서 무슨 일을 하든 내 사람들에게 축복이 되어야 한다고 느낀다. 아프리카계 미국인 남자인 나는 내 동포를 등에 업어야 한다고 느낀다. 내 돈은 그냥 내 돈이 아니다. 그건 우리 공동체의 돈이다. 내 영향력은 나만의 영향력이 아니라 우리 공동체의 영향력이다. 나와 함께 일하는 운동선수들 중에는 단순히 농구나 미식축구가 좋아서 그 일을 시작한 게 아니라, 그게 지금의 현실에서 벗어날 수 있는 유일한 방법이자 엄마에게 차와 집을 사줄 수 있는 유일한 방법이라고 생각해서 시작한 이들이 많다. 오늘날 내 삶의 목표 중 하나는 이런 사람들을 자기 혼자 힘으로 갈 수 있는 것보다 더 멀리까지 데려가는 것이다.

내 사역과 관련된 동기도 있다. 목회자 입장에서 날 축복해준 이들을 축복하고 싶다는 생각을 늘 한다. 때로는 종교계에서 복음을 전하라는 압박을 주기도 하지만, 종교와 영성은 매우 개인적인 것이므로 사람들이 스스로 깨닫고 준비가 되었을 때 따라오게 하는 편이 낫다. 나의 이런 태도 때문에 사람들이 계속 내 목회에 참석하는 것이라고 생각한다. 나는 전통적인 방식으로 사람들에게 압력을 가하거나 교회를 일구지 않는다. 오랫동안 종교는 교회 뒤에 제도를 구축하고 사람들에게 돈과 생명을 포기하라고 끊임없이 요구해왔다. 오랫동안 매우 불공평한 상황이 이어졌다. 내 목회에서는 다른 사람이 우리에게 주는 것보다 더 많은 걸 돌려주려고 노력한다. 우리는 아이들을 대학에 보내고, 사람들이 신용 점수를 올려서 자동차를 사도록 돕고, 결혼 상담을 하고, 졸업식과 출산과 장례식에 참석한다. 항상 내가 받는 것보다 더 많이 주는 것이 내 목표다.

우리의 동기는 외적인 것을 넘어선다

동기가 명확하지 않을 수도 있다. 동기를 찾는 데 애를 먹을 수도 있지만, 살아가는 데 꼭 필요한 것이니 찾아야만 한다. 아이러니하게도 프로 선수들이 이걸 가장 힘들어한다. 나는 항상 프로 리그에 진출한 것이 그들에게 일어난 최악의 일이자 최고의 일이라고 말한다. 특히 신인 선수들과 얘기할 때 항상 이 말을 한다. 프로 리그에 진출해도 기대했던 것과 전혀 다른 결과가 나오기도 한다. 어릴 때는 프로 리그가 그들의 동기다. 모든 목표가 리그 진출에 기반을 두고 있다. 자신의 재능과 시간을 극대화해서 리그 진출을 계속 목표로 삼을 수 있도록 삶의 구조를 정한다. 이른 아침의 웨이트 트레이닝, 특별한 식단, 방과 후 컨디션 조절, 수면 일정 등 모든 게 드래프트를 목표로 진행된다. 대부분의 젊은이들이 경험하는 비디오 게임, 정크푸드, 늦잠, 파티 같은 과외 활동은 모두 프로가 되려는 꿈을 위해 포기한다.

그러다가 19살이나 20살, 21살에 프로 리그에 진출한다고 상상해 보자. 백만장자가 될 수 있다. 르브론LeBron, 톰 브래디Tom Brady, 세레나 윌리엄스와 같은 공간에 있다. 여러분의 어머니는 항상 원하던 집을 살 수 있고 차도 있다. 여러분도 자기 집과 차를 갖게 된다. 개인 요리사를 두고 신발과 옷을 사고 멋지게 이발할 여유가 생긴다. 이렇게 외적인 욕망이 충족된다. 꿈이 이루어진 것이다. 하지만 문제는 리그 자체에 대한 대비가 되어 있지 않다는 것이다. 아니면 그 뒤에 따라오는 것에 대한 대비 말이다.

직업, 집, 자동차, 핸드백 같은 외적인 걸 원하면 에너지가 달라진다. 외적인 걸 얻으려고 열심히 일할 수도 있지만 무형의 대상을 얻기 위해 노력할 때만큼 열심히 하지는 않을 것이다. 외부의 연료는 내부의 연료와 근본적으로 다르다. 1.5킬로미터도 채 뛰지 못하면서 대의를 위해 마라톤을 하는 사람들이 있다. 새 시계를 사기 위해서가 아니라 자기 아이나 아내를 위해 뭔가를 할 때는 에너지가 달라진다. 그 동기가 슈퍼파워를 발휘하는 데 필요한 연료가 된다. 그것이 우리를 목적의 길로 나아가게 하는 것이다.

우리 모두 NFL이 뭘 의미하는지 알고 있다. "오래 지속되지 않는 다Not for long"는 뜻이다. 다른 스포츠는 좀 더 관대하지만 그래도 운동선수가 자기 몸에 의존하는 건 사실이다. 그리고 몸은 수명이 짧은 그릇이다. 여러분이 어떤 사람이든 자기 몸을 넘어서는 목표를 가져야 한다. 우리 인간이 은퇴를 대비해 저축하는 것도 이런 이유 때문이다. 우리가 10년, 15년, 20년 계획을 세우는 것도 이 때문이다. 이건 특히 사람들의 엔터테인먼트를 위해 자기 몸을 써서 일하는 운동선수들에게 필수적이다. 30대 후반까지 경기를 뛰는 사람은 드물다. 나는 종종 선수들에게 몇 살에 죽고 싶으냐고 물어본다. 여든 살? 아흔 살?

그건 현역에서 은퇴한 뒤 50~60년 뒤의 일이다. 지금 그들이 상상하는 것보다 두 배나 긴 인생이다. 그래서 선수들에게 경기를 계속 뛰려면 경기 이외의 삶의 목표를 찾아야 한다고 말한다.

매년 시즌이 시작되기 전에 NBA 신인 선수들과 이야기를 나눈다. 대개 뉴저지 어딘가의 호텔에서 그들을 만나는데, 그곳에 가면 이 거대한 남자들이 운동복을 입고 돌아다니면서 뷔페 식당을 찾거나 서로 응시하는 모습을 볼 수 있다. 하지만 가까이에서 보면 아직 어린아이들이라는 걸 알 수 있다. 개중 일부는 아직 수염도 나지 않았다. 이들의 몸값을 모두 합치면 수십억 달러의 가치가 있는 세계에서 가장 뛰어난 엘리트 운동선수들이다. 기업들과 광고 전략, 마케팅 예산이 그들의 이름을 활용하고 있는데 그들 대부분이 겨우 청소년기를 벗어난 상태다. 개중 일부는 이미 새로 얻은 부와 지위를 의식해서 으스대거나 특권의식을 가지고 있다. 그런가 하면 겁에 질려 겸손한 태도를 보이면서 사기꾼 증후군을 겪는 이들도 있다. 즉, 위협을 느끼거나 자기가 부족하다고 여기거나 다른 사람의 패러다임에 맞지 않는다고 생각하는 것이다.

나는 공평한 경쟁의 장을 만들고 그들의 관심을 끌기 위해, 자리에서 일어나 그들의 미래와 역사적인 관점에서의 책임에 대해 이야기한다. 방안을 둘러보고 서로의 얼굴을 바라보면서 200년 전, 혹은 150년 전에는 그들의 미래가 어땠을지 생각해 보라고 한다. 그들이 그 세상에 있었다면 어떻게 되었을지 묻는다. 그중 많은 이들이 노예가 되어 들판에서 일하거나 이렇다 할 만한 미래도 없이 누군가의 대

저택에서 고된 일을 했을 게 분명하다. 그런 다음, 만약 마틴 루터 킹 주니어에게 오늘날 그들이 비는 만큼의 돈이 있었다면 무엇을 했을지 생각해 보라고 한다. 맬컴 엑스라면 어떻게 했을까. 해리엇 터브먼이 1,000만 달러, 3,000만 달러, 5,000만 달러짜리 계약을 맺었다면? 내가 이런 질문을 하는 이유는 그들이 눈앞의 경력을 넘어 다음에 다가올 일을 바라보게 하기 위해서다. 경기 출전은 일시적이다. 그들의 체력도 일시적이다. 하지만 그들의 유산은 지속된다. 여러분이 유산을 위해 일하거나 한 세대에게 희망을 안겨주거나 세상을 바꾸기 위해 일한다면, 살아가는 방식이 달라질 것이다. 또 일의 결과도 다를 것이다.

"

인생에는 돈으로 살 수 없는 것들이 있다.

"

가까운 미래 너머에 있는 삶의 목표를 찾는 이들을 생각하면 크리스 폴이 떠오른다. 19살에 NBA에 진출하고, 5개 팀에서 뛰고, 올림픽에 두 번 출전하고, 11번이나 올스타에 선정된 남자다. 크리스 폴은 뛰어난 재능 덕분에 유명해졌지만, 그는 자기가 매 경기 이상의 무언가를 위해서 노력한다는 걸 안다. 그는 돈과 재능을 이용해, 자기가 뛰었던 곳마다 리더십 캠프를 설치해서 전국의 아이들에게 기회를 주는 걸 자신의 책임으로 삼았다. NBA 선수협회의 회장인 크리스 폴은 리더십이 어떤 것인지 보여주는 살아있는 본보기일 뿐만 아니라, 동기와 목표가 없는 아이들을 위해 자신의 동기와 목표를 깨달을 수 있는 기회를 적극적으로 만들어줬다.

뉴올리언스 세인츠New Orleans Saints의 라인 배커인 디마리오 데이비스Demario Davis도 생각난다. 그는 곤경에 처했다가 다시 기반을 다진 뒤, 전 세계 젊은이들과 함께 일하는 비영리 단체를 설립했다. 그는 정치적으로 적극적인 사람이다. 그에게는 미식축구 이상의 목적이 있다. 신시내티 벵골스Cincinnati Bengals의 수비수인 데번 스틸Devon Still도 있다. 그는 4살 난 딸 레아가 암의 일종인 4기 신경아세포종에 걸렸다는 사실을 알게 되자, 본인도 최근에 부상을 입고 수술을 받았음에도 불구하고 3주 내내 병원에서 딸 곁을 지켰다. 그는 삭발을 하고 미식축구 경력을 잠시 보류했다. 데번의 이야기에서 놀라운 점은 그의 동기가 세상의 공감을 얻었다는 것이다. 그의 팀은 데번이 휴가를 쓸 수 있게 허락해줬고, 신시내티 어린이 병원의 소아암 연구를 위해 400,000달러를 모금했다. 모든 NFL 팀이 나서서 데번과 레아를 지지했다. 그의 동기가 심오하고 또 그의 이야기와 정체성에서 중요한 부분을 차지하게 되었기 때문에 세상도 거기에 동조한 것이다.

동기라는 개념에 대해 처음 얘기한 건 2012년에 마이애미 돌핀스Miami Dolphins와 함께 하는 자리에서였다. 나는 그들에게 케빈 듀란트Kevin Durant의 등번호에 대한 이야기를 했다. 브루클린 네츠Brooklyn Nets에서 뛰기 전까지 듀란트는 등번호 35번을 달았다. 그리고 코트에 나오면 상대편 선수들이 두려워하는 행동을 했다. 먼저 유니폼 앞면에

새겨진 숫자를 만졌다. 그리고 유니폼 뒷면의 숫자를 만지고 나서 하늘을 가리켰다. 그는 35세의 나이에 주차장에서 총탄 4발을 맞고 사망한 유소년 농구 코치 찰스 크레이그Charles Craig를 기리기 위해 35번을 달고 뛰었다. 듀란트는 실력이 뛰어났을 뿐만 아니라 그런 동기가 있었기 때문에 가공할 능력을 발휘했다.

요즘에는 "당신의 동기는 뭐냐?"고 묻는 것이 스포츠계의 필수 과정이 되었다. 대형 브랜드에서 강렬함과 투지를 마케팅하기 위해 이 질문을 이용했다. 하지만 동기의 핵심은 항상 돈이나 유형의 존재보다 크다. 동기는 목적을 통해 자기보다 큰 무언가를 향해 나아가는 것이다.

내면을 들여다보면
자신의 동기를 찾을 수 있다

자신의 동기를 어떻게 찾아야 할까? 슈퍼파워를 찾을 때와 같은 방법을 써야 한다. 즉, 외부의 소음이 차단된 곳에 홀로 앉아서 진지하게 혼자만의 시간을 보내야 동기를 찾을 수 있다. 이상하게 들릴지도 모르지만 나는 노숙 생활의 외로움 속에서 내 동기를 찾았다. 어릴 때는 커피를 끓이는 소리나 엄마가 아침을 준비하는 소리에 잠을 깨곤 했다. 밖에 나가 보도를 이리저리 뛰어다니면서 함께 놀 사람을 찾았다. 나는 지속적인 자극이 필요하다고 생각했기 때문에 항상 사람들 곁에 있었다. 끊임없이 움직이면서 행동하고 이야기를 나눠야 한다고 생각했다.

돌이켜보면, 나도 억지로 혼자가 되는 과정(버려진 건물의 공허함과 내가 자란 집 바깥에서 나는 낯선 소리에 적응하는 과정)에서 내 말에 귀를 기울이기 시작했고, 직감을 이용해서 내 마음이 끌리는 것들을 향해 나아가기 시작했다. 나는 일에 끌렸다. 집은 없었지만 직업을 구할 방법을 알고 있었다. 난 12살 때부터 브라일 가와 패튼 가를 잇는 두 블록 길이의 신문 배달 구역에서 일을 시작했다. 난 고객 중 누가 얼마의 외상이 있는지, 75센트를 추가로 내야 하는 일요판 신문을 받는 사람은 누구인지 다 알고 있었다. 일하는 게 좋았다. 일은 짜임새와 집중할 대상을 줬고 노숙자일 때는 사람들 앞에 나설 구실이 돼 주었다.

동기는 다른 모든 것를 아래에 깔린 이유다. 일할 때도 그것에 대해 생각한다. 휴가 중일 때도 그 생각을 한다. 우리가 주의를 기울이지 않을 때도 따라다니면서 어깨를 두드린다. 거리에서 혼자 있는 시간 동안 내가 놓친 모든 것에 대해 생각했다. 그리고 그 모든 것은 가족을 중심으로 돌아갔다. 여전히 엄마에게 화가 난 상태였지만 엄마가 몹시 보고 싶었다. 여동생 제니코와 이모들과 할머니들이 그리웠다. 두 살배기 여동생 말로리가 얼마나 컸는지 궁금했다. 항상 디디에 대해 생각했고 우리가 함께 있지 않을 때는 그녀가 뭘 하고 있을지 궁금했다. 그리고 물론 교회에서 만난 새로운 가족과 그곳 공동체에 대한 내 책임에 대해서도 생각했다.

그 당시에도 내 동기는 가족이었다. 디디를 만났을 때 그녀는 자기가 꿈꾸는 미래의 가족 모습에 대해 확실히 선을 그었다. 잘린이 태어나자 그 선에 음영이 생겼고, 3년 뒤에 딸 제이다가 태어나자 모든 선들의 색이 더 짙어졌다. 요즘에도 난 엄마에게 필요한 것들이 모두

갖춰져 있는지 확인한다. 차와 집이 다 괜찮고 휴가도 잘 챙기는지 확인한다. 요즘에도 하루 이틀 이상 엄마와 통화를 하지 않으면 마음이 편치 않다. 대놓고 말을 하든 안 하든, 내 동기는 언제나 가족의 일원이 되어 가족을 부양하는 것이다.

한 가지 무서운 점은, 동기를 찾는 과정이 고통스러울 수 있다는 것이다. 어떤 사람은 세상의 기준을 계속 따르기 위해 자신의 동기를 억누른다. 그런 식으로 동기를 억누르면 자신의 슈퍼파워와 삶의 목적까지 부정하게 된다. 나는 친구들이 내가 고졸 학력 인증을 받고 대학에 지원하는 걸 비난할까 봐 걱정했다. 머릿속에서 그들이 "허, 네가 대학에 간다고? 넌 대학에 다닐 만한 인재가 아니잖아"라고 비난하는 목소리가 들렸다. 하지만 다행히 그들의 목소리 대신 내 내면의 목소리를 들으면서 균형을 잡을 수 있었다. 어둠 속에서 혼자 많은 시간을 보냈고 우울한 생각을 하면서 편집증에 걸렸고 주변의 모든 사람 모든 것과 단절된 느낌을 받았다. 하지만 나 자신과 다시 연결되자 세상과도 다시 연결되기 시작했고 그런 연결을 계속 유지하고 싶다는 욕망을 통해 내가 지닌 동기의 더 깊은 층을 파헤치기 시작했다.

해야 할 일

1. 일을 하지 않거나 놀지 않을 때 자연스럽게 생각나는 건 무엇인가? 행복을 상상할 때 그 상상 속의 여러분은 어디에서 누구와 함께 있는가?

2. 아침에 무엇을 위해 일어나는가? 누구를 위해 일어나는가? 가장 보고 싶은 사람은 누구인가? 누구 없이는 살고 싶지 않다고 느끼는가? 누가 여러분을 돌보고, 여러분은 누구를 돌보는가? 누구를 돌봐주고 싶은가?

3. 미래를 누구와 함께 보내고 싶은가? 친구, 가족, 자녀, 배우자? 그 미래는 어떤 모습인가? 무엇이 그 비전을 형성했는가? 누가 그걸 만들었는가? 그게 여러분이 원하는 것인가?

과제

자신의 외적인 욕망에 대해 생각해 보자. 여러분이 있는 그대로 원하는 건 무엇인가? 이제 그 이면을 살펴보자. 왜 그걸 원하는가? 자신의 본질적인 욕망을 들여다보자. 이루고 싶은 일. 꿈, 함께 시간을 보내고 싶은 사람, 만들고 싶은 유산. 그리고 왜 그런 걸 원하는지 생각해 보자. 뭔가를 성취하려는 이유가 무엇인가? 왜 꿈을 꾸는가? 누구를 위해 이루고 싶고 누구와 함께 꿈을 꾸고 싶은가? 이 답을 분류하면 패턴이 보이기 시작할 것이다. 자신의 동기가 모습을 드러내기 시작할 것이다. 이렇게 동기를 파악했으면 포스트잇에 써서 매일 볼 수 있는 곳에 붙여두자. 그리고 아침에 일어나면 그 내용을 보고 그게 여러분이 오늘 하는 일에 최선을 다하는 이유라는 걸 상기하자.

CHAPTER

5

길을 찾으면
방법도
찾을 수 있다

자기 재능을 인식하며 움직여야
목적을 향해 나아갈 수 있다

자신의 목적을 향해 걸으려면 잠재력을 최대한 발휘하고 주어진 재능을 매일 활용해야 한다. 자신의 슈퍼파워를 활성화하고 동기를 알아냈으면, 이제 그걸 자각한 상태에서 움직이기 시작할 수 있다. 시선을 외부로 돌려 다른 사람들이 여러분에게 뭘 원하는지 볼 수 있다. 자기 이해를 바탕으로 자신의 재능을 가장 필요한 사람과 장소에 적용할 수 있다. 이를 위한 첫 번째 단계가 인식이다. 그 인식을 통해 나아가야 목적을 향해 걸어갈 수 있다. 성경에서는 재능이 여러분을 위한 공간을 만들 것이라고 말한다. 목적의 길이 바로 그 공간이다.

오크우드는 내가 처음으로 진정한 방향성을 가지고 목적의 길을 걷기 시작한 곳이다. 디트로이트 센터에서는 공개적으로 얘기하는 게 어떤 것인지를 경험했다. 그 경험을 통해 힘을 얻고 자리에서 일어나 메시지를 전달하는 기쁨을 맛봤다. 오크우드에서는 그 느낌과 공간에 더 깊이 빠져들었다. 정확히 어찌다가 그렇게 된 건지는 잘 모르겠지만, 학교에 입학한 첫 주에 열린 그해의 첫 번째 집회에서 연설을 해야 한다는 사실을 알게 됐다. 마치 내 재능이 기회를 열어주고 내게 자리를 마련해 주기 시작한 것 같았다.

얼마 뒤에 열린 신입생 오리엔테이션에서는 디트로이트 외부에서 처음 사귄 친구인 어빈 다프니스Irvin Daphnis와 멜빈 트레스 헤이든 3세Melvyn Tres Hayden III를 만났다. 어빈은 마이애미에서 자란 1세대 아이티계 미국인이었다. 그는 키가 183센티미터에 마르고 피부가 검었다. 항상 아프리카식 복장인 다시키dashiki 셔츠를 입고 아프로 헤어스타일을 하고 다녔다. 그는 아프리카 유산의 대변인이었고 흑인 인권단체인 어번 리그Urban League의 청년부 회장이었기 때문에 조직 문화에 익숙했다. 반면 트레스는 교회 광신도였다. 항상 예수를 부르짖었다. 그의 아버지는 제7일 안식일 재림파 설교자였기 때문에 성경 공부를 하고 모든 예배에 참석하고 금식하고 기도했으며, 캠퍼스 안의 모든 그룹 활동(맨 오브 디서플린Men of Discipline, 감마 시 감마Gamma Si Gamma, 다이내믹 프레이즈Dynamic Praise라는 합창단 등)에 참여했다. 트레스의 가족은 모두 오크우드에 다녔기 때문에 학교 사람들 모두가 그를 잘 알고 좋아했다. 나는 어빈과 트레스와 같은 프로그램에 참여했기 때문에 그들과 가까워졌다. 우리는 더 큰 목적의식이 우리를 한데 모았다고 느끼기 시작했다. 함께 있을 때 우리는 꼭 폭죽 같았다.

그때가 1989년이었다. 로드니 킹Rodney King이 로스앤젤레스에서 경찰에게 폭행을 당한 때였다. 스파이크 리Spike Lee 감독의 「똑바로 살아라Do the Right Thing」와 「스쿨 데이즈School Daze」가 개봉된 시기였다. 앨라배마주 주지사 조지 월리스George Wallace가 인종차별 정책을 시행하던 시대가 막 끝난 직후였다. 여러분이 미국의 젊은 흑인이라면 주변에서 항상 무슨 일인가가 일어나던 때이다. 1955년에는 14살의 에밋 틸Emmett Till이 린치를 당했고, 1970년대에는 데이비드 듀크David Duke가 루이지애나에서 KKK를 부활시켰으며, 2020년에는 조지 플로이드George Floyd가 미니애폴리스에서 살해당했다. 우리는 이 학교에 들어간 뒤에야 비로소 우리의 유산에 관한 이야기를 전부 들을 수 있었고, 마침내 퍼즐의 모든 조각이 맞춰지기 시작했다. 미국 역사 전체에서 노예제도의 흔적을 보았다. 우리가 씨 뿌린 농작물과 우리 손으로 건설한 도시에 대해 읽었다. 아프리카와 그곳의 왕과 여왕이었던 우리 조상들에 대해 이야기했다. 우리 민족이 스핑크스와 피라미드 그리고 팀북투에 있는 대학을 건설했다는 걸 배웠다. 우리가 시간을 개념화하고 세계 최초의 시계를 만들었다는 것도 배웠다. 제임스타운과 컴포트 포인트, 찰스턴과 뉴올리언스를 훨씬 뛰어넘는 역사와 혈통을 가지고 있다는 걸 알게 되었다. 디트로이트에 있는 학교에 다닐 때는 이런 걸 가르쳐주지 않았다.

어빈과 트레스, 그리고 나는 우리가 느끼는 것과 우리가 흡수한 모든 지식을 공유할 필요가 있다고 느꼈다. 해리엇 터브먼과 제시 잭슨Jesse Jackson, 무하마드 알리와 넬슨 만델라의 정신이 우리에게 스며드는 걸 느꼈다. 우리는 그들이 하던 일을 계속 이어갈 의무가 있었다.

그래서 7일간 단식을 하면서 음식은 먹지 않고 물만 마셨다. 그리고 결국 일종의 사역을 구성해야 한다는 걸 깨달았다. 절대 강압적인 느낌을 주지 말고 사람들이 찾아와서 우리 얘기를 듣고 잠시 머물거나 마음에 안 들면 그냥 가버릴 수 있는 선택권을 줘야 한다고 생각했다. 그렇게 해서 벨 타워 사역부가 탄생했다.

오크우드 캠퍼스는 아름답다. 녹지와 풀이 무성하고 거대한 떡갈나무가 줄지어 서 있다. 이 학교는 제7일 안식일 재림교회를 후원하는 백인 단체가 설립한 흑인 학교다. 캠퍼스를 통과하는 큰 도로는 없고 캠퍼스 안과 바깥에 작은 길이 하나씩 있었다. 학교는 헌츠빌의 다른 지역과 격리되어 있었는데 이건 캠퍼스 안의 학생들을 안전하게 보호하고 나쁜 의도를 가진 사람들을 차단하기 위해 의도적으로 그렇게 설계한 것이다. 도시 바깥에서는 뒷창문에 남부 연합군 깃발을 꽂은 픽업 트럭을 종종 볼 수 있었고, 오크우드 쪽으로 운전을 할 때는 그 주변의 작은 마을에 들러서 주유를 하면 안 된다는 걸 다들 알고 있었다. 그래서 캠퍼스에 들어서면 학교 자체가 하나의 작은 세상처럼 느껴졌다.

벨 타워를 어디에서 진행할지 생각하니까 바로 떠오르는 장소가 있었다. 캠퍼스 한복판에 진짜 종탑이 있었는데 수업에 들어가거나 기숙사나 카페테리아에 가려면 누구나 이곳을 지나가야 했다. 언제 목회를 진행할까에 대한 답도 꽤 명백해 보였다. 오크우드에서는 매주 수요일 밤에 대규모 예배가 열렸다. 금요일에는 재림 청년회 모임이 있고 토요일에는 모든 학생이 참가하는 예배가 진행된다. 그래서 어빈과 트레스, 나는 매주 화요일, 목요일, 일요일 저녁에 종탑에 가서 메시지를 전달하기 시작했다.

처음에는 내가 진행자 겸 기획자 역할을 했다. 기숙사에서 전단지를 나눠주고 소문을 퍼뜨렸다. 벨 타워에서 연설하는 사람을 소개하고 세부 사항을 정리했다. 가끔씩 말을 좀 하긴 했지만 대부분은 사회자 역할이었다. 마이크는 없었다. 앉을 의자도 없고 연단으로 쓸 상자도 없었다. 그냥 거기 나가서 우리가 할 일을 했다. 내가 처음으로 종탑 앞에서 연설을 했을 때 날씨는 쌀쌀하고 이슬비까지 내렸다. 날이 어두웠지만 마침 근처에 가로등이 있었기 때문에 사람들이 우리 모습을 볼 수 있었다. 우리 그림자가 주위에서 크게 움직였다. 거기에서 아마 당시 내가 열중했던 주제인 영성이나 더 나은 결정을 내리는 것에 대해 15~20분 정도 얘기했던 것 같다. 초보자인 만큼 그냥 생각나는 대로 아무 말이나 떠들었다. 하지만 조금씩 사람들이 모여들더니 우리 주변을 서성거리기 시작했다. 그들에게 그 자리에 있거나 주변에 머물도록 강요하는 게 아무것도 없는데도 계속해서 날 지켜보고 있다는 걸 깨달았다.

자각하고 자신이 되자

자각은 내 목표를 이해하는 첫 번째 단계였다. 디트로이트 센터에 다닌 이후로 내가 대중 앞에서 연설할 수 있는 능력이 있다는 걸 알았다. 그리고 그 일에 마음이 끌린다는 것도 알았다. 같은 일에 관심이 있는 사람들을 찾아서 집단의 이익을 위해 서로를 지원하게 되자 나 자신에 대한 근거가 더 확실해졌고 목표도 번창하기 시작했다. 외도적으로 갈 수 있는 길이 보이기 시작했다. 갈 곳도 없으면서 비행기나 차를 타는 사람은 없다. 다들 자기가 가야 할 목적지를 아는 상태에서 탄다. 목적의 길에 들어설 때도 그런 기분이 든다. 즉, 의도적인 여정을 시작하는 기분이 드는 것이다.

돌이켜보면 벨 타워가 탄생한 순간이 곧 내가 남자로 변모하기 시작한 순간이었다. 이건 미국에서 흑인으로 자란다는 게 무얼 의미하는지 인식하는 것과 관련이 있다. 또 세상이 나보다 훨씬 크다는 사실을 이해하는 것이기도 하다. 오크우드에는 토론토, 잉글랜드, 보스턴, 캘리포니아 등 여러 곳에서 온 아이들이 있었다. 그들 모두 억양과 스타일이 달랐다. 디트로이트에서는 힙합과 아디다스, 디자이너 청바지가 유행했다. 우리는 뚜껑을 열어젖히고 뒤쪽에 음향 시스템을 설치한 사무라이 스즈키와 지프를 타고 다녔다. LL 쿨 J_{LL Cool J}, MC 라이트_{MC Lyte}, 런 DMC_{Run DMC}가 우리의 시인이었다. 하지만 오크우드에서는 카리브해, 서해안, 남부 등 각지의 영향을 느끼게 되었다.

그렇지만 내가 오크우드에 오기 전, 날 키워준 아버지는 내가 필요한 줄도 몰랐던 사실을 깨닫게 했다. 12살 때, 당시 좋아하는 여자애 사진을 집에 가져간 적이 있다. 그 아이 이름은 사라였다. 예쁘고 똑똑했으며 무엇보다 중요한 건 그 아이도 날 좋아했다는 것이다. 엄마에게 그 사진을 보여줬다. 아버지는 그냥 한번 흘끗 보기만 했다. 사라는 백인이었다. 표면적으로는 그녀의 흰 피부가 문제라는 걸 몰랐지만 마음 한구석에는 어쩌면 그럴지도 모른다는 느낌이 들었다.

다음날, GM에서 교대 근무를 마치고 돌아온 아버지는 문고판으로 된 『맬컴 X의 자서전The Autobiography of Malcolm X』을 건네줬다. 표지에는 뿔테 안경을 쓴 남자의 사진이 있었는데 양복에 넥타이까지 매고 있어서 멋있어 보였다. 뒷주머니에 들어갈 만큼 작은 판형의 책이라서 그걸 들고 다녔다. 웨이트 세트가 있는 지하실에도 들고 내려갔다. 매일 방과 후에 거기서 역기 운동을 했는데, 운동 중간의 쉬는 시간에 벤치 끄트머리에 앉아서 맬컴의 이야기를 조금씩 읽었다. 그의 아버지는 KKK에게 살해당하고, 어머니는 정신 질환을 앓고, 형제들과는 헤어져야만 했다. KKK에 대해서도 처음 들어봤고 피부 색 때문에 죽을 수 있다는 것도 처음 알았다. 미국에도 그런 게 존재할 수 있다는 사실에 충격을 받았다. 나는 아메리칸 드림을 이룬 집에서 매우 보호받으며 살았기 때문에 정말 충격적이었다.

내가 맬컴의 책을 읽었을 때 그의 경험이 매우 가깝게 느껴졌다는 걸 알아야 한다. 그는 디트로이트에서 시간을 보냈고 젊은 시절에는 랜싱에서 살았으며 불과 17년 전에 뉴욕에서 암살당했다. 그가 이곳에 왔을 때 나는 아직 태어나지 않았지만 디트로이트 사람들은 마치 어제 일처럼 그에 대해 이야기했다. 이슬람교에 대한 맬컴의 믿음까지 받아들이지는 않았지만(우리가 아는 사람들은 대부분 기독교도였다) 그는 미국 흑인들이 권력을 되찾고 우리 역사의 아름다움을 인식하는 순간을 대표하는 인물이다. 그 무렵, 맬컴 X의 대필자인 알렉스 헤일리Alex Haley가 쓴 「뿌리Roots」도 보기 시작했다.

"

길을 찾으면
그걸 실현할 방법도
찾게 된다.

"

나는 맬컴의 자서전을 토템처럼 배낭에 넣어서 학교에 가져갔다. 그 책을 읽으니 내 동포들을 점점 알아가는 기분이 들었고 가족들과 더 어른스러운 대화도 나누게 되었다. 엄마는 내가 감탄할 정도로 책을 많이 읽었다. 우리가 히브리 삼촌이라고 불렀던 벤 삼촌은 음악가였는데 흑인의 역사에 대해 모르는 게 없었다. 삼촌은 내가 알게 된 것들을 얘기해 보라고 독려했다. 그래서 동네 토박이들과 얘기를 나눴고 흑인 사상에 심취해 있던 데이비드 삼촌은 「제트Jet」나 「에보니Ebony」 같은 잡지를 소개해줬다. 또 카림 압둘 자바Kareem Abdul-Jabbar, 제시 잭슨, 윌트 체임벌린Wilt Chamberlain에 대해서도 가르쳐줬다. 그리고 우리는 맬컴에 대해 얘기했다. 나는 순수한 의지력만으로 자신의 삶전체를 변화시키고 자기와 같은 사람들 모두를 위한 비전을 만들어낸 한 남자의 이야기에 집착했다. 목표는 바로 이런 모습이다. 자신의 길을 찾아내고 그 길을 걷는 데 평생을 바친다면 이런 일이 가능해진다.

자서전에서 맬컴이 백인 여성과 관계를 맺는 부분이 나오자 읽는 걸 중단했다. 당시에는 그 이유를 설명할 수 없었지만 아버지의 메시지가 뭔지 내심 느꼈을 것이다. 우리는 모든 남성이 흑인 여성과 결혼한 동네에 살았고, 이곳에서 자기애란 곧 자신과 닮은 여자를 사랑하는 걸 의미했다. 그때는 그냥 사랑이라고 말했지만 요즘 사람들은 그걸 블랙 러브라고 부른다. 맬컴 X의 자서전을 읽으면서 자기 인종이 아닌 사람을 사랑하는 게 위험할 수도 있다는 걸 처음으로 이해했다.

엄마에게 그 순간에 대해 물어봤지만 엄마는 사라의 사진을 보여줬던 일을 기억하지 못했다. 하지만 자기는 그런 식으로 생각하지 않앉을 거라고 말했다. 외할아버지는 흑백 혼혈이었고 외증조부는 백인이었기 때문에 엄마는 아버지처럼 내게 경고해야 한다는 생각은 하지 않았을 것이다. 하지만 엄마는 백인 여성들과의 문제를 피하기 위해 일찍 군대에 갔던 피부색이 밝은 사촌에 대한 얘기도 해줬다. 또 피부색이 더 까만 자매들을 편애했던 의붓아버지의 가족에 대해서도 이야기했다. 외할아버지가 시카고와 인디애나주에 살 때는 일자리를 얻기 위해 쿠바인이나 이탈리아인인 척해야 한다는 이야기를 들었던 것도 기억했다. 날 키워준 아버지의 시각은 달랐다. 그는 텍사스에서 대학에 다녔고 대학 농구 선수로 뛰면서 전국을 돌아다녔다. 하지만 그가 머물 수 없는 곳들이 있었다. 때로는 그와 팀 동료들을 받아주는 호텔이 아무데도 없어서 버스에서 잠을 자야 했다. 그가 들어가는 걸 거부한 공동체도 있었다. 그는 미국에서 흑인 소년으로 자라는 게 위험할 수도 있다는 걸 알았다.

맬컴 X의 자서전을 읽은 뒤 사라와는 계속 친구로 지냈지만, 그녀와의 관계를 예전과 같은 방식으로 바라볼 수가 없었다. 그리고 아마 사라 부모님도 집에서 내가 그녀에게 어울리는 짝이 아니라고 설득했을 것이다. 진실은 영영 알 수 없겠지만.

이제는 아버지가 내게 그 책을 준 게 어떤 의미인지 안다. 아버지는 오크우드 대학 1학년 때 있었던 일을 내가 12~13살 때쯤 겪길 바랐다. 내가 성장해서 세상이 어떤 곳인지 알고, 장차 어떤 사람이 될 수 있는지 깨닫고, 보다 확실한 의도를 품고 살아가길 원했다. 그리고 오크우드에 입학했을 때 마침내 아버지의 뜻을 이해했다. 아마 같은 것에 관심이 있는 1,800명의 학생들, 부모님이 아닌 또래 친구들과 함께 있었기 때문일 것이다. 그리고 우리는 다 함께 그걸 받아들였다. 머릿속을 맴돌던 것들이 드디어 제자리에 맞아떨어지는 순간, 나 자신에 대해 뭔가를 알고 있다는 느낌이 들었다. 내 슈퍼파워와 새로운 연결고리가 생긴 느낌이었다. 그리고 그 느낌은 이전에 알던 것보다 더 많은 목적과 방향성을 채워줬다.

이 시기에 자존감이 높아졌다. 난 학업 면에서는 그리 인상적인 학생이 아니었고 벨 타워에서도 주인공인 마이클 조던보다는 조력자인 데니스 로드먼Dennis Rodman에 가까웠지만, 차츰 내가 누구인지 알아가고 있었고 또 사람들을 하나로 모으는 능력이 뛰어났다.

자신감이 솟아오르는 게 느껴지자 우습지만 나 자신을 대하는 태도도 달라지기 시작했다. 속으로 되뇌는 내용이 달라졌다. 여기 디트로이트에서 온 망가진 아이가 있다. 학업적으로 많이 뒤처져 있고 별다른 목적도 없는 아이였다. 그런데 사람들이 내 목소리에 매료되어 내 말을 듣기 시작하자, 나보다 더 큰 무언가를 향해 나아가고 있는 것 같았다. 대부분의 아이들은 예배를 드리러 교회에 가는 걸 좋아하지 않는다. 다들 아멘이라고 말하자마자 밖으로 튀어나갈 준비가 되어 있다. 하지만 벨 타워에서는 다들 그곳에 머물면서 우리의 이야기, 나의 이야기를 듣고 싶어 했다. 그렇게 자신감이 생기자 지금까지와는 다르게 생각하기 시작했다. 삶에 참여하기 시작했다.

계획이 있어야 힘이 목적이 된다

체계와 기준이 없는 목적은 아무것도 아니다. 자신의 슈퍼파워와 동기를 발견했어도 삶에 체계와 기준이 없으면 목적이 길을 잃는다. 일정과 계획이 없으면 힘이 목적이 되지 못한다. 최종 목표가 명확하지 않더라도(장담하는데, 내가 유명한 동기 부여 강사가 될 거라고는 상상도 못했다) 경계를 정해서 자신의 목적을 존중해야 한다. 그러려면 연습이 필요하다. 그걸 중심으로 자신의 시간을 정리해야 한다. 그걸 육성하고 연구해야 한다. 의도를 가지고 목적을 관철하는 방법을 알아야 한다.

벨 타워 덕분에 내게 체계가 생겼다. 내가 있을 곳을 얻었다. 지향해야 할 방향이 생겼다. 일주일에 세 번씩 그 자리에 서서 말하고 사람들이 내 말을 듣는 것을 느끼면서 내 인생에서 또 무엇을 할 수 있을지 궁금해졌다. 슈퍼파워를 활성화시켰을 뿐만 아니라 내 의도에 맞는 방식대로 지휘하는 것도 가능해졌다. 그 능력을 어떻게 발휘해야 하는지, 언제 어디에서 써야 하는지, 언제 그냥 내버려둬야 하는지 알아냈고 그런 능력이 존재한다는 사실 자체에 더 큰 자신감을 느꼈다. 예전에 학교에 다닐 때는 제대로 된 방향도 방법도 없이 그냥 몹시 흥분한 상태에서 떠들고 대화하고 농담을 주고받았지만, 이제는 에너지를 단번에 격렬하게 폭발시키는 데 노력을 집중하게 되었다. 그리고 그렇게 집중하는 과정에서 나를 더 잘 알게 되었다.

말하기와 관련된 내 매력과 특별한 장점을 이해하기 시작했다. 어빈은 히브리어나 그리스어로 된 텍스트를 분석하는 등 이론적인 작업을 많이 하고 트레스는 영성에 집중했지만, 내가 내세울 수 있는 건 언제나 단순함이었다. 당시에도 나는 주로 자기 자신과의 접촉, 부모님이나 동료들과의 소통 방법, 인생에 적응하고 즐기는 방법, 승리뿐 아니라 실패와 도전까지 포용하는 태도 등에 대해 얘기했다. 그리고 그런 메시지를 뒷받침하는 열정이 내 연설 스타일이었다.

"
여러분은 자기 인생의 감독이자 시나리오 작가다.
"

나는 사람들이 내 말의 요점을 이해할 수 있도록 짤막한 경구를 만들곤 한다. 예를 들어, "대담하게 고리를 깨라" 같은 것이다. 이 짧은 문장 하나에 빈곤의 대물림을 끝내고, 교육을 받고, 유산을 만들라는 모든 메시지가 포함되어 있다. 이 한 줄짜리 과제 덕분에 메시지가 기억에 새겨진다. 사람들은 늘 내 목소리에 담긴 뭔가가 그들의 마음을 움직여서 벽을 뛰어넘고 싶어지게 한다고 말한다. 그건 아마도 내가 자신에 대해서 잘 알고 내 경험을 더없이 솔직하게 말하기 때문일 것이다. 나는 누구에게도 내가 겪은 고난에 대해 말하는 걸 두려워하지 않는다. 내 어려움을 이야기하면 듣는 사람이 자신의 어려움을 직

시하고 헤쳐 나가는 데 도움이 된다. 고난은 자신을 찾는 과정의 일부다. 고난을 겪어야만 자신의 목적을 찾을 수 있다. 하지만 혼자 고군분투할 필요는 없다.

나는 집단적인 노력의 일부가 되는 것에서 목적을 찾았다. 우리가 얘기한 중요한 부분은 공동 투쟁에서 자신의 역할을 하라는 것이다. 스스로를 계몽해야 한다. W. E. B. 듀보이스가 말한 '재능 있는 소수Talented Tenth', 즉 전 세계에서 우리 공동체를 대표할 수 있는 고전적인 교육을 받은 사람이 되어야 한다. 기여자가 되는 것, 우리의 정당한 자리를 훌륭하게 차지하는 문제에 대해서도 얘기했다. 다같이 둘러앉아 맬컴 X와 데스몬드 투투Desmond Tutu의 연설을 들으면서 함께 연설 스타일을 공부했다. 제임스 브라운James Brown의 '블랙 앤 프라우드Black and Proud', 마빈 게이Marvin Gaye의 '왓츠 고잉 온What's Going On', 그리고 커티스 메이필드Curtis Mayfield의 노래도 들었다. 넬슨 만델라의 석방을 위해 연좌농성도 했고, 마틴 루터 킹 주니어 박물관을 둘러보려고 애틀랜타에도 갔는데 마침 그의 부인인 코레타 스콧 킹Coretta Scott King이 예고 없이 찾아와서 우리와 함께 기도했다. 폭탄 테러로 어린 소녀 네 명이 사망한 버밍엄의 16번가 침례교회도 방문했다. 우리는 미국에서 가장 위대한 흑인 사상가들에 대해 얘기하면서 우리도 그런 사람이 될 수 있을지 궁금해했다. 나보다 더 큰 무언가의 일부가 된다고 생각하니 집중력과 에너지가 생겼다.

결국 벨 타워는 유명해졌고 캠퍼스 주변의 모든 사람들이 우리를 알게 되었다. 오크우드의 교수들도 우리에게 관심을 갖기 시작했다.

입학 예정자들이 찾아오면 행정실이 우리한테 조명 시스템을 제공해 주고 예술가들도 나와서 자기 작품을 선보였다. 벨 타워는 오크우드 에 입학했을 때 누릴 수 있는 매력적인 장점의 일부가 되었다. 그리고 우리를 다른 곳과 차별화했다. 결국 우리 추종자들은 캠퍼스 너머로 도 확장되었고, 덕분에 한 번에 며칠씩 남부 지방을 돌아다니면서 부흥회나 교회에서 강연할 기회를 얻었다. 우리는 조지아와 버뮤다, 앨라배마 전역을 여행했다. 어빈과 트레스가 다른 일을 하고 있을 때는 나 혼자라도 와서 강연을 해달라는 초청을 받기 시작했다.

물론 3학년 때부터는 GED 과정을 가르치기 시작했고 나중에 대리 교사가 되었다가 결국 대학을 중퇴하긴 했지만, 헌츠빌에 살았던 1989년부터 1998년까지는 계속 벨 타워 사역을 진행했다. 그리고 비록 학위를 따려고 애쓰지는 않았지만 거기서 다른 걸 공부했다. 세상에 참여하고, 나를 지지해주는 사람들을 만나고, 나 자신에 대해 알아가고 있었다. 내세울 만한 직업은 없었지만(당시 생활비를 벌기 위해 올리브 가든에서 일했다) 그래도 내 목적을 찾아가고 있었다.

목적이 항상 직업과 관련 있는 건 아니다. 물론 목적이 곧 직업이 될 수도 있지만, 목적은 대개 자신의 재능을 이용하고 그걸 인식하는 것에 더 가깝다. 재능 활용은 종종 내가 '눈에 보이지 않는 일'이라고 부르는 형태로 나타난다. 눈에 보이지 않는 일이란 재능을 활용하고 성장시키기 위해 보답을 기대하지 않고 하는 일이다. 예를 들어, 벨 타워는 돈을 벌거나 명성을 얻기 위한 게 아니라 메시지를 전파하고 연결고리를 찾기 위한 것이었다. 내게 있어 가르치는 일은 경력을 쌓거나 자아를 발전시키기 위한 게 아니었다. 사람들이 자신의 힘과 목적과 동기를 확인하고 받아들이도록 돕기 위한 것이었다. 내 경력과 수입 대부분을 동기부여 연설에 의존하고 있는 오늘날에도 여전히 이 일을 거저 할 때가 많다. 내가 제작한 시리즈인 TGIM_{Thank God It's Monday}은 항상 무료로 배포했다. 내 팟캐스트, 동영상, 소셜 미디어는 모두 내 재능을 기부한 것이다. 강연이나 어떤 팀과의 협업을 위해 여행을 갈 때는 가급적 해당 지역 공동체에 있는 학교에 들른다. 소년원에도 가고 청소년 클럽에도 들른다. 이런 무형의 일들은 운동이나 컨디션 조절과 비슷하다. 자신의 목적을 향해 계속 걸어갈 수 있는 힘을 준다. 집중할 수 있게 해준다. 그리고 주변 세상과 관계를 맺게 해준다. 목적 안에서 걷는다는 것은 곧 자신의 재능을 키워 필요한 사람들에게 나눠주는 것이다. 그리고 여러분이 재능을 나눠주면 세상은 그 보답으로 여러분을 축복한다.

동기가 목적을 이끈다

시간이 지나면 목적도 바뀌고 심오해진다. 자신의 슈퍼파워를 보다 잘 알게 되면 목적을 달성하는 방법이 바뀐다. 동기를 잘 정의해서 계층화하면, 목적도 더 명확하고 복잡해진다. 내 경우에는 위기를 겪으면서 목적이 더 명확해졌다.

2012년까지 디디와 나는 잘 지내고 있었다. 우리는 미시간주에 정착했다. 그녀는 랜싱에 있는 잉엄 카운티 보건부에서 아주 괜찮은 일자리를 구했다. 나는 전국을 돌아다니면서 강연을 하고 회사를 키웠다. 우리 아이들도 자라서 잘린은 막 고등학교를 졸업했고 제이다는 2학년이 됐다. 우리는 안락한 생활을 하기에 충분한 돈이 있었다. 휴가를 다닐 여유도 있었다. CJ와 함께 하는 사업은 호황을 누렸다. 멋진 인생이었다.

그런데 어느 날 디디가 퇴근길에 내게 전화를 했다. 그때 들은 디디의 목소리를 결코 잊지 못할 것이다. 그녀는 혼란스러워했고 약간 겁을 먹은 상태였다. 그녀는 자기 차를 끌고 평소처럼 병원에서 집으로 가는 길을 달렸다고 한다. 출발한 곳부터 도착지까지 거의 직선으로 이어진 길이다. 디디는 지난 5년 동안 매일 그 길에서 차를 몰았다. 하지만 도중에 어딘가에서 길을 잘못 들었는데, 그녀는 자기가 어디에 있고 어떻게 그곳까지 왔는지 전혀 모르겠다고 했다. 비슷한 시기에 디디는 다리도 아프기 시작했다. 그녀가 잘린의 졸업 파티를 준비하느라 힘들어서 그렇다고 말했지만, 축하 행사가 끝난 뒤에도 통증은 가시지 않았다. 그녀가 퇴근하는 길에 두 번째로 길을 잃자, 우리는 병원에 갔다. 병원에서는 즉시 MRI 촬영을 했고, 우리 가족의 친구인 방사선과 의사가 전화를 걸어 디디의 뇌에 병변이 있다고 말해줬다. 며칠 뒤, 의사에게 진단명을 들었다. 디디는 다발성 경화증을 앓고 있었다. 마치 장례식장에 온 기분이었다. 15~16살 때부터 함께 하는 삶을 꿈꿨던 사람, 영원한 사랑을 맹세한 사람이 병에 걸렸는데 내가 할 수 있는 일이 아무것도 없었다. 내 삶의 목표가 곤경에 처했다.

여러분의 삶의 목표가 위험에 처한다면 그걸 보호하기 위해 가능한 모든 일을 다 할 것이다. 그리고 단순히 목적만 가지고 사는 게 아니라 열정을 품고 살기 시작한다. 열정을 품고 사는 사람은 위험하다. 그들은 포기하지 않는 사고방식을 가지고 있다. 그들은 꿈을 실현하기 위해 어떤 일도 서슴지 않고 할 것이다.

디디가 다발성 경화증 진단을 받자 나는 충격에 빠졌다. 내 뇌는 어떻게 이런 일이 생길 수 있는지 이해하려고 애썼다. 우리 부부는 술도 안 마시고 담배도 안 피우고 운동도 열심히 하고 식사도 잘 챙겨 먹는다. 디디는 건강했고 평생 만성 질환을 앓은 적이 없었다. 날 키워준 아버지는 30대 때 다발성 경화증 진단을 받았지만, 아버지와 엄마가 그 일을 겪기 시작할 무렵에 나는 이미 집을 나온 뒤였기 때문에 상황을 잘 몰랐다. 그 병을 앓는 사람들은 저마다 다른 경험을 한다. 그리고 디디와 나의 경우에는 삶이 완전히 달라졌다.

다발성 경화증은 면역 체계가 신경계를 공격하는 자가 면역 질환으로 시력 감퇴, 손발 저림, 피로, 어눌한 말투 등 다양한 증상을 일으킨다. 의사들은 이 병으로 인해 발생 가능한 문제를 설명했다. 디디는 움직이지 못하게 될 수 있고 말하거나 삼키거나 보는 능력까지 잃을 수 있다. 의사는 또 치료를 위한 잠재적인 경로도 설명했다. 그녀의 신체가 어떻게 반응하는지 보기 위해 전체론적인 식단을 시도할 수도 있고 뇌의 병변 성장을 늦추거나 중단시키는 약물을 복용할 수도 있다고 했다. 우리는 둘 다 해보기로 했다.

디디는 처음에는 낙관적이었지만 의사가 일을 그만둬야 한다고 말하자 절망에 빠졌다. 디디는 강인한 여성들로 이루어진 집안 출신이다. 그녀의 어머니는 결혼을 하지 않았고, 외할머니는 남편이 떠난 뒤 혼자 힘으로 자녀 15명을 키웠다. 그들은 모두 열심히 일하면서 스스로를 챙겼고, 모두들 자기 힘으로 일군 삶을 매우 자랑스러워했다. 디디는 독립적인 여성이라는 말의 의미를 온몸으로 보여주는 사람이다. 나는 그녀가 사실은 우두머리 수컷이라고 농담하는 걸 좋아한다. 디디는 무슨 일이 있어도 다른 사람에게 의지하고 싶어 하지 않았다. 심지어 대학에 갈 때 그녀 어머니가 차를 사주겠다고 했지만 디디는 그걸 받지 않고 자기가 일해서 번 돈으로 직접 차를 샀다.

다발성 경화증을 앓는 사람은 스트레스를 최대한 피해야 하는데 간호사라는 디디의 직업은 스트레스를 많이 받는 직업이었다. 하지만 그녀는 간호사 일을 좋아했기 때문에 한동안은 계속하려고 노력했지만 경력을 유지하는 게 불가능하다는 것을 꽤 빨리 깨닫게 되었다. 퇴직은 옛 디디의 종말의 시작이었다. 그녀는 모든 걸 내게 의지해야 한다는 걸 깨달았고 내가 신체적, 재정적, 감정적으로 그녀를 돌볼 수 있다고 믿어야 했다. 물론 우리는 30년 동안 함께 삶을 일궈왔지만 서로를 이 정도까지 필요로 하는 건 새로운 차원의 경험이었다.

"

성공은 목적지가 아니라 여정이다.

"

디디가 약물 치료를 받기 시작하면서부터 모든 게 현실이 되었다. 날마다 그녀는 몸 어딘가에 바늘을 꽂아야 했다. 월요일에는 왼팔, 화요일에는 오른팔, 수요일에는 왼쪽 다리, 목요일에는 오른쪽 다리, 금요일에는 배에 바늘을 꽂았다. 그리고 토요일에는 처음부터 다시 시작했다. 바늘 때문에 몸에 멍이 생겨서 디디는 한여름에도 긴 바지와 긴소매 옷을 입기 시작했다. 처음 8개월 동안 그녀가 할 수 있는 일이라고는 자고 먹는 것뿐이었고 항상 아기처럼 돌봐줘야 했다.

때때로 디디는 죄책감이 든다는 얘기를 했다. 진단을 받은 타이밍이 정말 나빴고 나를 집에 묶어두게 되어 정말 미안하다는 것이었다. 그 무렵 내 경력은 상승세를 타고 있었다. '성공의 비결' 동영상이 공개되어 이미 조회수가 수백만 건에 이른 상태였다. 하지만 나는 디디의 병을 그렇게 생각하지 않았다. 그걸 통해 내 동기를 재확인할 수 있었기 때문에 오히려 좋았다. 내가 아는 가장 강한 사람인 디디의 곁에 있어줄 기회가 생겼다는 걸 알았다. 그녀가 아플 때 함께 하면서 건강한 내가 가진 모든 걸 줄 수 있는 기회였다. 오랫동안 내 목적대로 걸으면서 모든 걸 내줬다고 생각했지만, 디디가 병에 걸리자 여전히 내 재능과 목적이 넘칠 정도로 남아 있다는 걸 깨달았다. 더 많이 줘야만 했다.

만성 질환이 우리 가족 삶의 일부가 되기 전까지는 힘을 120퍼센트 발휘할 필요가 없었다. 디디와 나는 둘이서 완벽한 팀을 이루며 살았지만 그녀가 더 이상 일을 할 수 없게 되자 내가 두 가지 임무를 맡아야 했다. 요리와 청소를 하고 제이다가 각종 활동에 참석할 수 있게 해주고 그러면서 동시에 재정적인 안정을 유지하기 위해 강연 여행도 다녀야 했다. 하지만 결국 모든 균형을 맞추려면 더 현명하게 일해야 한다는 걸 깨달았다. 디디가 가장 취약한 상태가 되는 주말에는 집을 비울 수 없었다. 한 번에 며칠씩 출장을 갈 수도 없었다. 새벽 3시에 일어나 하루 24시간 7일 내내 출장을 다닐 때도 나름 최선을 다한다고 생각했지만, 실은 어느 정도 남겨둔 노력이 있었음이 밝혀졌다. 예전부터 내 재능을 파악해서 내 길을 가고 있었지만, 디디가 아프고 나서야 비로소 진정한 목적을 위해 살기 시작했다.

디디의 병으로 모든 게 무너지자 내가 줄 수 있는 게 더 많다는 걸 깨달았다. 이건 사실이다. 우리는 항상 더 많은 걸 가지고 있다. 우리는 진화한다. 더 강해진다. 더 많은 일을 할 수 있고 너 낳은 걸 줄 수 있는 능력을 얻는다. 여러분은 항상 자기가 아는 것보다 더 멀리, 더 깊이 갈 수 있다. 가끔 현실에 안주할 때도 있다. 편안함, 안정성, 예측 가능성이 우리를 방해하게 내버려둔다. 이런 것들이 나쁜 건 아니지만 발전을 방해한다. 가속 페달에서 발을 떼고 인생은 목적지가 아니라 여행이라는 사실을 잊게 만든다.

디트로이트에서 자랄 때 엄마는 집 뒤편에 정원을 가꿨다. 거름을 사와서 땅에 뿌리고 작물이 자라는 모습을 지켜보곤 했다. 비싼 값을 치르고 고급 쓰레기를 사오는 것이다. 그 쓰레기가 식물을 자라게 한다. 채소를 키우려면 물과 빛, 거름이 필요하다. 그게 공식이다. 그건 우리 삶도 마찬가지다. 때로는 끔찍한 것들이 우리에게 양분을 공급하기도 한다. 그런 끔찍한 것이 우리를 다음 단계로 나아가게 하고, 삶의 목표를 위해 더 치열하게 싸우고, 다른 방법으로는 얻을 수 없는 충만하고 명확한 태도로 목적을 구현하게 할 수 있다. 이런 힘들고 어려운 순간을 자신에게 유리하게 이용할 수 있다. 그걸 잘 이용하면 혼자 힘으로 움직일 때보다 더 멀리까지 나아갈 수 있다. 우리는 인생에서 가장 힘든 순간을 통해 더 강해진다.

해야 할 일

1. 여러분이 좋아하는 일은 무엇인가? 그 일의 어떤 부분이 즐겁고 만족감을 주는가? 그게 다른 사람들에게 어떤 영향을 미치는가? 여러분이 좋아하는 일 가운데 주변 사람들에게 긍정적인 영향을 주는 건 무엇인가? 이런 효과를 볼 때 어떤 감정을 느끼는가?

2. 세상이 어떻게 달라지는 걸 보고 싶은가? 이런 변화가 생기는 걸 돕기 위해 여러분은 무엇을 하는가? 그 변화에 영향을 미치기 위해 자기만의 방식으로 할 수 있는 일은 무엇인가? 그건 여러분의 직업 경로와 관련이 있는가, 아니면 무관한 일인가? 그게 자기 경력의 일부가 되었으면 하는가, 아니면 계속 분리된 상태로 두고 싶은가?

3. 자기가 좋아하는 일에 정해진 체계(일정, 함께 일하는 그룹 등)가 있는가? 좋아하는 일을 하기 위해 마지막으로 시간을 낸 건 언제인가? 그 일을 더 할 계획이 있는가?

자기 재능이 뭔지 되새기자. 자신의 슈퍼파워를 생각해 보자. 매일 자기 재능이나 슈퍼파워를 발휘해서 하는 일들의 목록을 만들자. 그 재능을 통해 어떤 결과를 얻었는가? 그게 누구에게 영향을 미치는가? 누구에게 도움이 되는가? 또 누가 그걸 즐기는가? 여러분이 그 능력을 증폭시켜서 친구와 가족, 동료에게까지 영향을 미친다면 어떤 결과가 생길지 상상해 보자. 지역사회 전체로 확장되었을 때의 결과는 어떨까? 구체적으로 어떤 모습을 띨까? 주변 사람 모두를 감동시키는 방식으로 재능을 활용하려면 어떻게 해야 할까? 이제 자신의 인생 목표를 기억해 보자. 그 목표를 달성하려면 재능을 어떻게 사용해야 할까?

CHAPTER

얼마나
간절해야
원하는 것을
얻는가

기적을 일으키려면
먼저 시도해야 한다

재능을 발휘하면 파급 효과가 생긴다. 사람들은 기적을 자연 현상이나 초자연적인 경이의 일종이라고 생각한다. 하지만 기적은 의도의 산물이라고 감히 말할 수 있다. 내 인생에서 가장 큰 기회가 온 것은 내가 직접 만들어냈기 때문이다. 내가 진정한 의도를 품고 목적에 따라 걷기 시작하자 세상이 응답하면서 크고 작은 기적을 내게 안겨줬다. 잔물결이 점점 커져서 거대한 파도가 된다. 이 파도와 잔물결도 기적이다.

예를 하나 들어보겠다. 나는 몇 년간 무료로 일하면서 내 재능을 나눠줬다. 오크우드에서 연설하고, 학교에서 연설하고, 헌츠빌 주변의 지역사회에서도 연설을 했다. 벨 타워가 유명해지자 여기저기서 개인 강연을 해달라는 초대를 받았다. 그렇게 출장을 다니면서 콘퍼런스에 참석하기 시작했다. 교육계나 학계와도 연결되었다. 학교에서 일하기 시작하자, 학교를 운영하는 이들은 내가 교육이 가장 절실한 아이들을 다루는 방법을 알고 있다는 걸 인정했다. 한 번은 오크우드 대학의 심리학 교수인 케니 앤더슨Kenny Anderson에게 애틀랜타에서 연설을 해달라는 요청을 받았다. 앤더슨 교수는 샌디에이고 주립대가 애틀랜타에서 주최한 콘퍼런스에 참가했는데, 그 자리는 백인들이 주로 다니는 교육 기관에서 흑인 아이들이 학업을 끝마치도록 돕는 방법에 대해 논의하는 자리였다. 나는 10~15분 정도 발표를 하면서 내가 GED를 가르치는 방법을 설명했고, 학생들 몇 명에게 자신의 경험을 공유할 기회를 줬다.

그 행사를 통해 루이빌에서 열린 블랙 패밀리 콘퍼런스Black Family Conference에 초대받았다. 내가 거기서 얘기하는 모습을 본 누군가가 신시내티의 블랙 맨 싱크탱크Black Man Think Tank로 날 초대했다. 기회는 이런 식으로 작동한다. 하나의 기회가 다른 기회로 이어지는 것이다. 그리고 신시내티에서 모든 걸 바꿀 기회를 얻었다. 나중에야 알게 된 사실이지만, 블랙 맨 싱크탱크의 경우 연사가 모두 미리 정해져 있었다. 나는 원래 연사 라인업에 포함되어 있지 않았지만 이전에 했던 연설이 매우 인상적이었던 덕에 유명한 아프리카계 미국인 심리학자인 나임 악바르 박사의 강연을 소개하는 영광을 누리게 되었다.

이건 내게 매우 중요한 일이었다. 악바르 박사가 쓴 『흑인을 위한 비전』이라는 책을 처음 읽은 뒤 사고방식이 완전히 바뀌었기 때문이다. 물론 당시에는 그가 쓰는 용어와 이론이 너무 어려워서 상당 부분 이해하지 못했지만 그래도 아프리카계 미국인 남성의 발달 방식에 대한 그의 생각에 사로잡혔다. 우리 공동체에서는 아동기, 청소년기, 성인기의 각 단계가 명확하게 정의되어 있지 않고, 그로 인해 어떤 아이들은 일부 측면에서는 너무 빨리 성장하는 반면 다른 면에서는 성숙하지 못할 위험이 있다. 『흑인을 위한 비전』은 남자에서 성인으로 발전하는 게 뭘 의미하는지 이해하는 데 도움이 됐다. 그건 날 키워준 아버지가 예전에 『맬컴 X의 자서전』을 주면서 내게 이해시키고자 애썼던 내용이기도 하다.

악바르 박사를 소개할 기회를 얻은 건 내 인생의 전환점이자 작은 기적이었다. 놀라운 아이디어를 가진 사람, 나와 내 세대에 영향을 미친 이론을 개발한 사람을 위해 문을 열어줄 수 있게 된 것이다. 그를 소개하기 위해 무대에 섰을 때, 갑자기 내 분야의 완전히 새로운 부분과 연결되었다. 내 목적이 확장되는 듯한 기분이 들었다.

블랙 맨 싱크탱크 콘퍼런스는 진홍색 카펫과 커다란 장식용 술로 묶어놓은 벨벳 커튼, 장엄한 무대가 내려다보이는 2층 좌석이 있는 구식 실내극장에서 열렸다. 무대 옆에서 대기하는 동안 객석을 살짝 엿보니, 평소 내 연설을 들으러 오던 이들과 전혀 다른 유형의 청중이 보였다. 나는 중학생, 고등학생, 대학생 앞에서 얘기하는 데 익숙했다. 하지만 여기 모인 청중은 내 동료들이었다. 그때 내 나이가 24~25살 정도였는데 나와 내 형제들이 그곳에 함께 있었다. 그곳은 학자와 저명한 사람들, 내 삼촌과 아버지, 연장자들을 위한 공간이기도 했다. 소개 연설을 위한 관례와 신호, 언어를 다 알고 있었지만 단순히 긴장했다는 말로는 부족할 정도로 심하게 떨렸다.

청중 앞에 서면 내가 어디에 있는지, 누구에게 애기하고 있는지, 그들이 무엇을 위해 거기 와 있는지 생각한다. 이때는 중서부 지역에 있었기 때문에 홈 코트의 이점이 있었다. 앨라배마에서는 사람들이 말하는 속도가 느리고 말투도 느긋하기 때문에 평소보다 천천히 이야기한다. 하지만 신시내티에서는 내 평소 속도대로 말할 수 있었다. 또 내가 오프닝 담당이라는 것도 알고 있었다. 비욘세를 보러 공연장에 간 사람들은 비욘세를 빨리 보고 싶어 한다. 그래서 오프닝 공연자가 무대 밑으로 내려가기만을 기다린다. 상황이 그러니 나도 무대에 올라가자마자 사람들 관심을 끌고 그 에너지를 꾸준히 유지해야 한다는 걸 알고 있었다. 페이스를 잘 조절하면서 끝까지 긴장을 놓지 말아야 했다.

무대 바로 뒤에 전신거울이 있었는데 그 앞에 서서 연습하고 또 연습하다가 마침내 내 이름을 부르는 소리를 들었다. 나는 무대에 올라가 내 할 일을 했다. 지금까지 살아온 인생을 애기했다. 고등학교를 중퇴한 뒤 대학에 진학한 일, 대학을 그만둔 뒤 여러 경로를 거쳐 이 무대에 오르게 된 일, 그리고 악바르 박사의 영향 덕에 이론적인 차원에서 내 인생을 이해하게 된 일 등에 대해서 말이다. 내 얘기를 마무리하기 위해 애벌레가 고치 속으로 후퇴했다가 나비가 되어 다시 나타나는 악바르 박사의 유명한 비유를 들었다. 내가 앞으로 어떻게 날고, 날고, 또 날 것인지 세상에 보여주겠다며 감정을 최고조로 끌어올리면서 연설을 마무리 짓자 결국 모든 청중이 내 감정에 동조하게 되었다. 다들 자리에서 일어나 환호하며 박수를 쳤고, 난 무대에서 내려오며 올림픽 수영선수 마이클 펠프스가 평생을 준비한 끝에 전 세계인들 앞에서 처음으로 100미터 접영을 선보였을 때 느꼈을 법한 감정을 느꼈다. 자신의 진정한 목적을 실현할 시간이 몇 초 혹은 몇 분간 주어졌다가 끝났는데 정말 멋지게 해낸 것이다.

콘퍼런스가 끝나자 다들 내게 다가왔다. "젊은이, 자네 이름이 뭔가? 어디 출신이지? 정말 훌륭한 연설이었네. 내 명함을 받게." 오하이오 대학, 켄트 주립대학, 모어하우스, 하워드, 터스키기, 켄터키 대학에서 온 사람들이 자기 명함을 줬다. 그날 내 인생을 바꿀 두 남자와 대화를 나눴다. 머레이 에드워즈Murray Edwards와 로드니 패터슨Rodney Patterson은 자신들을 소개하면서 미시간 주립대학에 와줬으면 좋겠다고 말했다.

기적은 의도의 산물이다

머레이 에드워즈와 로드니 패터슨을 만난 건 기적이었다. 그들과의 만남이 내 인생의 궤적을 완전히 바꿔놓았다. 겉보기에는 기적처럼 보이지 않을 수도 있다. 그냥 적절한 시기에 적절한 장소에서 이루어진 우연한 만남일지도 모른다. 하지만 나는 그것 자체가 하나의 현상이라고 생각한다. 기적은 내가 그 안에 들어갔을 때 일어난다. 그리고 최선을 다해 자기 능력을 발휘하면 그 영역에 들어갈 수 있다. 그때까지 나는 꾸준히 자신을 연마해 왔다. 그래서 마침내 기다리던 순간과 마주했을 때 그걸 받아들일 준비가 되어 있었다.

머레이와 로드니는 자기들이 운영하는 블랙 메일 이니셔티브_{Black Male Initiative, BMI}라는 프로그램에 참석해서 학생들에게 강연을 해달라고 했다. BMI는 백인이 압도적으로 많은 미시간 주립대학에서 젊은 흑인들이 성공하는 데 필요한 지원을 제공하기 위한 프로그램이었다. 그건 내가 이미 하고 있던 일이었다. 난 미시간 출신이다. 이미 유색인종 젊은이들이 교육의 언어를 이해하도록 돕는 일에 참여하고 있었다. 나를 둘러싼 체제와 그걸 다루는 방법을 깨닫고 세상에서 나만의 길을 만들고 있었다. 그러니 나한테 그보다 더 적합한 일은 없다고 할 수 있다.

그해부터 BMI 프로그램에 참여한 아이들과 이야기를 나누기 위해 헌츠빌에서 미시간까지 정기적으로 오가기 시작했다. 내가 잘하는 일을 하면서 중간고사나 기말고사 때가 되면 학생들에게 필요한 학습자료도 나눠줬다. 도심 지역에 사는 신입생들이 캠퍼스에 잘 적응할 수 있도록 다른 학생들이 도착하기 전에 일주일간 캠퍼스 생활을 미리 맛보게 해주는 프로그램에도 참여했다. 머레이와 로드니가 아이들의 눈높이에 맞춰서 그들의 본질을 파악하고 격려할 수 있는 사람이 필요할 때마다 그곳에 찾아갔다. 그리고 다시 집으로 돌아갔다.

나는 미시간에 갈 때마다 조금씩 더 오래 머물곤 했다. 디트로이트에 사는 엄마를 만나러 갔다가 한 시간 반을 운전해서 이스트 랜싱까지 갔다. 그곳에 가면 익숙한 동시에 살아있다는 느낌이 들었다. 이런 루틴에 익숙해지고 몇 년이 지나자 머레이와 로드니가 내게 학위를 마쳐야 한다고 말했다. 나도 항상 그 생각을 했다. 오크우드 대학에서 학사 학위를 받는 게 부끄러웠지만 앞으로 계속 나아가려면 학위를 마쳐야 한다는 걸 알고 있었다. 내가 학위를 받지 않은 상태에서 아이들에게 학위를 받는 방법에 대해 가르친다는 건 이상했다. 나 자신을 위한 실질적인 계획이나 전략이 없는 상태에서 학생들만 다음 단계로 이끌고 있었다. 그런 상황을 바꾸려면, 그러니까 내가 아이들에게 설교하던 걸 실천에 옮기려면 뭔가 해야만 했다. 머레이와 로드니는 운동 특기생을 선발하듯이 날 채용했는데(장학금과 학습 지도 교사라는 일자리를 제공했다) 이 모든 게 자연스러운 과정처럼 느껴졌다.

날 키워준 아버지에게 앨라배마를 떠나 미시간 주립대학에서 학위를 마칠 생각이라고 얘기하자, 오크우드에 복학하는 편이 나을 거라고 조언해줬다. 새 학교로 옮기면 예전에 오크우드에서 딴 학점을 대부분 인정받지 못할 테니 처음부터 다시 시작해야 하는데, 아버지는 내가 교육 과정을 제대로 이수하지 못하는 습관이 있다는 걸 알고 있었다. 그래서 나도 몇 년 전에 하려던 일을 끝내면 더 성취감을 느끼게 될 거라고 생각했다. 결국 4년제 학위를 받기까지 12년이나 걸렸지만, 모자와 가운을 입고 졸업장을 받으러 단상에 올라갈 때는 내가 훨씬 큰 무언가를 향해 나아가고 있다는 걸 알았다. 2003년에 드디어 학업을 끝내고 오크우드를 떠날 준비가 되어 있었다.

1998년에 톰 이조Tom Izzo 감독이 부임하고 스파르타식 농구에 불이 붙으면서 랜싱이 활기를 띠기 시작했다. 그곳에는 사람을 강하게 끄는 매력이 있어서 도저히 머리에서 지울 수가 없었다. 헌츠빌에서는 내가 할 수 있는 한 최선을 다했다. 다들 내가 시장 선거에 출마해야 한다고 말할 정도였다. 딱히 이렇다 할 계획은 없었지만 미시간이 내 집처럼 느껴졌다. 내게 미시간은 기적의 땅이었다.

그러나 디디는 내 의견에 동의하지 않았다. 디디가 보기에 나는 충동적인 사람이었다. 나는 그녀가 15살 때 만난 노숙자 몽상가로 퇴행하고 있었다. 이건 마치 낙관론자가 현실주의자를 상대로, 안정성은 전혀 약속하지 못한 채 기회와 기적에 대해서만 얘기하는 꼴이었다. 디디는 내가 어떻게 확실하지도 않은 일을 위해 우리 생활을 완전히 뒤바꿔 놓으려고 하는 건지 이해할 수가 없었다. 미시간 주립대학에서 장학금과 학습 지도 교사 자리를 제안받았지만 아직 아무 서류에도 서명을 하지 않은 상태였다. 공식적으로 정해진 건 아무것도 없었다. 우리는 이스트 랜싱에서의 삶이 어떤 모습일지 전혀 몰랐다. 그동안 헌츠빌에서 경력을 쌓고 관계를 다지기 위해 정말 열심히 노력했기 때문에 모든 걸 뒤로 하고 떠나는 건 무책임한 행동처럼 보였다. 디디와 나는 10대 때부터 함께 하는 삶을 꿈꿔왔는데, 그녀가 보기에는 내가 그 모든 걸 박살내고 있는 것이었다. 그건 우리 두 사람 사이에서 벌어진 가장 심각한 갈등의 순간이었다.

디디는 나 혼자 이스트 랜싱에 가서 몇 달간 지내면서 그곳 상황을 확인하고 지형을 정찰한 뒤 자기에게 보고해주길 바랐다. 하지만 난 가족을 두고 떠날 수 없었다. 그런 식으로 헤어져 지내면 관계가 전과는 달라질 테고, 일이 다 잘 되려면 디디의 전폭적인 지원이 필요하다고 느꼈다. 그래서 그녀와 아이들이 필요하다고 말했다. 이 선택을 통해 삶이 어떻게 바뀔지 제대로 알려면 매일 그들을 봐야 한다고 말이다.

생각을 많이 해봤지만, 내 모든 경험과 직관은 이게 옳은 조치라고 말했다. 물론 위험이 따르겠지만 그건 계산된 위험이었다. 나는 연줄이 있었다. 날 응원해주는 이들이 있었다. 내가 성공했다는 증거가 있고 그 성공을 다른 곳으로 옮겨갈 수 있었다. 하지만 디디는 여전히 두려워했다. 잘 될 거라는 보장이 없었기 때문이다.

> "
> ## 다음 단계로 넘어가려면
> ## 불편함을 편안하게 받아들이는
> ## 방법을 배워야 한다.
> "

기적의 영역 안에 들어가면 이런 기분을 느끼게 된다. 위험하거나 충동적이라고 느껴질 수 있다. 외로울 수도 있다. 속으로는 지금이 내 인생에서 가장 흥미진진한 시간이어야 한다고 생각했지만, 현실적으로는 다음 단계로 넘어가기 위해 위험을 감수하는 게 고통스럽고 어려울 수 있다. 이건 아이를 낳는 것과 비슷하다. 출산은 멋진 일이지만 고통과 위험이 수반된다. 위대한 일을 하거나 새로운 길을 개척하고 싶다면, 위대해지고 새로운 영역을 개척하는 데 필요한 노력을 들일 준비를 해야 한다. 그 과정에서 가족, 친구, 사업 파트너와의 관계에 마찰이 생길 수 있다. 하지만 그게 옳은 선택이라는 걸 안다면, 진행 속도를 늦추고 자신의 감정과 계획을 주변 사람들에게 전달하는 게 중요하다. 여러분이 무엇을 추구하고 그게 왜 중요한지, 그걸 현실화하기 위해 어떻게 할 건지 얘기하자. 기적은 멋진 것이지만 기적이 일어나려면 노력과 신뢰, 상호 협력이 필요하다. 기적도 어느 정도까지는 항상 논리적이다.

미시간 주립대학으로 옮길 경우, 지금까지 내가 한 모든 일이 이 순간을 가리키게 된다. 고졸 학력 인증을 받고, 오크우드에 입학하고, 벨 타워 사역을 시작하고, GED를 가르치고, 교사가 되는 등 지금껏 해온 모든 유형과 무형의 일들 말이다. 그간 슈퍼파워를 활용해서 목적을 향해 걸어간 덕에 이런 기회를 끌어들일 수 있는 위치에 놓이게 되었다. 그리고 기회를 끌어들이는 위치에 있다는 것은 곧 기적의 영역 안에 있는 것이나 다름없다.

기적은 그냥 일어나지 않는다. 그 주위에는 의도성이 있다. 갑자기 누군가 전화를 걸어서 "당신이 항상 꿈꾸던 직업이 여기 있어요" 또는 "오래 전에 연락이 끊긴 삼촌이 당신한테 100만 달러를 남긴다고 유언했어요"라고 말하는 일은 없을 것이다. 기적은 우리가 상상하는 것처럼 초자연적이고 과학을 거스르는 사건이 아니다. 기적이 어떻게 일어나는가에 대한 자세한 세부사항은 종종 타이밍과 조명에

달려 있지만, 기적과 그 결과는 우리가 항상 바라는 것들이다. 우리가 의도한 것이다. 나는 다양한 방식을 동원해서 디디에게 이게 바로 우리가 기다려온 순간이라고 설명하려고 노력했다. 그녀가 완전히 납득했다고는 말할 수 없다. 어쩌면 전혀 납득하지 못했을지도 모른다. 하지만 어쨌든 그녀는 이사하는 데 동의했다.

2003년에 우리는 제이다와 잘린, 그리고 최대한 많은 옷을 차에 싣고 디디의 머큐리 트레이서 트리오Mercury Tracer-Trio를 내 서버번Suburban과 연결한 뒤 북쪽으로 차를 몰았다. 우리는 물건으로 가득한 집을 그대로 남겨두고 떠났다. 임차인도 구매자도 경보 시스템도 없고 확실한 계획도 없었다. 디디는 좋아하던 직장을 그만뒀다. 제이다는 유치원에 들어가고 잘린은 3학년에 올라가야 했는데 우리는 새로운 곳에 도착했을 때 아이들을 어디에 등록시켜야 하는지도 몰랐다. 어디에서 살게 될지도 몰랐다. 디디는 화가 나 있었다. 그녀는 여행 내내 내게 말을 걸지 않았다. 헌츠빌에서 이스트 랜싱까지 거의 1130킬로미터를 달리는 동안 우리는 완전한 침묵 속에서 차를 몰았다.

마침내 도착하자 대학 측에서는 우리를 캠퍼스 안에 있는 호텔에 묵게 해줬다. 한 달 동안 우리는 짙은 녹색 카펫과 더블 침대 두 개, 크고 무거운 앤 여왕 시대의 가구가 놓인 낡은 방에 살면서 매일 거기 있는 탁자에서 땅콩버터와 젤리 샌드위치를 만들어 먹었다. 제이다와 잘린은 뛰어놀 마당이 없었기 때문에 학교에 가지 않을 때는 호텔 복도를 뛰어다녔다. 사생활이 전혀 보장되지 않았고 물건을 둘 곳도 없어서 우리는 거의 차에서 사는 것과 마찬가지였다. 옷이나 신발을 고르기 위해 주차장을 왔다 갔다 했다. 매일 아래층 식당에서 식사를 할 수 있는 쿠폰이 있긴 했지만 요리가 별로 훌륭하지 않았다. 우리는 매일 밤 바닥에 엎드려서 아이들의 숙제를 도와줬다. 그리고 물론 디디는 여전히 내게 말을 걸지 않았다.

그러다가 마침내 대학 근처의 아파트 단지에 집을 구하게 되었다. 크기는 호텔 방보다 컸지만 모든 게 낡아서 허물어지고 있었다. 부엌에는 노란색 리놀륨이 깔려 있고 가전제품은 죄다 구식이고 주말에는 아파트 곳곳에서 파티가 끊임없이 열렸다. 대학생들이 커다란 맥주통을 운반하고 금요일부터 일요일까지는 밤새 벽을 통해 음악이 쾅쾅 울리던 게 기억난다. 몇 달간 디디는 예전 같지 않았다. 그녀는 내가 우리의 공통된 꿈을 배신했다고, 그걸 추상적이고 불안정한 것과 맞바꾸었다고 느꼈던 것 같다.

하지만 이렇게 불길한 나날 속에서도 나는 새로움을 느꼈다. 희망을 느꼈다. 나는 4년제 대학에서는 날개를 펼 수 없다는 걸 알았다. 헌츠빌에서는 한계가 있는 게 느껴졌고 그것 때문에 숨이 막혔다. 마치 화분에서 웃자란 식물처럼 내 뿌리가 화분을 뚫고 나갈 준비를 하고 있는 것 같았다. 다음 단계에 도달하려면 다른 곳으로 가야 한다는 걸 알았다. 또 우리 아이들에게 미시간 주립대 같은 세계적인 수준의 캠퍼스 근처에 사는 게 어떤 건지 경험하게 해주고 싶었다. 운동선수, 학자, 전 세계 지식인 등 재능 있는 사람들이 이곳에 모인다. 다음에 무슨 일이 일어날지 정확히는 모르지만, 내가 올바른 곳에 와 있다는 건 알았다.

결국 디디는 진지한 감정 변화를 겪었다. 그녀는 하느님에게 필요한 것을 요청했다. 어떻게 보면 항복한 셈인데, 그런 항복을 통해서 정확히 그녀가 원하던 걸 찾아냈다. 얼마 뒤 디디는 카운티 간호사라는 훌륭한 직업을 얻었는데, 처음에는 여성 건강을 담당했고 나중에는 유방암과 자궁경부암을 앓는 여성들과 함께 일했다. 디디는 디트로이트에 사는 자기 엄마나 다른 가족들과 가까운 곳에 살았기 때문에 주말에는 그들을 만나러 왔다 갔다 할 수 있었다. 그리고 지역 교회에 나가 다시 공동체를 만들기 시작했다. 그 이사는 성공적이었다. 그후 미시간 주립대학에서 석사와 박사 학위까지 받으면서 내 인생, 우리 인생 전체가 바뀌었다 이사가 다른 모든 것을 위한 발판이 되었다. 그 이사가 앞으로 벌어질 모든 기적을 가져왔다.

기적을 받아들이는 건
수동적인 행동이 아니다

기적의 영역 안에서는 재능을 적극적으로 활용하고 그걸 통해 자신을 위한 새로운 가능성을 만들 수 있다. 기적의 영역은 가능성이 열리고 세상이 여러분의 목적을 받아들일 준비가 되어 있는 곳이다.

자기 재능을 적극적으로 활용하는 것은 곧 자신의 목적을 따라 걷는 것이다. 자기 재능을 사용한다고 해서 항상 경제적인 이익이 생기거나 그 대가로 뭔가를 기대할 수 있는 건 아니다. 하지만 매일 아침 일어나서 봉급이 아닌 자신의 목적을 추구하면 무형의 가치를 창출하게 된다. 무형의 가치는 유형의 가치를 뒷받침하고 구체화한다. 무형의 가치는 기적을 일으키는 능력이 있다.

> **"**
>
> ## 성공하는 사람과 실패하는 사람의 차이:
> ## 기회를 이용하지 않는 것.
>
> **"**

내 인생은 거의 늘 이런 식이었다. 예를 들어, 나는 늘 다른 사람들이 말하는 걸 들으려고 콘퍼런스에 참석한다. 애초에 그런 자리에 참석하기 시작한 건 인기 연사가 되기 위해서가 아니라 내 신념이나 가치관과 일치하는 듯한 일을 하는 조직들과 연결되기 위해서였다. 뚜렷한 목적도 없이 그런 데에 간 적은 없다. 내가 행사에 얼굴을 내밀기 시작한 건 일을 준비하기 위해서다. 내 일을 처리하고 다른 사람들의 일 처리를 돕기 위해 그곳에 갔다. 회의실을 준비하고, 공항에서 사람들을 마중하고, 참석자들에게 점심을 나눠주기도 했다. 다른 사람들이 모두 집에 간 뒤에도 남아서 뒷정리와 청소를 했다. 콘퍼런스와 행사에 참석하는 건 배움을 얻고 봉사를 하기 위해서였다. 서비스는 무형의 가치를 구축하는 완벽한 사례다. 쓰레기를 치우고 회의실을 준비하는 일을 하면서 돈을 번 건 아니다. 그건 이력서에 쓸 수 있는 기술도 아니고 내 교육을 심화시키는 일도 아니었다. 하지만 그런 일을 하면서 중요한 일이 진행되거나 사람들이 인맥을 맺거나 기회가 생기는 장소에 머물 수 있었다. 무형의 가치를 구축할 때는 기회를 끌어당기는 공간에 있게 된다. 여러분이 주변 사람들을 위한 자산 역할을 하면 기회가 생기기 시작한다. 그리고 기회는 그 자체로 기적이다.

누구나 위대한 사람이 되길 원한다. 누구나 자기가 아메리칸 드림이라고 생각하는 걸 경험하고 싶어 한다. 재미있는 건 위대한 존재가 되려면 어느 정도 행운이 따라야 한다고 여기는 사람들이 많다는 것이다. 재정적 또는 정서적 안정을 위해 복권에 당첨되거나 라스베이거스에서 큰 돈을 벌어야 한다고들 생각한다. 그리고 물론 복권은 기적의 영역에 속할 수 있다. 라스베이거스도 기적의 땅이 될 수 있다. 하지만 그건 우리가 통제할 수 없는 기적의 영역이다. 복권에 당첨되거나 슬롯머신에서 대박을 터뜨릴 수 있는 확률은 100만분의 1 정도다. 자기 재능을 발휘하기 위해 노력하면서 기회를 얻는 편이 훨씬 실현 가능성이 높다.

이걸 한번 생각해 보자. 사람들은 복권 당첨에 매우 적극적이라서 날마다 복권을 사려고 가게 앞에 줄을 선다. 몇 시간씩 자리에 앉아 컴퓨터로 도박을 한다. 라스베이거스에 가는 데도 적극적이라서 열심히 여행 계획을 세우고 슬롯머신이나 도박 테이블 앞에 앉아 돈을 쓴다. 하지만 정작 자신의 능력에 관해서는 수동적이다. 자기가 번 돈을 교육이나 재능 발전에 쓸 생각은 하지 않고, 그냥 뒷전으로 물러나 기회가 저절로 찾아오기만 기다린다.

나는 그냥 앉아서 사람들이 자기네 행사에서 연설해달라고 요청하기만 기다리지 않았다. 지금처럼 행사의 주요 인물이 될 계획을 세워뒀던 건 아니지만, 영향력을 갖고 싶다면 정상에 오르기 위해 노력해야 한다는 걸 알았다. 사람들 앞에 모습을 보이면서 다양한 시도를 해야 했다. 나 스스로 기적이 벌어질 길을 닦아야 했다. 날마다 자기 재능을 활용하다 보면, 진짜 말이 안 되는 순간에도 기적의 영역에 도달하게 된다. 사업 파트너인 CJ를 만난 것도 이런 방법을 통해서다.

> **"**
>
> ## 기적을 받아들이는 건
> ## 수동적인 행동이 아니다.
> ## 절대 그렇지 않다.
>
> **"**

미시간 주립대학에 처음 다니기 시작했을 때, 이스트 랜싱에 있는 노동자 계급 중학교인 섹스턴 중학교의 축구 코치와 함께 일하게 됐다. 2005년의 어느 날, 대니얼 보건Daniel Bogan 코치가 자기가 운영하는 프로그램을 아이들에게 설명하기 위해 나를 학교로 초대했다. 하지만 같은 시간에 대학에서 강연을 하기로 되어 있었기 때문에 초대를 거절해야만 했다. 그런데 대학 강연이 당일에 취소되는 바람에 섹스턴에서 여전히 내가 필요한지 확인하려고 그 학교에 가봤다. 그냥 집에 가서 쉴 수도 있었지만 운동이나 기도처럼 매일 내 재능을 발휘하는 걸 습관으로 삼아왔기 때문에 혹시 뭔가 도울 일이 있을까 싶어서 간 것이다. 보건 코치는 이미 그날 강연할 사람을 구했기 때문에 내가 얘기할 자리는 없었다. 하지만 그는 순서를 좀 조정할 수 있을지 알아볼 테니까 그동안 어디 가지 말고 여기 있으라면서 다른 사람들이 앉아 있는 테이블에 날 앉혔다.

거기서 칼라스 퀴니 시니어_{Carlas Quinney Sr}라는 사람과 얘기를 나누게 되었다. 40대 후반인 퀴니는 그 도시 전역의 미식축구 프로그램에 깊이 관여하고 있었다. 그의 아들들노 미식축구를 했고 그는 코칭과 선수 개발에 두루 관여하는 걸 좋아했다. 대화 중에 내가 미시간 주립대학에서 가르치면서 학업 상담을 하고 블랙 메일 이니셔티브에도 참여하고 있다고 말했다. 그러자 그의 눈이 빛나면서 나를 매우 진지한 시선으로 바라보더니, 그 학교 3학년인 자기 아들을 만나보라고 했다. 자기 아들도 학습 지도 교사 겸 멘토로 유명한데 우리가 아직 만난 적이 없다니 말도 안 된다는 것이다. 그래서 그에게 내 명함을 주면서 아들을 내 사무실로 보내라고 말했다.

그날은 금요일이었다. CJ의 말에 따르면, 그의 아버지는 집에 도착하자마자 아들에게 전화를 걸어 월요일에 학교에 가면 바로 나를 만나보라고 했다. CJ는 그러겠다고 했다. 토요일 아침에 그의 아버지는 다시 전화를 걸어 나와의 약속을 상기시켰다. CJ는 꼭 만나보겠다고 다시 얘기했다. 일요일에도 그의 아버지는 전화로 똑같은 말을 했다. 월요일 아침에도 마찬가지였다. CJ는 아버지가 나와의 만남을 너무 강조하는 걸 약간 이상하다고 생각했다. CJ는 내적 동기가 강한 편이기 때문에 어떤 일에 참여하라거나 새로운 사람을 만나보라고 강요할 필요가 없는 사람이다. 그는 아버지가 독촉하지 않아도 나를 만나러 왔을 테지만, 우리 관계의 잠재력을 깨닫게 된 건 아버지의 독려덕분이었다고 생각한다.

월요일 아침에 내 사무실에 찾아온 CJ는 과연 CJ다웠다. 언제나자신만만한 그는 예전에 받은 상과 표창에 대해 열성적으로 얘기했다. 그는 최근에 시장과 주지사와 함께 일했고 대학교에서 올해의 멘토로 뽑히는 영예도 안았다. 나는 그에게 얼마 전 네브래스카주 오마하에서 한 연설 비디오를 보여줬는데, 그게 CJ에게 깊은 인상을 줬다. 둘 다 처음 만난 순간에는 몰랐지만, 우리는 사업 파트너 겸 평생 최고의 친구가 되었다. 그날 이후로 CJ와 나는 한 번도 멀어진 적이 없다. 이건 또 다른 기회의 기적이었다.

난 대학에서의 강연이 취소된 뒤 굳이 보건 코치를 만나러 갈 필요가 없었다. 집에 가서 쉴 수도 있었지만 내 목적을 따라 걷기로 결심한 나는 매일 내 슈퍼파워를 활용하는 걸 진지하게 생각했다. 그렇게 하겠다는 단순한 선택 덕분에 결국 나를 다음 단계로 끌어올려준사람과 연결될 수 있었다. CJ는 내 일과 재능을 사업화할 수 있는 사람이다. 그가 없었다면 지금과 같은 위치까지 오지 못했으리라는 걸안다. CJ와 다른 날, 캠퍼스의 다른 곳에서 만났을 가능성도 있다. 어쩌면 다른 행사에 함께 참석했다가 연락처를 교환했을 수도 있다. 그러나 나는 나를 검증하고 옹호해준 CJ의 아버지를 통해 그를 만났다.

이런 식으로 우리가 연결된 것도 기적이다.

기적은 가장 확실한 곳에서
나타날 수도 있다

CJ와 난 미시간 주립대학에서 어드밴티지Advantage라는 프로그램을 시작했다. 이런 이름을 붙인 이유는 우리가 전체 학생의 93퍼센트를 차지하는 백인 학생들의 요구에 주로 관심을 보이는, 백인이 압도적으로 많은 기관에서 일히고 있었기 때문이다. 이로 인해 백인 학생들은 자동적으로 특정한 이익을 얻었다. 우리 프로그램은 교육 시스템이 별로 집중하지 않는 아이들을 준비시키고 상담하기 위해 만들어졌다. 우리 프로그램은 그들에게 부족한 이점을 안겨줄 것이다.

어드밴티지는 BMI을 통해 생겨난 결과물이었다. CJ와 나는 우리가 뭔가 새롭고 색다른 것을 만들 수 있다고 느꼈다. 그리고 그걸 다른 학교로 가져가면 여기를 넘어 새로운 청중들에게까지 확장할 수 있을 것이다. 결국 이 꿈은 현실이 되었다. 매주 월요일마다 학생들을 캠퍼스 어딘가의 방으로 초대했고, 나는 연설을 통해 한 주 동안 그들에게 필요한 동기를 부여했다. 그리고 어느 순간부터 어드밴티지는 우리가 처음에 대상으로 삼았던 흑인 학생들 이외의 인구 집단까지 끌어들이기 시작했다. 심지어 우리가 무슨 일을 하는지 보려고 학교 밖에서 찾아오는 사람들도 있었다. 젊은이, 노인, 흑인, 백인 등 어드밴티지는 필요한 모든 사람에게 서비스를 제공했다.

어드밴티지는 새로운 기적의 영역인 인터넷을 접하게 해줬다.

나를 아는 이들은 '성공의 비결' 동영상에 대해서도 알 것이다. 그 영상을 유튜브에 올린 덕분에 우리가 상상할 수 있는 가장 큰 기적의 영역에 들어서게 되었다. 구루guru 이야기에 대해서는 이미 알고 있을 것이다. 하지만 그게 어떻게 진행되었는지는 모를 수도 있다.

그 일은 미시간 주립대의 한 강의실에서 일어났다. 2006년 10월이었고 내가 랜싱에 산 지 3년 정도 지났을 때였다. 우리는 작년에 어드밴티지를 시작했었다. 나는 36살이었고 박사과정을 밟으면서 열심히 공부하고 있었다. 사람들 앞에서 연설을 한 지도 꽤 됐다. 당시에는 동기 부여 연설을 본업으로 삼지는 않았지만 그래도 그게 내 영적 소명이라는 건 이미 알고 있었고, 대학교 캠퍼스 주변에서도 그걸로 유명해지고 있었다. 나는 운동선수가 연습을 대하는 것과 같은 방식으로 말하기를 생각했다. 반복이 중요하고, 근육 기억이 중요하다. 점점 더 나아지기 위해 뭔가를 끊임없이 반복하는 것이다. 당시에도 거의 날마다 어딘가에서 사람들을 앞에 두고 연설을 했다. 내가 하는 모든 연설은 특별하고 새롭고 긴박하다. 똑같은 연설은 하나도 없다. 그날도 다르지 않았다. 나는 내가 가장 잘하는 일을 하고 있었다. 하지만 그건 나의 인생에서 또 다른 평범한 하루이기도 했다.

그날 강의실에서 내 연설을 들은 학생들은 어드밴티지 프로그램에 참여한 학생들이었다. 중간고사 직전이었다. 그들 대부분은 취약한 입장에 처해 있었다. 만약 그들이 자세를 가다듬고 시험에 통과하지 못한다면 학교에서 쫓겨나 집에 돌아가게 될 것이다. 그리고 그들의 경우 집에 돌아간다는 건 참담한 경험이 될 것이다. 미시간 주립대학에 들어가는 건 애초에 불가능해 보이는 꿈이었다. 그 꿈을 박탈당한다면 기회가 희박하고 고등 교육을 받을 수 없는 프로젝트나 고향으로 돌아가야 한다. 다가오는 중간고사 결과가 문자 그대로 그들의 미래를 판가름하는 결정적인 순간이 될 것이다. 그 강의실에 들어선 순간, 이들에게 긴박한 메시지를 전달해야 한다는 걸 알았다. 삶과 죽음을 가르는 중요한 문제처럼 느껴졌다.

그때 내가 한 이야기는 다음과 같다. 사업에서 성공하고 싶은 사람이 구루에게 가서 물었다. "사람들 말로는 당신이 성공의 비결을 알고 있다고 하더군요. 그 비결이 뭡니까?"

구루는 "그 비밀을 알고 싶으면 내일 아침 일찍 해변에서 만납시다"라고 말했다.

다음날 아침, 그 남자는 구루를 만나려고 정장을 입고 해변으로 갔다. 구루는 남자에게 자기를 따라 물속으로 들어오라고 했다. 그 남자는 미친 사람들 보는 듯한 눈빛으로 구루를 바라봤지만, 어쨌든 구루의 말대로 했다. 물이 가슴 높이까지 차오르자 구루는 남자의 머리를 물속으로 밀어넣고는 그가 버둥거리면서 팔을 휘저을 때까지 꾹 누르고 있었다. 마침내 구루가 손을 떼고 그 남자가 수면 위로 나올 수 있게 해줬다. 남자가 간신히 숨을 고르고 나자 구루가 물었다. "물속에 있을 때 가장 원한 게 뭡니까?"

"숨 쉬는 거요."

구루는 고개를 끄덕이며 말했다. "이제 비결을 알아냈군요. 아까 숨 쉬고 싶었던 것처럼 간절하게 성공을 바란다면 성공하게 될 겁니다."

물론 다른 얘기가 더 있지만, 이게 사람들이 가장 잘 아는 부분이다. 사람들이 계속해서 돌려 보는 부분도 이 부분이다. 내가 한 다른 일들에 비하면 '성공의 비결' 동영상은 별 거 아닌 것처럼 보일 수도 있다. 영상 화질도 선명하지 않고 요즘에는 절대 입지 않는 버튼다운 셔츠도 입고 있다. 하지만 영상 속 인물은 나다. 그리고 내 목소리다. 그리고 그게 내 경력의 전환점이 되었다. 물론 당시에는 그렇게 될 줄 몰랐다. 이 짧은 동영상이 날 다음 단계로 끌어올리는 연료가 될 줄은 전혀 몰랐다. 내가 공항과 시내를 활보하게 될 줄도 몰랐고, 사람들이 날 멈춰 세우고 "나 당신 알아요, 구루 얘기를 한 사람이죠"라고 말하게 되리라는 것도 몰랐다. 사람들이 내 얼굴이나 인용문이 새겨진 티셔츠를 입게 되리란 것도 몰랐다. 그 순간 내가 아는 건 이 아이들이 내 말을 듣고 뼛속 깊이 느끼길 바란다는 것뿐이었다. 그건 미래의 벼랑 끝에 서 있는 아이들에게 얘기할 때마다 항상 느끼는 감정이다.

그날과 다른 날의 유일한 차이점은 그 방에 카메라가 설치되어 있고 내 옷깃에 마이크가 꽂혀 있다는 것뿐이었다. 학교에서 알고 지내던 케네스 넬슨Kenneth Nelson이라는 사람이 내 강연 모습을 녹화해도 되느냐고 물었다. 그 말을 듣고 안 될 것 없지, 라고 생각했다. 새로운 걸 기꺼이 시도하는 태도도 우리를 기적의 영역으로 인도한다.

중요한 건 내가 전부터 계속 그런 얘기를 해왔다는 것이다. 나는 그 아이들을 상담했다. 그 전에도 12년간의 연설 경력을 가지고 있었다. 매주 소년원에 가서 인생이 멈출 수 없을 정도로 하향곡선을 그리는 아이들, 부모님이 살해당한 아이들, 친구가 죽어가는 모습을 눈앞에서 지켜본 아이들과 함께 있었다. 그런 방에서 얘기를 할 때의 열기

"

숨 쉬고 싶은 만큼
간절하게
성공을 바라야만
성공할 수 있다.

"

는 구루 동영상에서 느껴지는 것의 10배는 된다. 하지만 아무도 날 카메라에 담거나 내 입가에 마이크를 갖다 대려고 생각한 적이 없었다.

그날은 별다른 계획 없이 강의실에 들어갔다. 사실 평소에도 계획을 세우거나 하지는 않는다. 보통 그날 얘기할 내용(주제, 메시지, 분위기 등)에 대한 전반적인 아이디어는 있지만 그걸 미리 적거나 연습하지는 않는다. 무턱대고 외우는 건 내 방식이 아니다. 난 즉흥적으로 얘기할 수 있다고 느낄 때, 군중에게 필요한 걸 파악해서 그들의 분위기에 따라 전달할 내용과 방식을 조정할 수 있을 때 더 잘 한다. 하지만 그날은 손에 메모지를 들고 있었다. 동영상에서 확인할 수 있다. 난 평소 메모지를 이용하지 않는데 이상한 일이다. 그건 나답지 않고 자연스럽지도 않다. 하지만 이유야 어찌됐든, 그날 메모지에 랜스 암스트롱Lance Armstrong이 한 말을 적어놓았다. "고통은 일시적이다. 1분, 1시간, 하루, 1년 동안 지속될 수는 있지만 결국 고통은 가라앉고 다른 게 그 자리를 차지할 것이다. 하지만 지금 그만두면 고통이 영원히 지속될 것이다." 그걸 읽어주자 아이들이 자세를 바로 했다. (간혹 사람들이 그게 내가 한 말이라고 생각할 때도 있어서, 랜스에게 사과하고 싶다. 미안해요 랜스, 당신 지혜를 훔치려고 한 게 아니에요.)

또 하나 솔직하게 말해야 할 게 있는데, 내가 구루 이야기를 한 이유를 잘 모르겠다. 그날 강의실에 들어가기 전에는 그 생각을 하지도 않았다. 몇 년 전에 읽은 책에 그와 비슷한 얘기가 있었다는 건 알지만, 그 부분을 처음 읽었던 때도 기억나지 않는다. 그런데도 그 이야기는 내 입에서 나와 강의실에 울려퍼졌고 마이크로 들어가고 비디오카메라로 녹화되었다. 그리고 삶과 미래가 위태로운 젊은이들의 귀에도 전해졌다. 그리고 이후 그 이야기를 들은 수백만 명의 사람들을 위한 것이 되었다.

그날 CJ도 그 강의실에 있었는데 그도 내 말에 동의한다. 그는 여느 날과 똑같은 날이었다고 말한다. 그리고 여느 때처럼 난 아이들의 관심을 끌었다. CJ는 사람들이 내 목소리를 듣고 거기 담긴 강렬함과 긴박함을 느끼면 마치 본인 아버지나 코치가 눈앞에서 직접 소리를 지르는 것 같은 기분을 느낀다고 말한다. 다들 약간씩 문제를 겪고 있는 것 같았다. 다들 몸을 꼼지락거리더니 자세를 고쳐 똑바로 앉았다.

카메라를 제외하면 유일한 차이점은 내가 그 강의실로 걸어 들어가기 전에 몇 년 동안 공부를 했다는 것이다. 그때쯤에는 내 기술에 숙달되기 시작하고 있었다. 관객들이 무엇에 반응하는지 감이 왔다. 사람들이 다음 단계로 나아가기 위해 필요한 불꽃을 던져주는 게 뭔지 느꼈다. CJ는 그날이 특별해진 이유는 전 세계 모든 사람이 내 목소리와 거기에 담긴 깊은 감정을 들을 수 있게 되었기 때문이라고 생각한다.

동영상이 생기자 우리는 그걸 오리엔테이션에 사용했다. 어드밴티지에 참가한 아이들에게 보여줬다. 우리에게는 미시간 주립대학의 특정 프로그램과 어드밴티지 광고를 위해 배포된 또 다른 버전의 동영상이 있었다. 그러다가 다른 파트너인 칼에게 아이디어가 떠올랐다. 우리가 대학 밖에서 막 사업을 시작할 무렵, CJ는 사람들이 자녀나 고양이 동영상을 올리는 곳이 인터넷에 있다는 얘기를 들었다. 그는 당시 우리를 위해 여러 가지 잡다한 일을 하던 칼에게 전화를 걸어 유튜브에 동영상을 올리는 방법을 알아보라고 했다. 그때가 2008년이었다. 유튜브가 생긴 지 몇 년 정도 지났지만 지금처럼 유행하지는 않을 때였다. 그래서 칼이 유튜브 페이지를 개설해서 '성공의 비결'을 올린 뒤 잊고 지냈다. 그때는 마케팅 팀이 없었다. 소셜 미디어도 없었다. 그냥 유튜브가 우리가 만든 자료를 보관하기에 좋은 장소라고 생각했을 뿐이다.

이런 실험 정신도 기적의 영역이다. CJ와 칼과 나는 항상 실험적인 것에 능했다. 경력 초반에는 뭐가 효과적인지 알아보기 위해 이것저것 다 시도했다. 어떤 일이든 한 번쯤은 시도해볼 용의가 있었다. 실험 정신을 발휘해서 기꺼이 시도하고, 기꺼이 실패하고 또 실패하고, 일어나서 다시 시도하다 보면 기적의 영역에 들어서게 된다. 이것이 바로 과학자, 예술가, 요리사, 변호사 등 세계에서 가장 성공한 이들이 가장 위대한 업적을 이룬 방법이다. 그들은 뭔가를 시도하려는 순수한 의지를 통해 성공을 거뒀다.

여러분의 삶 속에서는 어떻게 이런 일을 하는가? 새로운 영역을 위해 개방할 공간을 어떻게 찾는가? 나도 세상에 그리 개방적이지 않던 시절이 있었지만 어느 순간 마음을 열고 새로운 눈으로 사물을 바라보게 되었다. 나는 기존과 다른 방식으로 일을 한 결과 개방성을 얻게 되었다. 차이에도 장점이 있다. 개방성은 또 내 실수를 인정하면서 생긴 결과이기도 하다. 계속 같은 방식으로 일을 하는데 여전히 효과가 없다면 일하는 방식에 문제가 있는 것이다. 그걸 깨달으면 새로운 방식으로 일할 기회를 받아들일 수 있다. 불편함을 편안하게 받아들여야 한다.

미시간 주립대학에 왔을 때 처음으로 소수자가 되는 경험을 했다. 정말 불편했다. 하지만 그 경험이 없었다면 발전하거나 성장하지 못했을 것이다. 기존과 다른 학습 방식이나 교수 방식을 접하지 못했을 것이다. 새로운 아이디어에 푹 빠지거나 새로운 사람들을 만날 기회가 없었을 것이다. 실험을 하고 새로운 걸 시도하고 새로운 사람들과 함께 새로운 장소에 몸을 담아야 큰 일을 벌일 수 있다.

이제 이걸 보자. '성공의 비결' 동영상은 3년 동안 우리 유튜브 페이지에 게시되어 있었지만 조회수는 처참했다. 그러던 어느 날, 누군가가 우리에게 동영상 링크를 보내줬다. NFL 기대주인 지아반니 루핀Giavanni Ruffin이 '성공의 비결'을 편집해서 배경 음악을 깔고 운동 몽타주 영상을 만든 것이다. 그 영상에서 내 목소리를 들을 수 있다. "성공하고 싶다면… 숨쉬고 싶은 만큼 간절하게 성공을 바라야만 성공할 수 있다." 그리고 지아반니가 체력 단련실에서 역기를 들고, 해변을 전력 질주하고, 짐승처럼 땀 흘리며 노력하는 모습을 볼 수 있다. 지아반니는 아직 드래프트되지 않았지만, NFL 팀에서 연락이 오면 바로 연습을 할 수 있도록 몸을 단련하고 있었다. 내 생각에 그 동영상은 지아반니가 다음 단계로 넘어가고자 할 때 힘을 북돋아줄 것이다. 인터넷은 기적의 영역이고, 지아반니의 동영상은 기적이었다.

갑자기 구루 이야기가 입소문을 타기 시작했다. 래퍼 다 트루스Da T.R.U.T.H가 영상을 리믹스했다. 권투 선수 플로이드 메이웨더Floyd Mayweather가 영상을 유포했다. 마이애미 히트 팀 코치가 ESPN에 출연해서 르브론이 챔피언십에서 우승한 첫해에 팀원들과 함께 내 동영상을 봤다는 얘기를 했다. 다른 리믹스가 인터넷에 등장했고 내 동영상은 그야말로 난리가 났다. 조회수가 몇 천 단위씩 계속 늘어났다. 어느 날 CJ가 전화를 걸더니 조회수가 수십만 회에 이르렀다고 말했다. 도저히 믿을 수가 없었다. 지아반니의 기발한 재주가 나를 또 다른 수준으로 끌어올렸다. 그건 내 경력의 다음 단계를 예고했다. 그 이후 전국 방송국에서 내 목소리를 고정적으로 들을 수 있게 되었다. 닷지Dodge, 딕스 스포팅 굿즈Dick's Sporting Goods, 굿이어Goodyear, TNT의 NBA 프로그램 같은 다양한 광고에도 쓰였다. 그리고 그후로 거의 매년 슈퍼볼 광고를 찍었다.

CJ와 내 경우에는 소셜 미디어에 참여하고 일찍부터 디지털 전략을 개발한 덕분에 기적의 영역에 들어설 수 있었다. 우리는 유튜브나 인스타그램이 청중들에게 메시지를 전하는 주요 플랫폼이 될 거라고는 전혀 예상하지 못했다. 우리가 사업을 시작했을 때는 인스타그램이 존재하지도 않았다. 하지만 먼저 자신의 슈퍼파워와 재능을 발견하기 위해 노력해야 하는 것처럼, 기적의 영역에 들어서려면 먼저 새로운 것들을 시도해야 한다. 바이올린 연주를 시도조차 해보지 않는다면 자기에게 음악적 재능이 있는지 알 수 없다. 테니스를 해보지 않으면 자기가 백핸드를 칠 수 있는지 없는지 모른다. 그렇게 새로운 걸 시도하지 않는다면, 그렇게 밖으로 나가보지 않는다면, 기적의 영역에 결코 도달하지 못한다.

시간이 지나자 구루 이야기가 전설이 되었다. 그건 내가 알아차리기도 전에 생긴 중요한 사건이었다. 어느 날 문득 고개를 들어보니 사람들이 내 이름을 알고 있었다. 내가 그날 강의실에 있던 아이들에게 전하려고 노력했던 긴박한 메시지를 느끼고 이해했기 때문이다. 그들은 그걸 느꼈고 그걸 자신의 연료로 삼았다.

그날 이후로 다시는 강의실에서 구루 이야기를 하지 않았다. 그리고 지금도 누군가가 세미나에서 그 얘기를 해달라고 요청할 때만 한다. 하지만 그럴 때도 일단 물어본다. "왜 그 이야기를 다시 듣고 싶은 겁니까? 이미 알고 있잖아요. 원한다면 유튜브에서 검색해서 몇 번씩 다시 볼 수도 있고요." 하지만 사람들은 히트곡을 듣는 걸 좋아한다. CJ에게 중요한 건 내가 원 히트 원더가 되지 않는 것이었다. 그래서 우리는 매일 우리가 가진 것을 바탕으로 새로운 것들을 계속 쌓아간다. 새 동영상도 계속 공개하는데, 생각해 보면 그것들 하나하나가 다 작은 기적이다. 내가 여러분에게 매주 새로운 메시지를 전하고 여러분 집에서 여러분과 연결될 수 있다는 것도 놀라운 일이다.

중간고사를 준비하는 대학생들로 가득한 강의실에서 그 이야기를 하는 게 내 경력의 변곡점이 될 거라고 누군가 말했다면, 믿지 않았을 것이다. 하지만 일은 원래 그런 식으로 진행되는 법이다. 우리는 연습하고 또 연습한 다음 본 경기에 나서게 된다. 스테픈 커리를 보라. 그는 작은 학교 출신의 단신 선수인데 3점 슛을 열심히 연습했다. 그리고 어느 날 NBA 코트에 등장한 그는 갑자기 나타난 완전한 형태의 슈퍼스타 같았다. 경력은 이런 식으로 만들어지는 것이다. 이건 마법이 아니다. 아무도 보지 않을 때 연습하고 또 연습하고, 반복하고 또 반복해서 근육 기억의 일부로 만든다. 그러다가 경기에 나가서 필드골을 모두 성공시키고 승리의 터치다운을 하면 갑자기 다른 레벨에 올라서게 된다. 기적은 연습에서 나온다.

자신의 기적을 준비하고 시각화하자

그렇다면 어떻게 해야 기적의 영역에 들어갈 수 있을까?

무엇보다 기적은 가장 나다운 모습일 때 찾아온다. 자신의 슈퍼파워를 찾아내고 목적의 길을 따라 걷고 있다면, 그건 가장 내밀한 자신을 찾아내서 존중하고 있다는 뜻이다. 하지만 반드시 기억해야 할 것이 있다. 기회를 찾을 때는 그 기회를 얻기 위해 특정한 모습을 보이거나 특정한 방식으로 행동하거나 어떤 역할을 수행해야 한다고 느낄 수 있다. 하지만 만약 다른 사람처럼 행동한다면 그건 자신을 배신하는 일일 뿐만 아니라 자기 본모습이 편하지 않다는 걸 세상에 알리게 된다. 사람들이 그걸 의식하든 안 하든 어쨌든 느낄 수 있고 그에 상응하는 반응을 보일 것이다. 하지만 자신의 가장 진실한 모습을 보인다면 여러분과 여러분의 재능에 적합한 기회들이 찾아오기 시작할 것이다.

기적을 목격했거나 직접 기적을 경험한 사람들과 시간을 보내자.
나도 평소에 온갖 기적을 목격하거나 믿는 사람들과 어울린다. 긍정적인 사람들과 어울리면 힘이 생긴다. 세상을 향해 열려 있는 사람들은 호기심과 경이로움으로 가득 차 있다. 자기 자신보다 더 큰 것을 목격한 이들과 얘기를 나누면 그들의 경험을 통해 교훈을 얻을 수 있다. 그건 토착 주술사에게 조언을 구하거나 다른 영적인 영역으로 들어가는 문제에 대한 아프리카 속담을 연구하는 것과 비슷하다. 우리보다 먼저 낯선 영역에 들어가 본 이들은 기적의 이야기와 경험이 어떤 건지 이해하는 데 도움이 되는 최고의 본보기다. 그들이 기적을 누릴 수 있다면 여러분도 누릴 수 있다.

기회는 받을 준비가 되어 있을 때 찾아온다. 매일 자신의 목적을 실천하는 것은 기회를 받아들이겠다는 태도를 드러내는 것이다. 여러분이 작가라면 아침에 일어나서 글을 쓸 것이다. 하지만 그냥 글만 쓰는 게 아니다. 글을 쓰는 다른 사람들과 연결된다. 작문 수업을 듣거나 작문 기술에 대한 다른 작가들의 강연을 듣는다. 자기가 쓴 글을 친구나 가족, 또는 다른 작가들에게 보내서 읽게 한다. 문학 에이전트나 잡지사에 글을 보낼 수도 있다. 글쓰기와 관련이 있는 직업을 추구할지도 모른다. 자신의 기술을 연마하고 기술에 대해 생각하고 또 그와 관련된 얘기를 할 수 있는 위치에 있으면, 기회를 얻게 될 뿐만 아니라 직접 기회를 만들 수 있는 입장이 된다.

자신의 기적에 대비해야 한다. 기적 같은 일이 벌어진 자신의 모습을 상상해보자. 기적이 코앞에 다가온 것처럼 행동하자. 자신의 재능을 연마하면서 기회가 다가오는 길에 서 있으면 감정적으로나 영적으로나 기적을 받아들일 준비를 적극적으로 할 수 있다. 또 마침내 기적이 일어났을 때의 모습과 느낌을 시각화할 수 있다면, 기적이 발생하는 영역에 적극적으로 마음을 열어놓게 된다. 운동선수들은 늘 이런 작업을 한다. 영상을 보고, 다른 선수들을 연구하고, 자기 자신을 연구한다. 달리고, 패스하고, 터치다운하고, 완벽하게 착지하고, 공을 높이 차고, 메달을 따는 자신의 모습을 상상한다.

나는 학업에 어려움을 겪을 때 내가 우수한 학생이라는 생각을 하기 위해 졸업모와 가운을 입고 졸업식 음악을 틀어놓고는 졸업장을 받기 위해 무대를 가로질러 걸어가는 내 모습을 상상했다. 그리고 다시 공부를 시작했다. 아내와 내가 지금 살고 있는 집을 구입할 여유가 생기기 몇 년 전에, 우리는 앞으로의 삶이 어떤 모습일지 상상하기 위해 이곳에 직접 와봤다. 지금 소유한 차를 살 여유가 생기기 전에, 그 차를 사면 기분이 어떨지 느껴보기 위해 대리점에 가서 차에 앉아봤다. 장모가 암에 걸리자 의사들은 집에 돌아가서 죽음을 준비하라고 했다. 하지만 장모는 손자들이 대학을 졸업하는 모습을 볼 때까지 살 거라고 믿었다. 그래서 손자들이 졸업모와 가운을 입고 무대에 올라가는 모습을 객석에서 지켜보는 자신을 상상했다. 장모는 기적을 받아들이기 위해 감정적인 공간으로 들어섰다. 불가능해 보이는 일을 이루기 위해 영적, 정신적인 준비를 갖췄다. 그게 2008년의 일이다. 장모는 아직 살아 있고 손자들이 졸업하는 모습도 다 봤다. 이제는 손자들이 결혼하는 걸 보겠다고 맹세했다. 기적을 받아들일 준비를 해두면 기적이 발생했을 때 대비가 잘 되어 있을 것이다. 그리고 그걸로 뭘 해야 하는지 알게 될 것이다.

나는 「비벌리 힐스 캅Beverly Hills Cop」에서 에디 머피Eddie Murphy가 연

기한 캐릭터인 액셀 폴리Axel Foley를 흉내 냈다. 그에게는 자격증(경찰 배지)도 물론 있었지만, 디트로이트 출신의 그 청년은 무엇보다 자신감이 대단했다. 다들 그가 하는 말을 곧이곧대로 믿었고 덕분에 그는 가고 싶은 곳이면 어디든 다 갈 수 있었다. 나는 오크우드에 다니면서 컨퍼런스에 참석하기 시작할 무렵에 컨선드 블랙 스튜던츠Concerned Black Students라는 미디어 회사를 설립했다. 그리고 데니스 킴브로가 강연하는 콘퍼런스에 가서 주최자에게 CBS에 소속된 사람인데 데니스와 잠시 얘기할 수 있는지 물었다. 또 스티브 하비Steve Harvey가 무대에 오른 콘퍼런스에 참석해서 스티브와 직접 만나 대화를 나눴다. 아무도 내게 질문을 하지 않았고 나는 거짓말을 한 것도 아니었다. 그냥 내가 배우고 싶은 사람들과 얘기를 나누기 위해 창의력을 발휘한 것뿐이다. 배우고 싶은 사람들을 만날 수 있는 입장이 되고 지식이 넘쳐흐르는 곳에서 시간을 보내기 위해 직접 기적을 만들어냈다.

내 사업 분야에서는 기업에서 연설하는 수준에 도달한다는 건 대단한 일이다. 기업들이 여러분을 고용해서 영업 사원이나 최고 경영진을 위한 강연을 맡기기 시작한다면 여러분은 잘하고 있는 것이다. 나도 요새는 항상 이런 일을 한다. 언더아머Under Armour, AT&T, 로켓 모기지Rocket Mortgage, 그리고 수많은 포춘 500대 기업과 함께 일했다. 하지만 이 일을 처음 시작할 때는 기업에 어떻게 접근해야 하는지도 몰랐다. 또 내 강연은 기업 강연에 적합하지도 않았다. 그래서 내가 강연하고 싶은 기업들을 연구하기 시작해서 그들이 어떻게 사업을 시작했는지, 경영자가 누군지, 본사는 어디 있는지 등을 알아냈다. 그리고 전문가들, 특히 기업 분야의 전문가들에게 동기를 부여하는 동영상 시리즈인 「TGI 먼데이Thank God It's Monday」를 시작했다. 기업 강연을 하기 전부터 기업 강연을 하기 위한 준비를 갖추기 시작한 것이다.

그리고 2012년에 마침내 첫 번째 기회를 얻었다. 클리블랜드의 퀴큰 론즈Quicken Loans 지점에서 일하는 젊은이가 나를 사무실로 불러서 자기 동료들에게 팀 문화 구축에 대한 강연을 해달라고 했다. 회사에서 비용을 대주지 않았기 때문에 그는 5,000달러를 들여 직접 8개 세션을 진행했고 이틀 동안 나를 불러서 자기 팀원들을 대상으로 강연을 하게 했다.

8번째이자 마지막 세션이 끝나갈 무렵, 토니 너콜스Tony Nuckolls라는 남자가 방에 들어와 내 강연을 들었다. 리더십 및 교육 개발 담당 부사장인 그는 회사에서 직책이 가장 높은 아프리카계 미국인이었다. 강연이 끝난 뒤 내게 다가온 그는 기업 강연치고는 다듬어지지 않은 부분이 많았지만 그래도 강연 내용과 자연스러운 스타일이 마음에 들었다고 말했다. 그리고 기업 상황에 맞게 강연 내용을 조정할 수 있도록 조언과 교육을 해주겠다고 제안했다. 또 내가 잘만 하면 회사 고위층 인사도 몇 명 소개해주겠다고 했다.

토니 덕분에 모든 게 달라졌다. 그 뒤 사업에 대해서 많은 걸 배웠다. 그렇게 기업 강연 분야에 발을 들여놓자 왕국으로 향하는 문이 열렸다.

해야 할 일

1. 살면서 자기가 적절한 시기에 적절한 장소에 있었다고 느낀 순간이 있는가? 왜 그곳에 있었는가? 특정한 시기에 그 장소에 있게 된 계기는 무엇인가? 어떤 선택이 여러분을 그곳으로 이끌었는가? 자신의 선택을 통해 어떻게 그 순간에 이르게 되었는가?

2. 여러분의 인생을 바꾼 기회는 무엇인가? 이런 기회를 얻는 데 도움을 준 사람은 누구인가? 어떻게 그들을 만났는가? 그들은 여러분의 삶과 어떤 식으로 교차하는가? 그들은 어떤 기회를 얻었는가?

3. 어떤 기회를 얻고 싶은가? 부자나 유명인, 또는 여러분 주위에서 그런 기회를 경험한 사람이 있는가? 만약 그런 기회를 얻는다면 어떻게 할 생각인가?

과제

자기가 받고 싶은 기회에 대해 생각해 보자. 그 기회를 얻으려면 뭐가 필요할까? 어디에 있어야 하는가? 누구를 만나야 하는가? 그 기회는 어떤 모습으로 나타날까? 어떤 느낌이 들까? 자신과 그 기회 사이의 거리를 좁힐 수 있는 크고 작은 단계들의 목록을 만들자. 그 기회를 잡는 데 도움이 될 만한 사람과 장소의 목록을 만들자. 각 단계를 수행한 뒤 실제로 기회를 얻게 되었을 때의 모습을 상상해 보자.

CHAPTER

7

세 가지 일에
뛰어난 사람이
되자

지식은 새로운 시대의
돈이다

지식이 있으면 돈도 벌 수 있다. 여러분 머릿속에는 현금인 출기가 있다. 그리고 그건 여러분이 가고 싶은 곳 어디든 데려다줄 수 있다. 나는 아프리카계 미국인 사회학자, 활동가, 역사가인 W.E. B. 듀보이스가 쓴 에세이에 대해 자주 생각한다. '재능 있는 소수'라는 제목의 이 에세이는 1903년에 출간된 흑인 작가들의 에세이 모음집 『흑인 문제The Negro Problem』에 수록되어 있다. '재능 있는 소수'란 교육을 받고 지역사회의 리더가 되는 흑인은 10명 중 한 명 꼴이라는 걸 나타낸다. 그는 가장 뛰어난 재능을 가진 사람들이 앞으로 나서면 자기 민족을 대표하고 공동체 전체를 고양시킬 수 있다고 생각했다. 듀보이스는 흑인이 잠재력을 최대한 발휘해서 역사의 궤적을 바꾸려면

고전적인 교육이 필요하다고 주장했다. 그에게는 육체노동이나 산업 노동보다는 교육이 관건이었다. 듀보이스는 무력이나 힘, 무기보다 교육이 체제와 싸우는 길이라고 믿었다. 그리고 교육이 진보의 기반 이라는 개념은 내게도 더없는 진실로 와 닿았다.

미국 산업의 심장부인 디트로이트에서 자란 나는 내 가치는 노동 력에 있다고 믿으면서 자랐다. 인생에서 뭔가를 이루려면 내 손과 몸 을 써서 일해야 한다고 생각했다. 모두들 그렇게 생계를 꾸렸다. 하지 만 내가 인생에서 진정한 성공을 경험하기 시작한 순간은 지적 교육 에 투자하기 시작한 순간이었다. 검정고시에 합격하자 갑자기 내 미 래를 통제할 수 있는 능력이 생겼다. 오크우드에서 4년제 학위를 따 는 데 12년이 걸렸지만 일단 졸업하고 나니 지금까지와는 다른 수준 에 도달했다. 대학을 졸업한 뒤에도 계속해서 교육을 받았다. 지금 난 에릭 토머스 박사다. 그런 직함을 가진 덕분에 오늘날 살아있는 대부 분의 미국인보다 많은 기회를 누리고 있다.

하지만 교육은 첫 단계에 불과하다. 듀보이스도 그걸 알고 있었다. 교육을 받고도 그걸 전혀 이용하지 않을 수도 있다. 교육을 받고도 평 범한 수준에 머무를 수 있다. 교육을 받았더라도 자신을 명확하게 표 현하지 않는다면 학습이 무슨 소용이 있겠는가? 교육을 받고도 자기 분야에서 뛰어난 실력을 발휘하지 못한다면 애초에 왜 교육을 받은 것인가? 어떤 분야에서든 위대한 인물들을 조사해 보면 다들 교육을 받았고, 깊이 있게 연구한 숙련된 솜씨로 자신을 표현할 수 있으며, 자 기 분야에서 비할 데 없이 탁월한 성과를 거둔다는 걸 알 수 있다.

마틴 루터 킹 주니어는 26살에 박사 학위를 받았다. 그는 자기 생각을 명확하게 표현해서 나라 전체가 행동에 나서게 할 수 있을 뿐만 아니라, 역사상 가장 뛰어난 엘리트 연설가 중 한 명으로 간주될 만큼 훌륭하다. 서굿 마셜Thurgood Marshall은 하워드 로스쿨에 진학해 뛰어난 성적을 올려서 우등으로 졸업했고, 대법원에 대한 의견서를 작성해 미국 역사를 바꿔놓았다. 재키 로빈슨Jackie Robinson은 UCLA에 진학해 다양한 종목에서 활약한 다재다능한 운동선수였다. 그는 피부색이 발목을 잡을 수도 있었던 시기에 탁월한 능력을 발휘해 미국 스포츠계를 변화시켰다. 또 다른 하워드 졸업생인 토니 모리슨Toni Morrison은 소설을 통해 미국에서 흑인으로 살아간나는 게 어떤 건지 훌륭하게 표현해서 대통령 훈장뿐만 아니라 퓰리처상과 노벨상도 받았다. 소저너 트루스Sojourner Truth는 정식 교육을 받지는 않았지만 흑인을 재산으로 여기던 시대에 성경과 인권을 독학했고 자신의 사상을 매우 효과적으로 표현했다. 그래서 오늘날 그녀는 미국에서 가장 훌륭하고 중요한 노예 폐지론자 중 한 명으로 기억되고 있다.

교육도 중요하지만 일단 교육을 받으면 표현력과 탁월한 능력을 발휘해서 균형 있게 활성화해야 한다. 나는 내 생각을 명확하게 표현할 수 있기 때문에 내 일을 잘한다. 세계 최고의 동기부여 연설자가 되려면 누구보다 열심히 노력해야 한다는 걸 알기에 탁월한 수준까지 올랐다. 이건 저절로 되는 게 아니다. 노력이 필요하다. 최고가 되려면 세 가지 분야에서 뛰어나야 한다. 즉, 자신을 교육하고 자신을 표현하면서 탁월한 능력을 갖춰야 한다.

교육을 생사가 달린 문제라고 여기자

내가 만나본 아이들 중에는 학교에 무관심한 아이들이 많다. 강의실에 들어가면 항상 같은 질문을 한다. 너희 중에 학교를 싫어하는 사람이 몇 명이나 될까?

그러면 거의 매번, 90퍼센트가 손을 든다.

이 젊은이들에게는 교육이 어떤 일을 할 수 있는지 보여주는 모델이 없기 때문에 교육의 가치에 대해 모른다. 학교에서 배운 개념이 실생활에서 어떻게 변환되는지도 잘 모른다. 암기 학습은 생존에 불필요한 것처럼 보인다. a + b = c가 무슨 상관이란 말인가? 활용형, 동명사, 가정법 따위에 누가 신경을 쓰겠는가? 아이들 입장에서 보면 이런 개념이 자신을 명확하게 표현하거나 훌륭한 능력을 갖추는 데 어떤 도움이 되는지 잘 모를 수도 있다. 그리고 이런 추상적인 개념과 그 가치 사이의 연관성을 모르는 많은 젊은이는 교육을 시간 낭비로 여긴다.

한편 아프리카계 미국인 아이들은 자라는 동안 고등학교나 대학을 졸업한 가족을 볼 수 있는 기회가 많지 않을 수도 있다. 이건 사회적, 경제적으로 불리한 입장에 처한 다른 미국인들도 마찬가지다. 이 나라가 설립된 이래, 가장 가난한 국민들에게는 교육이 우선순위가 아니었고 저소득층 지역, 마을, 도시는 투자 이탈과 자원 부족으로 고통받고 있다. 여러분의 부모와 조부모, 증조부모가 고등학교를 졸업하지 않았거나 대학에 진학한 적이 없다면 여러분에게는 어릴 때 교육의 가치를 보여줄 수 있는 모델이 없었을 수도 있다. 교육이 어떻게 여러분에게 문을 열어줄 수 있는지 모른다면 어떤 일이 가능한지도 모를 것이다. 우리 엄마는 자기가 뭘 모르는지도 모르는 상태인 이런 무지를 삼중 암흑이라고 부른다.

우리 공동체에서 교육은 분열을 일으키는 개념이다. 미국 역사에는 유색인종이 글을 읽거나 쓰는 게 불법이었던 시절이 있다. 글을 읽고 쓸 줄 안다는 이유로 감옥에 갇히거나 고문, 구타, 린치를 당할 수도 있었다. 프레더릭 더글라스는 읽고 쓰는 법을 배울 때 남들 모르게 은밀하게 배워야만 했다. 그는 아무도 보지 않을 때 읽고 쓰는 연습을 했다. 백인 아이들이 그의 공부를 도와줬다. 그렇게 교육을 받은 더글러스는 자유를 손에 넣었다. 그리고 교육받은 사람으로서 남들과 다른 대우를 받았고 아메리칸 드림에 더 가까이 접근할 수 있었다. 해리엇 터브먼은 지하철도라는 비밀 결사를 조직하기 전에, 자유의 땅으로 가는 지도를 준 설교자를 찾아갔다. 그는 스스로 공부하는 방법을 깨우쳐야 자기가 자유롭지 않다는 사실을 당연하게 여기지 않게 된다고 주장했다. 남부의 흑인 아이들은 노예 해방 후에도 오랫동안 목화 따는 계절이 되면 학교에 가지 못했다. 흑인들에 대한 교육은 처음부터 위험한 전망으로 시작되었고, 이 남아있는 그림자는 오늘날에도 교육이 과연 애쓸 만한 가치가 있는가에 대한 회의론을 낳고 있다.

내 가족도 그렇고 많은 미국인 가족에게 있어 육체노동은 세상에서 성공하는 방법이었다. 여러분이 2000년 이전에 디트로이트 부근에서 자랐다면 내가 무슨 말을 하는지 잘 알 것이다. 여러분은 장차 포드, GM, 크라이슬러 또는 자동차 산업을 뒷받침하는 다른 제조 공장에서 일하게 될 것이다. 노예 해방 후에도 흑인들은 항상 노동에 종사하는 유형의 직업을 찾을 수 있었다. 심지어 앞으로 어떤 일이 벌어질지 전혀 모르는 채로 흑인 대이동 기간에 북쪽으로 올라온 우리 조상들도 공장이나 건설 현장, 농장 등에 가면 일자리를 찾을 수 있다는 걸 알았다. 열심히 일할수록 주인(농장주, 도급업자, 자동차 회사 등)에게는 더 가치 있는 존재가 된다. 역사적으로 내가 사는 세상에서는 머리를 쓰는 것보다 몸을 움직이는 것에 더 큰 가치를 부여했다. 여러분 가족의 혈통에 확고한 교육의 역사가 스며 있지 않다면 가족 대부분이 육체 노동에 종사할 가능성이 크다. 하지만 소저너 트루스가 말한 것처럼, "몸을 만드는 건 정신이다."

인간은 패턴을 영속시킨다. 우리 엄마는 고등학교를 겨우 마쳤다. 내 친부는 학교를 끝마치지 않았다. 우리 할머니는 3학년 때까지만 학교를 다녔다. 증조부모는 오늘날 우리 아이들과 같은 방식으로 교육받는 걸 허락받지도 못했다. 우리 집안에는 육체노동이 깊게 뿌리내리고 있다. 교육은 새로운 것이며 우리에게 새로운 힘을 안겨준다.

고졸 학력 인증 프로그램, 소년원, 자원이 부족한 공동체 등에서 봉사할 때 만난 아이들에게 물어봤다. 부모님과 똑같은 삶을 살고 싶은가? 조부모님이 살았던 그런 삶을 원하는가? 그 삶의 현실이 어땠을지 생각해 보라고 했다. 가족을 부양하기 위해 투잡을 뛰면서 얼마나 힘들었을지, 고된 노동을 마치고 집에 돌아오면 얼마나 피곤했을

지, 사치품은 꿈도 꾸지 못한 채 그저 집세를 모으고 먹고 살기 급급한 나날이 얼마나 고됐을지 말이다. 이런 상황에서 누가 투쟁을 선택하겠는가? 지금 우리는 자기가 살고 싶은 삶을 선택할 기회가 있는 세상에 살고 있다. 나는 아이들에게 만약 뭔가 다른 걸 원한다면 자기가 살고 싶은 삶에 대해 생각하고 그렇게 살아야 한다고 말한다.

미시간 주립대학에 다니기 전까지는 백인 세상에서 활동해본 적이 없다. 그래서 그 학교 캠퍼스를 처음 걸었을 때 충격을 받았다. 사방에 백인이 있었다. 피부색 구분을 더 명확하게 하기 위해서인지, 흑인 학생들은 전부 캠퍼스 동쪽에 있는 허버드 홀 기숙사에 배정되었다. 학교 측에서는 고의가 아니라고 했지민 우리는 무슨 일이 일어나고 있는지 알고 있었다. CJ는 학부생 때 그곳에 살았지만 별로 개의치 않았다고 한다. 그들은 학교의 나머지 부분과 구분되는 자기들만의 문화, 자기들만의 클럽, 자기들만의 생태계를 가지고 있었다. 그 당시 여러분이 흑인인데 미시간 주립대에 다녔다면 아마 운동선수였거나 여러분 쪽에서 긍정적인 조치를 취했기 때문일 것이다.

나는 미시간 주립대학에 입학하면서 극심한 문화 충격을 겪었다. 단지 그곳의 모든 사람이 백인이었기 때문만은 아니다. 학교 규모만으로도 압도되었다. 오크우드는 전체 학생 수가 1,800명인 데 비해 미시간 주립대는 50,000명이었다. 그리고 학문적인 엄격함이 있었다. 흑인 학교는 학문적으로 엄격하지 않다는 얘기가 아니다. 하워드 대학교나 시카고에 있는 어반 프렙 아카데미 같은 곳은 미국에서 갈 수 있는 최고의 교육 기관이다. 하지만 디트로이트 공립학교는 블룸

필드 힐스 공립학교와 완전히 다르다. 크렌쇼 공립학교는 비벌리 힐스 공립학교와 천양지차다. 학습 기준이 다를 뿐만 아니라 일반적으로 쓰는 말도 다르다. 오크우드 교수들은 흑인 특유의 신호와 뉘앙스가 담긴 흑인의 언어로 흑인들의 이야기를 들려줬다. 그러다가 미시간 주립대에 오자 물 밖으로 나온 물고기 같은 기분이 들었다. 이곳의 지배적인 문화의 기준점이나 이야기, 미묘한 단서를 이해할 수 없었다. 결국 다른 흑인 학생이나 교사들(작가 데메트리우스 말로우Demetrius Mar-lowe, 부모가 아프리카 출신 교육자인 페로 다그보비Pero Dagbovie 박사, 같이 석사 과정을 밟은 크리스 던바 박사 등)과 어울리기 시작했다. 이들은 흑인과 백인 문화권을 오가면서 자라 언어 전환이 가능했기 때문에 내가 들은 말을 번역할 수 있게 도와줬다. 누구나 이런 통역사를 찾을 수 있는 건 아니기 때문에 난 이런 점에서 운이 좋았다.

당시 나는 성인이었고 세상이 어떻게 돌아가는지 파악할 시간이 충분했다. 동료와 코치를 찾는 방법도 알고 있었다. 도움을 요청할 줄도 알았다. 이제 18살이 될 때까지 흑인 세상에 살던 흑인 아이가 어떻게 행동해야 할지도 모르는 채 백인들이 가득한 캠퍼스에 가게 되었다고 상상해 보자. 평생 흑인 여교사와 백인 여교사에게 수학과 역사를 배웠다면 대부분 백인 남성인 대학 교수들과는 어떻게 소통해야 할지 잘 모를 것이다. 그들과 쓰는 언어가 다를 뿐만 아니라 심지어 교수들과 의사소통을 해야 한다는 사실조차 모를 수도 있다. 여러분도 나처럼 일반적인 과정을 밟지 않은 학습자라면 도서관을 이용하는 방법이나 연구 논문을 쓰는 방법도 배우지 못했을 테고 심지어 강의계획서라는 말은 들어본 적도 없기 때문에 다음에 뭘 배울지 알아보려면 강의계획서를 확인해야 한다는 사실도 모를 것이다. 이런 현상은 흑인 아이들에게만 국한된 게 아니라 사회적으로 혜택을 받지 못한 모든 아이들에게 해당된다. 학습 장애나 신체적 장애가 있는 아이, 부모가 최고 소득자가 아니거나 편부모 가정에서 자라거나 정서적 또는 영적 불안을 겪는 아이도 모두 마찬가지다. 남들과 다른 방식으로 세상을 살아가는 아이들 모두에게 해당되는 얘기다.

　미시간 주립대학에 도착한 나는 이런 아이들이 백인이 압도적으로 많은 교육 기관에서 자신의 길을 가도록 도와줄 수 있는 특권을 가지고 있었다. 그들은 미로 속이 생쥐처럼 서로 상호작용하는 방법을 배운 적도 없는 환경으로 떨어졌다. 나도 여기 와서 문화 충격을 겪었기 때문에 이 캠퍼스에 자기가 속할 곳이 없다는 기분이 어떤 건지 공감할 수 있었다. 이 아이들에게서 20년 전의 에릭 토머스를 보았다. 조금 심드렁하고 많이 무지하며 공부하는 방법이나 필기 방법, 도움을 요청하는 방법을 전혀 몰랐다. 대도시 생활의 지혜와 사회적 지식을 이용해 전처럼 이리저리 부유하려고 했던 오크우드에서의 내 모습을 보았다. 당신은 대학에 적합한 인재가 아니라는 말을 들으며 학교에서 쫓겨난 에릭 토머스의 모습도 보았다. 아내와 어린 아들이 그를 실패자처럼 바라보았다. 이 아이들도 여기서 헤쳐 나갈 방법을 찾지 못하면 그대로 끝난다는 걸 알았다.

　이 아이들을 보고 다시 나 자신을 보자 겁이 났다. 내 안에서 절박함이 솟구치는 걸 느꼈다. 뭔가가 나를 붙잡고 이 아이들이 정신을 차리게 해주라고 말하는 걸 느꼈다. 그들이 자신의 존재를 느끼고, 자기 앞에 어떤 기회가 있는지 확인하고, 지금이 바로 그 기회를 잡을 때라는 사실을 깨닫게 해야 했다. 교육이 그들의 모든 미래로 향하는 문을 여는 열쇠라는 걸 확신시켜야 했다. 그들이 교육을 받도록 하는 데에 생사가 걸려 있는 것처럼 느껴졌다.

미시간 주립대학에서 학습 지도 교사로 일한 첫해에는 말 그대로 풋내기였다. 그리고 이상주의자였다. 그 아이들과 함께 일하면서 그들이 대학 생활의 난관을 헤쳐나갈 수 있도록 도와주려고 했다. 그리고 그들이 다음 단계로 나아가기를 간절히 바랐다. 내가 고등학교와 대학교를 중퇴한 뒤 제대로 공부할 수 있는 방법을 알아내기까지 10년간 겪은 어려움을 겪지 않고 곧바로 뛰어난 성과를 올리기를 바랐다. 무슨 일이 일어나려면 교육 시스템을 바꿔야 한다는 걸 알고 있었다.

그래서 미시간 주립대학의 흑인 학생 졸업률을 조사하기 시작했고 그 결과 놀라운 사실을 발견했다. 흑인 남학생의 졸업률은 31.6퍼센트에 불과했다. 이 학교에 입학한 흑인 남성 가운데 실제로 학위를 받는 사람은 10명 중 3명뿐이라는 얘기다. 흑인 여학생의 졸업률은 50퍼센트였다. 하지만 그 추정치는 일반적인 재학 기간인 4년이 아니라 6년에 걸친 것이었다. 그 아이들 중 상당수가 1학년이 끝난 뒤에 자퇴했다. 내가 알아낸 또 하나의 충격적인 사실은 누가 언제 자퇴할지를 학교 측에서 정확하게 예측할 수 있다는 것이었다.

다음과 같은 방식으로 예측하는 것이다. 디트로이트나 플린트, 폰티액 공립학교 출신의 흑인 아이들이 미시간 주립대에 오면 대학은 그들의 성적을 예측할 수 있다. 그걸 '예상 학점'이라고 하는데, 그들은 모든 요소를 기반으로 계산을 실시한다. 한 가지 요인은 고등학교 때 성적이다. 그리고 가난한 도심 지역 출신인지 아니면 부유한 교외 출신인지 여부도 따진다. 만약 디트로이트의 헨리 포드 고등학교에서 A플러스를 받았다면 그건 이스트 랜싱 부근의 오케모스 고등학교에서 C마이너스를 받은 것과 마찬가지다. 예상 학점은 또 부모의 대학 진학 여부, 연간 수입, 그리고 물론 표준 시험 점수도 고려한다. 대학은 학생들이 캠퍼스에 발을 들여놓기도 전에 이 모든 것을 알고 있다.

이렇게 학생 프로필의 모든 측면을 평가한 대학은 여러분의 1학년 말 학점이 1.5나 1.7쯤 될 거라고 예측한다. 그렇게 되면 학교에서 쫓겨날 것이다. 여러분의 대학 생활은 끝났다. 이제 디트로이트나 플린트나 폰티액으로 돌아가서 커뮤니티 칼리지에 진학하거나 맥도날드에 취직하거나 예전 친구들과 어울리다가 곤경에 처할 수도 있다. 어쩌면 그 지역에서 어느 정도 성공할 수도 있겠지만, 대학에 계속 다녔다면 어떤 일이 가능했을지 늘 궁금할 것이다. 미국 최고의 대학 중 한 곳에 잠시 머물면서 그곳의 모든 에너지와 기회를 맛보고 난 뒤니, 그게 없는 삶이 어떤 건지 알게 될 것이다. 그리고 정말 말도 안 되는 건, 학교가 그런 미래를 예견할 수 있다는 것이다. 그건 여러분이 입학 허가서를 받은 순간부터 정해진 운명이다. 하지만 이 시스템은 여러분이 어려움을 겪다가 결국 실패하도록 설정되어 있다.

젊고 이상주의적인 대학 카운슬러인 나는 정해진 시스템 안에서 마구 휘둘리는 이 아이들을 보니, 학교가 예상 GPA를 통해 실패할 수밖에 없다는 게 드러난 학생을 돕기 위해 손을 내밀지 않는 것이 이해가 안 됐다. 왜 대학은 학생을 입학시키고, 수업을 듣게 하고, 기숙사와 식사를 제공하고, 기회를 주고, 그들이 어떤 방향으로 가고 있는지 정확히 알면서도 성공에 필요한 도구는 주시 않는 걸까? 도저히 이해할 수가 없었다.

이런 정보를 직접 수집하는 동안 시스템을 바꾸고 대학에 재정적인 이익을 안겨줄 수 있는 방법을 발견했다. 물론 돈이 중요한 건 아니지만(어쨌든 나한테는 그렇다) 재정적인 인센티브가 있으면 순익 면에서 대학의 지원을 얻을 수 있다는 걸 알고 있었다.

이제 이걸 한번 보자. 예상 GPA를 통해 어떤 학생이 학교에서 쫓겨날지 예상할 수 있다는 걸 알게 되자, 학교가 낙제할 거라고 예상한 학생 한 명당 1년에 50,000달러를 낭비하고 있다는 계산이 나왔다. 기숙사 유지비, 교수 봉급, 그리고 1년간 학생을 지원하는 데 필요한 모든 비용을 다 대학에서 치러야 한다. 하지만 대부분의 자원은 93퍼센트의 학생들에게 집중되어 있기 때문에 이 정도 수치는 간과하기 쉽다. 당시 전체 학생 중 유색인종 비율은 7퍼센트 미만이었고 흑인은 4퍼센트 미만이었다. 만약 내가 1년에 학생 7명을 도울 수 있다면 졸업률을 1퍼센트 정도 변화시킬 수 있을 거라고 생각했다. 그리고 1년에 학생 7명을 도우면 대학이 지출하는 비용을 35만 달러 절약할 수 있다. 학생 49명을 도울 수 있다면 졸업률이 7퍼센트 올라가고 연간 245만 달러가 절약된다. 이걸 5년, 10년 동안 한다고 생각해 보라. 이는 내 상담 프로그램이 아이들을 계속 학교에 다니게 하고 성공적인 학생과 미래의 대학 홍보대사를 양성할 뿐만 아니라 그동안 대학은 막대한 돈을 절약할 수 있다고 미시간 주립대를 설득하기에 충분한 증거였다. 이건 뻔한 해결책처럼 보이지만 시스템은 그렇게 뻔한 사실을 보지 못할 때도 많으며 특히 불평등한 시스템에 기반을 두고 있을 때는 더욱 그렇다.

배움과 사랑에 빠지다

대학 1학년 때 누군가 벤 카슨Ben Carson의 『타고난 재능Gifted Hands』이라는 책을 읽어보라고 추천했다. 디트로이트 출신인 카슨은 어린 시절 대부분을 친아버지와 별다른 접촉 없이 살았고 학교에서도 힘든 시간을 보냈다. 그는 내가 아는 디트로이트의 거리에 대해 썼다. 제7일 안식일 재림파 교도로 성장한 경험에 대해 썼다. 학교에서 수업을 따라가기가 정말 힘들었고 충동 장애와 분노, 우울증 문제를 겪은 것에 대해 썼다. 나는 그 책 속에서 내 모습을 볼 수 있었다. 당시 몸은 대학 캠퍼스에 있었지만 지적인 일들에 관여하지는 않았다. 카슨의 책에 반영된 내 모습을 보고 미국 최고의 신경외과 의사가 되기 위해 그가 걸은 길에 대해 읽자, 내 안의 무언가가 자극을 받았다. 그 책은 교육이 학자나 부유한 자들만을 위한 게 아니라는 걸 알려줬다. 교육은 자유를 얻고 환경을 변화시키기 위한 수단이라는 걸 알려줬다. 그의 정치적 이념에는 동의하지 않지만, 카슨의 책은 내가 배움에 빠져들도록 도와줬다.

그 뒤, 손에 넣을 수 있는 자기계발서는 다 구해서 읽었다. 오그 만

디노의 『위대한 상인의 비밀』, 조지 S. 클레이슨George S. Clason의 『바빌론 부자들의 돈버는 지혜Richest Man in Babylon』, M. 스콧 펙M. Scott Peck의 『아직도 가야 할 길The Road Less Traveled』. 데니스 킴브로, 지그 지글러Zig Ziglar, 레스 브라운Les Brown의 책도 읽었다. 정기적으로 반스앤노블에 들르고 도서관에도 가면서 일주일에 한 권씩 책을 읽었다. 사전에서 단어를 찾기 시작했고 유의어 사전을 이용해서 언어를 공부했다. 그렇게 완전히 새로운 지식의 세계를 접하게 되었다.

배움에 푹 빠져들면서 교육을 받아들이기 시작했다. 교육 기관에서 요구하는 것 이상의 지식을 추구하기 시작하면서부터 사랑에 빠진 것이다. 나는 배움에 반했고 나 자신에게 반했다. 학습은 책꽂이에 꽂혀 있는 책에 담긴 어떤 이데올로기나 개념에 관한 것이 아니다. 학습은 세상을 발견하기 위한 도구다. 학습은 자신을 발견하기 위한 도구다. 학습은 주변 세상이 어떻게 돌아가는지 이해하기 위한 도구다.

교육을 받아들이면 자신의 남은 삶과 연결되기 시작한다. 내 재능을 발견하고 그걸 연습해서 완전히 마스터해야 한다는 사실을 깨닫자, 농구 선수가 경기 영상을 보는 것처럼 열심히 연구하고 연습했다. 그 분야를 개척한 사람들을 연구했다. 그 분야를 바꾼 사람들을 연구했다. 사람들이 위대한 인물에게 어떻게 반응하는지 그리고 그들이 청중에게 어떤 영향을 미치는지 연구했다. 그 과정에서 연설의 심리적인 측면(다양한 어조와 몸짓 언어가 청중들에게 어떤 영향을 미치는지 등)에 대해 알게 되었다. 뇌가 의사소통을 처리하는 방법, 성인이 아니라 청소년을 위해 개념을 분석하는 방법, 어떤 교육 방법이 어떤 유형의 학습자에게 가장 적합한지 등을 연구했다. 내 재능을 제대로 이해하기 위해 사회학과 교육 시스템에 대한 수업을 듣기 시작했다. 내게 재능이 있다는 건 알았지만, 그걸 다음 단계로 끌어올리려면 그 배후의 이론을 이해해야 했다. 그 이론은 모든 유형의 사람들과 보다 효과적으로 의사소통하는 방법과 내 연설 스타일을 연결시키는 데 도움이 되었다. 자기 재능 뒤에 있는 이론과 시스템을 배우는 건 근육을 키우기 위해 체력 단련실에 가는 것과 같다. 그건 사물을 정교하게 다듬고 날카롭게 벼리며 정신이 작용하는 과정에서 더 큰 시너지 효과가 발휘되도록 돕는다.

교육을 받아들이면 전에는 보지 못했던 기회가 보이기 시작한다. 이제 세상에서 활용할 수 있는 것에 대한 실무 지식이 생겼기 때문에 전에는 존재한다는 사실도 깨닫지 못했던 직업과 사람, 장소를 볼 수 있다. 나는 고등학교를 중퇴했을 때 내 앞에 어떤 기회가 있는지 알고 있었다. 맥도날드의 일자리, 잠잘 수 있는 친구네 집 소파, 정신 차리고 행동하면 구할 수 있을지도 모르는 포드나 GM 같은 직장. 그때는 지식을 얻으려고 하지 않았기 때문에 오크우드 같은 곳이 존재하는

"

과정과 사랑에 빠지면
결과를 얻게 될 것이다.

"

지도 몰랐다. HBCU에 대해 들어본 적도 없고 흑인들의 역사도 거의 몰랐다. 당시에는 기회에 대한 정보를 적극적으로 찾지 않았기 때문에 기회를 얻지 못했다. 내가 아무것도 모른다는 사실도 몰랐다.

오크우드에 입학해서 수업을 듣기 시작하자, 세상이 생각지도 못했던 방식으로 내게 문을 열어줬다. 마침내 교육이 정상 궤도에 오르자, 앞으로도 계속 배움에 굶주려 있으면 세상이 끝없이 내 앞에 펼쳐지면서 기회가 열릴 거라는 걸 깨달았다. 개인적인 투자를 이어가면 기회가 더 크고 깊어지는 것도 알았다. 학사 학위가 있으면 석사 학위를 받을 수 있다는 걸 알았다. 석사 학위가 있으면 대학에서 학생들을 가르치는 정규직 자리를 얻을 수 있다는 걸 알았다. 박사 학위를 받으면 탁자에 앉아 대학 시스템 전체를 바꾸도록 도울 수 있다는 것도 알았다.

어쩌면 여러분은 전자제품을 분해했다가 다시 조립할 수 있는 재능이 있을지도 모른다. 하지만 그냥 집안을 어슬렁거리면서 토스터와 컴퓨터를 분해했다가 다시 조립하는 게 다라면 자신의 관심사와 능력을 어떻게 목적으로 바꿀 수 있는지 절대 알지 못할 것이다. 하지만 호기심을 품고 기계학 수업을 듣거나 유명한 엔지니어에 관한 책을 읽거나 컴퓨터가 세계 역사의 궤적을 어떻게 바꿨는지에 관한 다큐멘터리를 본다면, 자신과 자신의 재능에 어떤 기회가 있는지 알게 될 것이다.

내게 배움은 곧 자기애였다. 진정한 자신이 되는 법을 찾도록 해줬다. 내 공동체 안팎에서 편안함을 느낄 수 있게 해줬다. 자신 있게 세상을 헤쳐 나가는 데 필요한 통제력을 주었다. 그리고 지금도 나 자신과 내 미래와 내 유산을 위한 투자다. 난 박사 학위가 있지만 매일 스페인어 수업을 듣고 옆에는 늘 읽고 있는 책이 산처럼 쌓여 있다. 세계 최고가 되기 위해 매일 기술을 연마한다. 배움은 자신을 개선하는 방법일 뿐만 아니라 재능과 목적을 연마하고 주변 세상(자녀, 유산, 본인이 일하는 분야 등)까지 개선할 수 있게 해준다.

교육을 완전히 마치기까지 거의 40년이 걸렸다(자신의 연료가 될 만한 동기를 찾는 게 왜 그리도 중요한지 이제 알 것이다). 도중의 어느 때든 피해의식이 날 억누르고 마비 상태에 빠뜨리거나 목적의 길을 계속 걷는 어려움을 거부할 수도 있었다. 하지만 난 상황이 어려워질 때마다 내 동기(가족, 민족, 사역 등)를 꽉 붙들고 그걸 연료 삼아 계속 나아갔다.

정신은 연장이고 교육은 숫돌이다

여러분이 누구이고 어떤 재능을 가지고 있건 간에, 다음 단계로 넘어가려면 교육과 지식이 필요하다. 그 지식을 모으는 건 목적을 달성하기 위한 중요한 단계다. 여러분이 타고난 천재라고 하더라도 슈퍼 히어로 수준의 지위에 오르려면 기술을 갈고 닦기 위한 교육이 필요하다. 정신은 연장이고 교육은 숫돌이라고 생각하자.

세상에서 가장 재능이 뛰어난 운동선수들과 일할 때는 프로 운동선수로서 경력을 쌓는 데 교육이 불필요해 보일 수도 있다. 하지만 NBA에 진출하고 싶다면, 해외에 나가거나 G리그를 거치지 않는 이상 최소 1년 동안 대학 시스템을 거치는 게 여전히 가장 쉬운 길이다.

그리고 대학에 들어가려면 SAT나 ACT를 보고 고등학교에서 괜찮은 성적을 받아야 한다. 그리고 다니는 대학도 중요하다. 스카우트되고 싶으면 D1 학교(듀크, 베일러스, 켄터키, USC)에 진학해야 하고, D1 학교에 가려면 단순히 경기 기록뿐만 아니라 다방면으로 우수해야 한다. 교육은 뛰어난 능력을 키우기 위한 첫 번째 열쇠다.

일단 프로 선수가 되면 다음 단계로 나아가기 위해 반드시 교육에 집중할 필요는 없지만, 장기적으로는 어떤 면에서든 지식을 발전시키는 게 삶의 다른 모든 부분에 영향을 미친다. 야수 같은 운동선수로서는 그냥 빠르고 강하기만 해도 경력의 다음 단계로 올라설 수 있지만, 신체 기술을 정교하게 다듬는 건 정신적인 예리함이다. 자신을 잘 표현할 수 있는 능력이 있어야 더 큰 지지를 얻고 더 많은 보수를 받으며 메시지를 공유할 플랫폼도 생긴다. 그리고 자신을 표현하려면 학습, 자신에 대한 학습이 필요하다. 방금 치른 경기에서 경험한 걸 명확하게 말할 수 없다면, ESPN은 여러분을 카메라 앞에 세우지 않을 것이다. 경기를 준비하거나 플레이하는 방식과 관련해 재치 있는 말을 하지 못한다면 기자와 작가가 여러분에 대한 글을 써주지 않을 것이다.

하지만 카메라가 꺼지면 어떻게 될까? NFL에 진출했지만 스물다섯 살에 경력이 끝나면 어떻게 될까? 남은 인생 동안 무얼 할 건가? 제대로 된 교육을 받지 않았다면, 스포츠 이외의 것을 공부하는데 시간을 쏟지 않았다면 남들보다 뒤처지게 될 것이다. 정신적인 영역을 넓히지 않았기 때문에 평생 열여덟 살 때처럼 말하게 될 것이다. 사업 감각도 키우지 않고 몸이 아닌 뇌에 투자하는 방법도 고민하지 않았기 때문에 열여덟 살짜리에게나 어울리는 기회만 갖게 될 것이다. 득점 터치다운이 삶의 균형과 어떤 관련이 있을까?

운동선수의 신체가 변하고 나이가 들면 정신적, 지적 능력이 전반적인 경기력에 훨씬 더 중요해진다. 내가 캠 뉴턴이라는 쿼터백과 함께 일하기 시작한 건 그가 뉴잉글랜드 패트리어츠로 이적한 지 얼마 되지 않았을 때였다. 캠은 항상 에너지와 열정이 넘치는 친구였다. 그는 신체적인 면에서는 늘 표본 같은 사람이었다. 키와 체격 등 모든 게 야수 같았다. 그는 평생 동안 평균적인 운농선수보다 뛰어났다. 쿼터백으로서 항상 대부분의 선수들보다 잘 달리고, 잘 던지고, 잘 싸운다. 하지만 나이가 들자 그의 몸도 변했다. 신체적 능력 저하를 받아들여야 하는 운동선수들과 함께 일할 때는 그들의 탁월함을 정신적, 지적 능력으로 전환하라고 강력히 권고한다. 캠의 경우에도 머리를 쓰는 일에 좀 더 집중하라고 부탁했다. 아마 그는 패스나 핸드오프를 할 때보다 공을 던질 때 더 신중해질 것이다. 캠은 직관력이 매우 뛰어난 사람이기 때문에, 직관을 발휘하고 싶은 충동을 억누르고 보다 체계적이고 전략적으로 움직일 수 있도록 노력하고 있다. 성격 유형 면에서 보면 항공 교통 관제사(그의 성격에서 신중하고 전략적이고 조직적인 부분)에 더 가까워지면서 상호적이고 충동적인 승무원 같은 측면은 억제하려고 한다. 끊임없는 학습은 자신의 정신적인 민첩성을 이해하고 상황이 변할 때 바로 전환하고 적응할 수 있는 비결이다.

어떤 리그에 속해 있든, 어느 시점이 되면 자신의 첫 번째 직업이 끝난 이후의 상황에 대비해야 한다. 카림 압둘 자바의 경우를 보자. 그는 NBA 역대 최고 득점자이자 올스타에 19번, MVP에 6번 선정되었고 역대 최고의 농구 선수 50인 중 한 명이다. 리그를 떠난 후 카림은 코치로 일하고, 영화를 제작하고, 비평가들의 호평을 받는 작가 겸 연설가가 되었다. 또 대통령 훈장도 받았다. 그는 운동선수로서의 탁월한 능력과는 완전히 별개인 분야에서 다양한 경력을 쌓았다. 이례적으로 긴 경력(20년간 프로 생활을 하고 42세에 은퇴했다) 후에 그는 지식인이자 창작자로 명성을 떨쳤다.

NBA에서 활약한 최고의 선수 중 한 명인 그랜트 힐Grant Hill은 CBS 프로그램 진행자이자 애틀랜타 호크스 소유주가 되었다. 그는 미술품 수집가이고 자선가이며 정치적으로도 매우 활동적이다. 샤킬 오닐Shaquille O'Neal은 스포츠 분석가, 투자자, TV 출연자이며 유명한 제품 광고도 많이 찍었다. 르브론 제임스는 활동가, 자선가, 배우이고 미디어 회사를 소유하고 있으며 프로 스포츠계에서 누구보다 많은 광고를 찍었고 아직도 현역으로 뛰고 있다. 이들은 운동선수로서의 정체성을 넘어 끊임없이 자신을 수양하면서 새로운 표현 방식과 수입과 영향력을 창출하고 있고, 최고 수준의 성과까지 올리고 있다.

지식을 통해 삶을 통제할 수 있다

지식은 새로운 형태의 돈이다. 그러니 여러분도 좀 갖고 있어야 한다. 여러분에게 타고난 재능이 있다는 것은 곧 머릿속에 ATM 기계를 가지고 태어났다는 뜻이다. 성공으로 가는 모든 길은 지식을 통해 이루어진다. 석사나 박사 학위는 필요하지 않아도 지식은 필요하다. 지식은 자기 삶을 통제할 수 있는 힘을 준다.

교육이 가장 중요하지만 반드시 공식적인 학교 교육일 필요는 없다. 반드시 학위를 따야 하는 건 아니다. 교육은 게임을 성공적으로 플레이할 수 있도록 게임 규칙을 독학하는 걸 뜻할 수도 있다. 게임에서 살아남으면 노력할 수 있고, 노력하면 번영할 수 있다. 통제력을 얻고 그걸 유지하는 유일한 방법은 주변 세상이 어떻게 돌아가는지 아는 것이다. 시스템과 싸우거나 시스템을 넘어서거나 시스템을 바꿀 수 있는 유일한 방법은 시스템을 연구하는 것이다.

무하마드 알리의 경우를 보자. 그는 여전히 '최고의' 선수라고 불린다. 그의 어머니는 가정부였고 아버지는 간판 화가였다. 알리는 난독증이 있어서 읽고 쓰는 능력이 떨어졌다. 고등학교는 나왔지만 대학은 가지 않았다. 그가 최고의 선수가 되기 위해 학위를 받아야 했을까? 평범했던 캐시어스 클레이Cassius Clay가 무하마드 알리라는 최고의 선수가 된 것은 자신의 상황을 통제했기 때문이다. 그는 자신의 영성에 대해 알기 위해 일라이저 무하마드Elijah Muhammad나 맬컴 X 같은 사람들과 함께 이슬람교를 공부했다. 미국 문화가 걸어온 경로와 자본주의가 어떻게 흑인을 노예로 삼았는지, 유럽 중심의 종교인 기독교가 어떻게 식민지 개척자들의 정신에 스며들었는지 배웠다. 그는 시스템이 작동하는 방식을 독학하고 시스템을 작동시켰다. 군대에 징집되었을 때도 자기가 가진 지식으로 시스템에 대항하면 이길 수 있다는 걸 알았다. 그리고 실제로 이겼다.

"

지식은 새로운
형태의 돈이다.
여러분도 좀 갖고
있어야 한다.

"

학교에 갈 수 없거나 다음 단계의 교육을 받을 여력이 없더라도 마음껏 활용할 수 있는 다른 도구가 많이 있다. 도서관에 가는 것도 좋은 방법이다. 독서에 능하지 않다면 오디오북을 들을 수도 있다. 손에 휴대폰을 들고 있다면 말 그대로 세상의 모든 지식이 손끝에 있는 셈이다. 뭔가에 관심이 있다면 그걸 조사하기 시작하자. 그것에 대해 아는 사람을 찾자. 그들에게 전화를 걸거나 편지를 써서 얘기를 들어보자. 온라인 포럼에 접속해서 사람들이 여러분이 알고 싶은 것에 대해 얘기하고 있는지 확인하자. 질문을 하고 호기심을 품자. 알고 싶은 만큼 행동하지 않는다면 아무 지식도 얻지 못할 것이다. 역사상 지금만큼 지식에 접근하기 쉬웠던 적이 없다.

표현을 통해 세상에서
활동하는 방식을 제어할 수 있다

교육 수준이 어느 정도든 관계없이, 수준을 높이려면 표현력이 필요하다.

나는 어릴 때 말문이 트이는 순간부터 소위 말하는 '말재주'가 있었다. 나는 사람들과 어울리는 걸 좋아했고 뭐든 얘기하는 걸 좋아했다. 디트로이트 센터에서 연설을 해보라는 요청을 받았을 때, 이게 단순한 충동이 아닌 재능이라는 걸 깨달았다. 그리고 이 재능에 담긴 힘을 활용하려면 재능을 체계화해야 한다는 걸 이해하기 시작했다. 어릴 때는 아무도 이런 말을 해주지 않았지만, 체계는 신성한 것이다. 경계는 아름답다. 누구나 자신을 표현하려면 체계와 경계가 필요하다.

표현은 체계의 테두리 안에 있는 교육과 지식이다. 디트로이트 센터에서의 설교나 벨 타워에서 전달한 메시지 등을 통해 일정한 한도 내에서 내 재능을 표현할 수 있다는 걸 깨닫자, 그와 동시에 내가 배운 걸 활용할 수 있다는 것도 알게 됐다.

교육과 표현은 깊은 연관이 있다. 자신을 표현하려면 자기 재능에 대해서 반드시 배워야만 한다. 내 일을 할 때는 표현이 핵심이다. 내가 얼마나 명확하게 내 생각을 표현할 수 있고, 그 표현을 통해 사람들과 얼마나 깊이 연결될 수 있는가에 모든 게 달려 있다. 나는 어릴 때부터 늘 말재주가 있었기 때문에 교회나 벨 타워에서 연설을 처음 시작할 때는 직감적으로 말했다. 마틴 루터 킹 주니어, 제시 잭슨, 마야 앙겔루, 마커스 가비Marcus Garvey 같은 위대한 인물들을 흉내내면서 내가 뭘 해야 하는지 직감했다. 목소리라는 타고난 재능 덕분에 사람들의 관심을 끌긴 했지만 말하는 내용이 그리 예리하지는 않았다.

그때까지는 말에 대해 진지하게 생각해 본 적이 없었는데, 단어를 엮어서 청중들에게 영향을 미치는 걸 직업으로 삼게 되자 관련 교육이 절실히 필요해졌다. 다른 사람이 문장에서 단어를 사용하는 걸 들으면 그게 문장 내에서 뭘 의미하는지는 추론할 수 있지만 다른 문장에 적용할 수는 없었다. 마침내 어휘와 단어의 정의를 배우는 데 관심을 쏟자, 내가 단어를 통제하면서 적절한 순간에 적절하게 배치할 수 있다는 걸 깨달았다. 난독증도 문제였다. 난 음성학적으로 장애가 있어서 chaos(카오스, 혼돈), cough(커프, 기침), knot(놋, 매듭)처럼 발음과 철자가 일치하지 않는 단어를 읽는 데 어려움을 겪었다. bear(베어, 곰)와

bare(베어, 벌거벗은), here(히어, 여기)와 hear(히어, 듣다)처럼 발음은 같지만 의미가 다른 동음이의어도 문제였다. to와 too와 two의 차이를 구분하는 것도 힘들었다. 하지만 일단 발음이나 단어 사용 규칙을 깨우치자 그런 골치 아픈 단어를 사용하는 것에 자신감이 생겼다. 연구 논문을 쓸 때도 그걸 내가 원하는 방향으로 끌고 나갈 힘이 생겼다고 느꼈다. 또 연습을 하면 할수록 주변 세계와 관계를 맺는 방식을 잘 통제할 수 있다는 느낌도 들었다.

언어 전환은 표현의 자연스러운 부분이다

우리 공동체에서 가장 뛰어난 웅변가는 많은 청중들 앞에서 자신을 표현할 수 있는 사람이라는 걸 깨달았다. 그들은 연령, 인종, 성별, 당파에 상관없이 모든 사람의 관심과 상상력을 사로잡을 수 있다. 그들은 다른 블록, 다른 동네, 다른 도시의 청중들까지 끌어모은다. 그들은 국가를 움직인다. 그리고 청중이 어떤 사람들인에 따라 자연스럽게 언어를 전환하지만, 그러면서도 자기가 어디에서 왔는지 절대 잊지 않는다. 프레더릭 더글라스. 버락 오바마. 넬슨 만델라. 제시 잭슨. 오프라 윈프리. 마틴 루터 킹 주니어 등 모두가 마찬가지다.

예전에는 아프리카계 미국인 공동체의 언어와 규칙만 알았기 때문에 그들 상대로만 얘기를 할 수 있었다. 하지만 지금은 모두에게 호소할 수 있다. 세상의 언어와 규칙을 배우기 시작했기 때문이다.

자기 세계 밖을 내다보지 않는다면, 지금 살고 있는 세계 안에서 만 자신을 표현할 수 있다. 자기 동료들과 통하는 언어는 더 심오하다는 걸 안다. 그리고 때로는 그걸 깨뜨리면 대가를 치러야 한다. 나는 여미 샌디퍼Yummy Sandifer에 대한 생각을 많이 한다. 1994년에 「타임」지 표지에서 그 어린 소년의 얼굴을 봤던 걸 결코 잊지 못할 것이다. 당시 애틀랜타에 있는 소년소녀 클럽에서 봉사활동을 하고 있었는데, 잡지 사진을 보자마자 그가 누구인지 정확히 알았다. 나는 그와 같은 아이들과 함께 자랐다. 그는 길게 땋은 머리를 뒤로 늘어뜨리고 터프한 척하면서 카메라를 올려다보고 있었다. 그는 겨우 8살 때부터 물건을 훔치기 시작했고 시카고의 자기 동네에 있는 갱단에 가입했다. 11살 때는 사람들을 죽이라는 명령을 받았다. 그리고 그가 자기들을 배신했다고 생각한 갱단은(조직을 밀고하고 규칙을 어겼다고 생각했다) 그를 처형했다. 난 어디를 가든 여미 같은 아이들과 함께 일한다. 특정한 지역이나 동네 출신의 아이들. 더 나은 방식을 모르기 때문에 기존의 행동 패턴을 영구화하는 아이들. 자기들이 사는 세계가 지금 존재하는 유일한 세계이고 그것보다 낮거나 다른 세계는 없다고 생각하며 자라는 아이들이 도처에 많이 있다. 그들은 그 한 곳의 규칙과 언어를 알고 있고, 그것이 그들이 가진 전부다.

무거운 얘기지만 자주 생각하는 문제다. 특정한 규칙 때문에 자신의 규칙을 철회하는 경우를 생각한다. 여미 같은 어린 소년들이 자기가 속해 있다는 사실도 모르는 시스템 속에서 어떻게 성장하는지 생각한다. 가끔 규칙이 여러분을 방해하거나 계속 같은 장소에 머무르게 하거나 심지어 죽일 수도 있다는 걸 생각한다. 디트로이트에 있는 친구들에게 고졸 학력 인증을 받으려고 공부하고 있다는 얘기를 하는 게 부끄러웠던 기억이 난다. 오크우드에 간다는 걸 비밀로 해야겠다고 생각했던 기억도 난다. 새로운 걸 배우기 시작했을 때는 내가 태어난 곳을 배신하고 있다는 기분도 들었다. 규칙을 알면 삶의 특정한 부분에 접근할 수 있지만, 동일한 암호가 모든 잠금장치에 다 적용되는 건 아니다.

오크우드에 입학한 뒤 학문적으로나 문화적으로, 그리고 내 믿음을 통해 날 표현하는 온갖 새로운 방법을 많이 배웠다. 미시간 주립대에 다닐 때는 백인이 압도적으로 많은 환경에 있으면서 새로운 단계의 표현을 배웠다. 두 경우 모두 기존의 내 표현 방식을 그대로 유지할 수도 있고 아니면 주변 사람들과 소통하기 위해 레벨을 올릴 수도 있었다. 스페인어를 할 줄 모르면 스페인이나 라틴 아메리카에 가서 그곳 문화의 뉘앙스를 이해할 수 없다. 학문적인 언어를 모르면 대학에 가도 그곳의 혜택을 온전히 누릴 수 없다. 난 교수들이 어떻게 이야기하고 어떻게 메시지를 전달하는지 연구하기 시작했다. 그들의 억양과 어조와 문장 구조를 흡수하겠다는 구체적인 목표를 가지고 강의를 들었다. 그러자 곧 학술적인 언어로 논문도 쓰고 학생들이 가득한 강의실에서 내 생각을 명료하게 표현할 수 있게 되었다. 새로운 방식으로 새로운 세계와 교류할 수 있었고, 가능하리라고는 생각지도 못했던 방식으로 그 세계에 적응하게 되었다.
그렇게 추가적인 언어를 배웠지만 고향의 말을 잊은 적은 없다.

바깥세상에 나가서 배운 단어와 구조가 고향의 말과 뒤섞여 있다. 그것들은 오직 내 뇌를 통해서만 달리 표현할 수 있는 방식으로 결합되었고 내가 세상을 보는 방식을 바꿔놓았다. 그리고 세상이 나를 보는 방식도 바뀌었다고 생각하고 싶다.

이게 우리가 인간으로서 성장하고 발전하는 방식이다. 우리는 새로운 단어를 배운다. 주변 세계와 관계를 맺는 방식에 대한 이해를 심화시킨다. 십대가 되면 어릴 때와 같은 방식으로 말하지 않는다. 어른이 된 뒤에는 십대 때와 같은 방식으로 말하지 않는다. 나이가 들면서 새로운 어휘를 알게 된다. 문장은 더 복잡해진다. 미묘한 차이를 표현하고 의미를 추론할 수 있다. 암시와 은유를 만들고 직접 단어를 고안할 수도 있다. 무한히 다양한 방법으로 추상화, 명료화, 복합화할 수 있다. 언어의 변화와 조작은 시와 힙합의 전제다. 세상 사람으로서, 그리고 배움에 헌신하는 사람으로서, 우리는 새로운 지식을 얻고 그 과정에서 표현 방식을 심화시키고 계층화한다.

W. E. B. 듀보이스는 두 개의 정체성에 대한 글을 썼다. 그건 우리가 항상 압제자의 눈을 통해 자신을 보게 된다는 생각이다. 오늘날 이 이론은 사회적 불평등과 지배적인 권력 구조의 피해를 겪는 사회에 사는 모든 사람에게 적용될 수 있다. 사람들은 듀보이스가 뛰어난 사람이 되려면 고전적인 교육을 받아야 한다는 믿음을 통해 지배적인 시스템에 편승하고 있다고 주장한다. 하지만 듀보이스의 말은 시스템을 전복하고 변화시키려면 그 시스템의 언어를 알아야 한다는 것이다. 코드를 읽고 쓰는 방법을 모르면 컴퓨터를 해킹할 수 없다.

마틴 루터 킹 주니어는 박사 학위를 받았다. 그는 영국식 영어를 할 줄 알았다. 하지만 그는 자신의 정체성을 잃지 않았고, 자기 사람들과 함께 걸었다. 하지만 그는 다른 사람들을 대신해서 백인 문화와 이야기를 나누려면 언어 전환이 필요하다는 걸 알았다. 마틴 루터 킹의 언어 능력이 향상될수록 세계에 미치는 영향력도 커졌다. 그는 자신의 영향력을 이용해서 사람들을 위한 변화를 일구었다.

때로 흑인 공동체 사람들이 나한테 "이봐요, 당신 왜 그렇게 백인처럼 말하는 거요? 신념을 버린 모양이로군"이라고 말한다. 하지만 언어 전환은 내 직업의 일부고, 나는 내 동료들을 위해서 그 일을 한다. 나의 가장 심오한 동기 중 하나는 사람들을 위해 변화를 이루고 더 나은 기회를 많이 만드는 것이다. W. E. B. 듀보이스가 생각한 것처럼, 나도 이 공동체의 대표가 되어 우리 문화와 위상을 발전시키고 싶다. 나는 내가 성공한 주요 이유 중 하나가 내 뿌리에 충실한 것과 관련이 있다고 확신한다. 내 사업에서 유리 천장을 깨고, 전통적으로 부와 권력을 열망하는 백인 남성들을 위한 분야에 새로운 청중을 만들었다. 그리고 그와 더불어 각계각층의 사람들을 끌어모았다. 내 공동체를 향해서 전한 메시지는 모든 유형의 약자와 아웃사이더, 현재의 체제가 자신에게 유리하지 않다고 느끼는 모든 이들에게 반향을 일으켰다. 오직 나만이 표현할 수 있는 방식으로 나 자신을 표현함으로써, 우리 조상들이 상상하지 못했던 경계를 초월했다.

여러분이 자신을 훌륭하게 표현한다면 세상이 경청할 것이다. 여러분이 자신에게 진실하고 자기가 태어난 곳을 존중한다면 세상이 귀 기울일 것이다. 나는 내 출신지 덕에 지금의 내가 된 것이다. 내가 겪은 경험들 때문에 지금의 내가 된 것이다. 그 모든 것이 내가 사용하는 언어와 군중 속에서 움직이는 방식에 스며들어 있다. 내가 라커룸이나 위탁 가정, 회사 사무실, 런던의 행사장에서 언설하는 모습을 보면 내가 어디서 왔는지 알게 될 것이다. 내가 본 것을 들을 수 있다. 내가 입을 열고 말하는 걸 들으면 여러분이 누구고 세상 어디에 있든 바로 날 이해할 수 있고 나와 연결되며 내면 깊은 곳에서 뭔가가 움직이는 것을 느낄 수 있다. 그게 바로 표현의 힘이다.

자기는 그런 일을 하지 않는다고 생각할지 모르지만, 언어 전환은 모든 사람이 매일 하는 일이다. 우리는 자기가 아는 모든 사람과 각기 다른 방식으로 의사소통을 한다. 우리가 사용하는 규칙이 비슷하게 보일 수도 있지만, 특정한 방식으로 조절하다 보면 최종적인 표현이 완전히 달라진다. 여러분 어머니가 전화를 걸면 가장 친한 친구와 얘기할 때와는 다른 어투로 어머니에게 말을 한다. 남편이나 아내에게 얘기할 때는 동료들과 대화할 때와 다른 단어와 어조를 쓴다. 자녀와 소통할 때는 자녀를 가르치는 교사와 소통할 때와는 다른 말투와 어휘를 사용하게 된다.

언어 전환은 자연스럽고 필요한 일이다. 자신을 인식하면 주변 환경과 주변 사람들에게 적응하게 된다. 박물관에 가면 NFL 경기장에서와는 다르게 행동한다. 나도 예전에는 별로 깊이 생각하지 않고 직관적으로 적응하곤 했다. 하지만 이제는 다양한 언어를 알기 때문에 언제 그걸 활용할지 분석적으로 생각한다.

퀴큰 론즈에서 기업 강연 일을 시작했을 때, 기업 환경에서 강연하는 법을 다시 배워야 했다. 내 친구 토니 너콜스가 가장 먼저 한 일은 나를 회의실에 들여보내서 영감을 주는 연설과 기업 교육에서 사용되는 언어의 차이를 느끼게 한 것이다. 나는 그가 일하는 모습(회의를 진행하고 지시를 내리고 업무를 위임하는 등)을 지켜보면서 그곳 환경이 어떻게 돌아가는지 확실하게 파악했다. 업계 용어와 사람들이 특정 메시지에 어떻게 반응하는지 메모했다. 그런 다음에 토니는 회사 가치를 분석하는 방법을 가르쳐줬다. 기업 임원들과 대화하려면 기업의 사명 선언문, 문화, 철학을 완전히 이해하고 있어야 한다. 그 모든 걸 소화해서 자기 프레젠테이션 안에 주입해야 한다. 토니는 또 간략하게 말하는 법도 가르쳐줬다. 상황이 허락한다면 난 한 가지 주제에 대해 10분간 얘기할 것이다. 하시만 토니는 중요한 의미가 그대로 담긴 똑같은 얘기를 1분 안에 마무리할 수 있었다. 사실 그의 1분짜리 연설이 내 연설보다 두 배로 강렬할 것이다. 그는 업계 사람들이 읽고 있는 내용과 그걸 내 작업이나 메시지와 통합하는 방법을 알려줬다. 그리고 어떤 프로그램이 금전적으로 가치가 있는지 이해시켜 줬다. 주요 강연 행사가 끝난 뒤 후속 프로그램과 분석 작업까지 추가할 수 있다면 가치가 더 높아질 것이다. 나는 토니와 어울리면서 완전히 새로운 언어를 습득했고 존재한다는 건 알고 있었지만 아직 발을 들여놓지 않았던 세계에 대한 관점을 얻었다.

청중에 따라 언어를 다르게 조정하면 상상도 못했던 방식으로 새로운 문이 열리고 새로운 기회가 생긴다는 걸 토니에게 배웠다. 내가 특정한 메시지, 특히 TGIM을 기업 세계의 언어에 주입하기 시작하자 여기저기서 전화가 걸려왔다. 기업들은 날 콘퍼런스에 초청하기 위해 일등석 티켓을 끊어주고 멋진 호텔 스위트룸을 잡아줬으며 가족까지 데려와서 함께 머물 수 있게 해주고 그들과 일하는 동안 내가 쓴 비용도 다 부담했다. 내 동영상은 전국 기업 영업팀의 필수품이 되었다. 사람들은 항상 내게 다가와서 거리에 나가거나 전화를 걸거나 회의에 참석하기 전에 내 동영상을 보면서 기운을 돋운다고 말한다. 표현을 약간 수정하고 미세 조정한 결과, 전혀 생각지도 못했던 청중들에게까지 도달할 수 있는 매우 강력한 도구가 되었다.

자기만의 언어를 배우자

다음 단계로 나아가려면 어떤 표현이 필요할까? 먼저 자기가 살고자 하는 세계를 조사하고 그 세계에서 사용하는 언어를 평가해야 한다. 교사라면 교육학의 언어가 있다. 변호사라면 법의 언어로 말해야 한다. 의사에게는 의학 언어가 있다. 각 분야마다 고유한 전문 언어가 있으며 이 언어를 내면화하면 그 세계의 문화와 가치관도 내면화되기 시작한다.

새로운 언어를 배우는 과정에서 기억해야 할 중요한 사항은 자신의 개인적인 언어에 충실해야 한다는 것이다. 새로운 언어 패턴과 세상에 대한 새로운 생각을 받아들이면 그게 원래의 표현 방식을 대체하기도 한다. 하지만 가장 훌륭한 사람(자신을 표현하는 독특한 방식 때문에 기억에 남는 사람)은 배운 내용을 자신의 고유한 언어와 융합시켜서 세상 누구와도 다른 소리를 내는 사람이다.

무하마드 알리는 학습 장애에도 불구하고 사람들을 감동시키고 역사에 각인되는 언어('나비처럼 날아서 벌처럼 쏜다' 같은)를 통해 자신을 표현하는 새로운 방법을 찾아냈다. 휴이 뉴턴Huey Newton은 글을 읽을 줄도 몰랐지만 플라톤을 독학해서 결국 철학 박사 학위까지 받았다. 독특한 배경과 언어를 뒤섞는 방식 때문에 그의 연설은 다른 이들의 연설과 완전히 달랐다. 카니예 웨스트Kanye West는 대학을 중퇴했지만 그의 어머니는 시카고 주립대학의 영어 학과장이었다. 그 소년은 일종의 학교에 살면서 리듬과 언어를 흡수했고, 그걸 지난 20년 동안 그가 만든 작품으로 재구성했다. 투팍2Pac은 고등학교를 마치지 못했고 대학에도 진학하지 못했지만 흑표범 단원이었던 어머니의 경험담을 자신의 출신지와 혼합시켰고, 언어 구사력이 매우 뛰어나서 예술가들 사이에서도 희귀한 존재가 되었다.

나는 내 언어가 디트로이트의 소리에 영향을 받았다고 늘 생각한다. 나는 모타운Motown과 가스펠을 들으면서 자랐다. 마이클 잭슨, 마빈 게이, 제임스 브라운. 아레사와 마할리아 잭슨Mahalia Jackson. 그리고 1980년대와 90년대에는 힙합이 모든 걸 점령했다. 음악이 발전함에 따라 나도 함께 발전했다. 음악가들이 가사를 통해 정치적, 사회적 이슈를 엮는 방식과 나이가 들면서 하나의 스타일에서 다른 스타일로 바뀌어 가는 모습을 보았다. 난 리듬과 운율에 푹 빠졌고 가끔은 내 강연이 음악처럼 들리기도 한다.

자신의 표현 방법을 찾았으면 그걸 연구하고 연습하고 다듬어야 한다. 자기에게 도움이 되는 건 계속 유지하고 불필요한 건 없애자. 자신의 약점을 보완하고 환경을 변화시키자. 새로운 청중들 앞에 서

자. 자신을 일관되게 평가하자. 무엇을 표현하고 싶고, 그걸 가장 잘 표현하는 방법은 무엇인지 자문해보자. 새로운 표현 방식을 시도하자. 가장 자기답다고 느껴지는 모드를 고수하면서 그걸 자신을 다음 단계로 이끌어줄 모드와 연결시키자. 내가 기업 강연을 한다고 해서 보험 회사의 마케팅 이사처럼 말하는 건 아니다. 기업의 언어와 내 언어 감각을 융합시키고 필요할 때 그 표현 방식을 활용한다는 얘기다.

> **"**
>
> # 연습은 완벽해지기 위해서가 아니라 영속성을 얻기 위해 하는 것이다.
>
> **"**

요즘에 촬영한 내 동영상을 차례대로 보면 처음 시작할 때보다 표현 방식이 더 명확하고 날카로우며 요점이 분명하다는 걸 알 수 있다. 공부와 학습을 계속하다 보니 표현 방식이 점점 더 또렷해졌다. 난 지금도 다양한 부류의 사람들에게 나 자신을 최대한 잘 표현하는 능력을 키우기 위해 계속 노력하고 있다.

물론 표현이 항상 언어적인 방식으로만 이루어지는 건 아니다. 표현은 온갖 종류의 언어(영적, 육체적, 지성적 등)로 나타날 수 있다. 예술가는 그림과 조각, 스케치를 통해 자신을 표현한다. 무용수는 안무와 동작을 통해 자신을 표현한다. 음악가는 코드를 만들고 교향곡을 작곡한다. 작가는 글을 쓴다. 가수는 노래를 한다. 운동선수는 뛰고 달리고 잡고 던진다. 그리고 나는 물론 말을 통해 나 자신을 표현한다. 위대한 사람은 계속해서 지식을 수집하는 사람이다. 계속해서 그림 기법을 공부하고, 자기 몸에 도전하고, 새로운 노래를 배우고, 더 깊이 있는 책을 쓴다. 그들은 또 자신의 지식에 체계를 적용한다. 표현은 단순할 수도 있고 복잡할 수 있다. 직접적일 수도 있고 추상적일 수도 있다. 표현은 다양한 형태로 나타난다. 하지만 가장 높은 수준의 표현은 연구되고 체계화된다. 모든 위대한 사람은 자신의 지식을 독특하고 탁월하게 표현하는 능력을 통해 기억된다.

탁월함은 가장 명확한
형태의 표현이다

탁월한 방식으로 실행된 교육과 표현은 완전한 패키지를 이룬다. 여러분의 교육과 지식을 가장 명확하고 영향력 있는 표현 형태로 변환하면 탁월함을 얻을 수 있다.

교육을 잘 받고 자신을 명확하게 표현할 수 있는 사람이 탁월해진다는 게 무슨 의미가 있을까? 왜 자신을 탁월한 수준까지 몰아붙이는 걸까? 성경에서는 자기 일에 부지런한 사람이 왕 앞에 설 것이라고 말한다. 간단히 말해, 탁월한 수준에 오르면 평범한 수준일 때보다 훨씬 많은 기회를 얻을 수 있다. 탁월한 수준이 되었을 때 세상을 경험하는 방식은 평범한 수준일 때 경험하는 방식과 크게 다르다.

　탁월힘의 힘을 설명하기 위해 베스트 바이Best Buy에서 일했던 제이라는 사람의 이야기를 들려주고 싶다. 매상과 계산대 업무를 맡은 그는 자기 일에 최선을 다했다. 사람들이 리모콘이나 스피커를 사러 오면 제이는 원하는 걸 다 찾아줬다. 계산을 할 때도 그는 누구보다 친절하고 열정적이었다. 어느 날 제이가 계산대에서 일하고 있을 때 퀴큰 론즈의 임원이 들어왔다. 제이는 평소 다른 고객들을 도와주는 방식으로 그를 도왔다. 그러니까 아주 훌륭하게 말이다. 그 임원은 제이의 잠재력과 자기 일에 최선을 다하는 모습을 보고, 그를 자기 회사로 스카우트했다. 대형 매장의 일반 직원으로 일하면서 자기가 가진 능력을 다 발휘한 것뿐인데, 다른 방법으로는 결코 얻지 못할 기회를 얻게 된 것이다. 현재 제이는 피닉스에서 최고의 실적을 올리는 영업 담당자로, 엄청난 능력을 발휘하고 있다.

　탁월한 수준에 오르면 남들과 다른 방법으로 세상 위를 날 수 있다. 자유롭게 더 높은 관점에서 사물을 바라보게 된다. 자기 힘으로 성공했다는 걸 알기 때문에 더 이상 피해의식에 사로잡히지 않는다. 탁월한 사람이 되었다는 건 성공이 찾아왔을 때 받아들일 준비가 되어 있다는 뜻이다.

탁월함을 원해야 한다

　흑인 사회에서 얘기하는 탁월함은 흑인의 탁월함이다. 우리는 그냥 열심히만 하면 되는 게 아니라 다른 누구보다 열심히 해서 다음 단계로 올라가야 한다. 사회적으로 불리한 처지에 있는 사람이라면 누구나 마찬가지다. 많은 경우, 여성이 남성과 같은 액수의 돈을 벌려면 남성보다 두 배 열심히 일해야 한다. 나이 든 사람은 젊은 사람보다 일할 기회가 적다. 장애인은 비장애인처럼 문이 활짝 열려 있지 않다. 여러분이 나이, 인종, 성별, 경제력 면에서 억압받는 집단에 속해 있다면 더 적은 자원으로 상황을 극복해야 할 뿐만 아니라 다른 모든 사람보다 더 잘해야 한다. 그냥 평범한 수준으로는 아무것도 할 수 없다. 탁월해져야 한다. 마야 앙겔루는 "자기가 직접 하지 않으면 아무것도 이루지 못할 것이다"라는 말로 이 상황을 가장 적확하게 표현했다.

나는 이걸 매우 단순하게 생각한다. 나보다 앞서 간 사람들은 지금 내가 가진 기회를 갖지 못했다. 나보다 유리한 입장에 있는 이들과 같은 월급을 받거나 같은 직업을 얻는 게 더 어려울 수도 있지만, 내가 선택할 수 있는 유일한 방법은 탁월해지기 위해 더 열심히 더 오랫동안 노력하는 것이다. 더 오를 산이 있다면 올라가자. 다른 학위가 필요하다면 그것도 취득하자.

탁월함을 얻기 위한 첫 번째 단계는 열망이다. 탁월해지고 싶어 해야 한다. 보통 사람은 이 단계에 도달하지도 못한다. 보통 사람은 탁월한 이들을 살펴보고 멀리서 존경한다. 그들은 자기 안에도 탁월해질 수 있는 능력이 내재되어 있다는 걸 깨닫지 못한다. 탁월함을 열망하고 자기가 그렇게 될 수 있는 능력이 있다는 걸 아는 사람은 보통 사람보다 훌륭해지기 위해 계속해서 남들의 기대를 뛰어넘는다.

탁월함의 다음 단계는 어떤 면에서 탁월해지고 싶은지 확인하는 것이다. 물론 이건 여러분의 슈퍼파워나 목적의 길과 연결되어 있다. 여러분이 잘하는 게 무엇이든, 그 부분에서 탁월해질 수 있는 능력이 있다. 나는 항상 봉사에 능하다는 걸 알았다. 난 사람들을 행복하게 하는 걸 좋아했다. 노숙자일 때도 출근해서 얼굴에 미소를 머금고 그날 할 수 있는 최선을 다했다. 항상 슈퍼파워를 발휘해서 일했기 때문에 탁월함을 얻기 위해 노력하는 게 제2의 천성처럼 느껴졌다. 그렇다면 여러분이 하는 모든 일에 탁월해질 수도 있지 않을까? 남편이라면 훌륭한 남편이 되자. 학생이라면 훌륭한 학생이 되자. 부모라면 훌륭한 부모가 되자. 탁월함은 경력이나 직업, 소명에만 국한되는 게 아니다.

뛰어나게 잘하고 싶은 것에 집착하자. 최고가 되려면 마이클 조던이나 코비 브라이언트Kobe Bryant처럼 적당한 수준에서 만족하지 않고 억누를 수 없을 정도로 미쳐야 한다. 진정으로 탁월한 사람들은 날마다 도달할 수 없는 완벽함을 추구해야 한다는 걸 알고 있다. 우리는 매일 전날보다 나아지고자 한다. 날마다 자신을 개선해 위대한 수준을 향해 나아가겠다는 목표를 품고 하루를 살아간다.

탁월함은 연습을 통해 얻을 수 있고, 학습은 체계화된 연습 방법이다. 나는 가르치는 일을 시작하면서 개인의 성장과 발달에 관한 책을 읽었다. 운동선수들은 경기 영상을 보면서 과거의 위대한 선수들을 연구하고, 그들의 움직임을 자신의 경기에 통합시킨다. 예술가들은 미술사를 공부한다. 그들은 위대한 거장들의 그림과 조각을 연구해서 그걸 자기 지식의 기반으로 삼는다. 의사들은 예방접종, 신경과학, 수술법(해당 분야가 발전하면서 생겨난 모든 기술) 등을 연구해서 환자를 돕는 방법에 대한 이해를 높일 수 있다. 여러분도 자신의 재능을 표현하려면 그 복잡성을 완전히 이해해야 한다.

탁월함에 이르기 위한 다음 단계는 자기 평가 시스템을 만드는 것이다. 최고의 성과를 거두지 못하면 만족할 수 없다. 겨우 80퍼센트만 노력한 뒤 자신을 속이고 빠져나가는 건 불가능하다. 나는 내가 언제 최선을 다하지 않았는지 알고 있다. 직장에서 해고되거나 학교에서 문제가 생길 때면 나 자신을 속여왔다는 걸 자각했고 노력 부족으로 인한 결과를 두 배 절실히 느꼈다.

나는 일단 벤치마크부터 시작한다. 남편으로서, 아버지로서, 그리고 연설자로서 내게 타일힘이 무얼 의미하는지 개인적으로 정의한다. 그리고 탁월함이란 어떤 모습인지 자문해 본다. 그게 의미하는 바에 대한 정신적인 그림을 그린다. 아침에 일어나면 일을 할 때 내가 탁월한지 아니면 그냥 평범한지 스스로에게 물어본다. 나는 벤치마크의 개념을 특정한 기술 수준, 태도, 노력의 세 가지로 구분한다.

자신의 기술이 뭔지 확인하자. 3점 슛을 쏘는 건가? 사업 장부의 수지 균형을 맞추는 것인가? 직장에서 부서끼리의 커뮤니케이션을 담당하고 있는가? 사람들이 여러분의 기술을 통해 어떤 영향을 받고 있고 그게 여러분에게 어떤 의미가 있는지 자문해보자. 그리고 그 기술을 실행할 때의 자기 태도가 어떤지도 되돌아봐야 한다. 매일 아침 일어나 그 일을 할 수 있다는 것이 기쁜가? 아니면 그 기술을 써야 한다는 생각만 해도 기분이 가라앉는가? 만약 후자라면 기분이 우울해지는 이유가 뭔지 고민해보고 다른 일을 시도해야 한다. 노력과 관련해서는 자기가 어떤 노력을 기울이고 있는지 자문해보자. 자기가 하는 일을 평가하면서 가장 가까운 사람들이 여러분의 일에 어떤 영향을 받는지 생각해봐야 한다. 상사, 아내, 아이들에게 측정 기준에 대해 물어보자. 그들에게 여러분이 잘 버티고 있는지 물어보자. 그들과 충분한 시간을 보내고 있는지 물어보자. 다른 사람들이 여러분 인생에 개입하는 걸 두려워하지 말아야 한다. 마지막으로, 자기 기술을 어떻게 발전시키고 싶은지 자문해보자. 6개월 동안 훌륭한 성과를 거뒀지만 성장하지 못했는가? 아니면 매일 조금씩 성장하고 있는가? 매일 의사소통 기술이 발전하는 중인가? 매일 더 많은 책을 읽는가? 매일 빨라지고 있는가? 하루에 1퍼센트씩 성장한다면 연말에는 365퍼센트나 성장하게 된다. 주별, 월별, 분기별, 연도별로 진행 상황을 평가하자.

탁월함은 내면의 의식과 관련된 문제이다. 결국 탁월한 수준에 이르기 위해 전념할 때는 다른 누구와도 경쟁하지 않는다. 탁월함은 삶의 목적과 깊은 관련이 있다. 동기가 있다는 건 탁월함을 향해 계속 나아갈 수 있게 해주는 연료가 있다는 것이다. 여러분이 무엇을 하건 그건 보상을 받기 위해서가 아니라 자기 자신과 목적을 위해서다. 탁월함은 부자가 되거나 유명해지는 게 아니다. 그건 결코 외적인 모습을 뜻하는 게 아니다. 나는 시계를 착용하지 않는다. 고급차도 없다. 금사슬이나 장신구도 걸치지 않는다. 같은 집에서 15년 넘게 살았다. 나는 억만장자처럼 사는 것보다 더 중요한 뭔가를 내면에 지니고 있기 때문에 내 일에서 최고가 된 것이다.

"

평범함에서 벗어나는 유일한 방법은
탁월함을 계속 추구하는 것이다.

"

이건 이기는 것보다 중요하다. 다른 사람들에게 검증을 받는 것보다 중요하다. 내 안에는 외적인 것들 전부보다 중요하고 매일 아침 눈을 뜰 때마다 그날 하루도 가능한 최고의 존재가 되도록 이끄는 뭔가가 있다.

최고의 성과를 이룬 뒤 다시 바닥으로 미끄러지는 건 드문 일이 아니다. 나는 탁월한 상태를 경험하는 동안 계속해서 기준을 더 높이면서 앞으로 나아간다. 기준점에 도달하면 다음 기준을 찾는다. 학사 학위를 취득한 뒤에는 석사 학위를 생각했다. 석사 학위를 딴 뒤에는 박사 학위까지 받았다. 이제 나는 노벨상을 노리고 있다.

해야 할 일

1. 교육에 대한 여러분의 태도는 어떤가? 학습에 대한 대도는 어떤가? 지식에 대한 태도는 어떤가? 이 대답을 하나씩 파고들어서 그런 태도의 근원이 어디에서 왔는지 알아내자.

2. 원래 호기심이 많은 편인가? 궁금한 게 있으면 답을 찾으려고 노력하는가? 그 이유는 무엇인가? 여러분이 답을 찾도록 밀어붙이는 건 무엇인가? 만약 답을 찾으려 하지 않는다면, 답을 알고 싶지 않은 이유는 무엇인가?

3. 자신을 가장 잘 표현하는 방법은 무엇인가? 글쓰기? 몸짓? 말하기? 그림? 이 가운데 자신을 표현할 때 애를 먹는 방법은 무엇인가? 그렇게 애쓸 때 가장 힘든 점은 무엇인가? 이런 힘든 상황에 어떻게 대응하는가?

4. 자기 재능을 활용할 때 모든 걸 쏟아붓는다는 느낌으로 노력하는가? 자기 재능을 발휘하는 걸 주저한 적이 있는가? 재능을 발휘할 때 줄 게 더 많이 남았다고 느끼는가? 만약 그렇다면, 무엇 때문에 망설이는 건가?

과제

자기 재능과 관련해 배우고 싶은 걸 생각해 보자. 그걸 조사할 시간을 따로 마련한다. 조사하는 동안, 그걸 알아가는 것에 대해 어떤 느낌이 드는지 살펴보자. 몸에서 무슨 일이 일어나고 있는가? 마음속에서는 무슨 일이 일어나는가? 이런 감정을 느끼면서 시간을 보내자. 뭔가를 알아내고 그것에 대한 감정을 느끼면서 시간을 보낸 뒤, 자신을 가장 잘 표현하는 방법을 이용해서 새로 발견한 지식을 표현해보자. 그것에 대해 누군가와 대화를 나누자. 그것에 대해 쓰고, 그림을 그리고, 춤을 춰보자. 이 표현은 어떤 느낌인가? 더 명확해질 수 있을까? 더 정확하게는? 조금 더 배워야 할까? 연습할 수 있을까? 표현 방식을 바꾸거나 다른 것과 섞을 수 있을까? 사람들의 관심을 끌고 이목을 집중시키려면 어떻게 전달하는 게 좋을까? 명확한 상태를 유지하면서 거리낌 없이 표현하려면 어떻게 해야 할까? 새로운 지식에 시간을 쏟으면서 매일 조금씩 더 단단하게 쌓아가자. 그걸 키우기 위해 노력하자. 매일 조금씩 더 명확하게 표현할 수 있도록 노력하자. 진행 상황과 그렇게 진행되는 것에 대한 소감을 기록해야 한다.

CHAPTER

8

위대함을 위한 희생

좋은 건 좋은 것일 뿐
위대하지는 않다

"자라지 않는 건 죽었기 때문이다." 헌츠빌에서 우리 교회 모임을 이끌던 제임스 도겟James Doggette 목사가 우리 가족이 미시간 주립대학으로 떠나기 1년 전에 해준 조언을 잊을 수가 없다. 그는 20대에 학위 없이 전문 연사로 일하는 건 그럭저럭 괜찮지만 서른 살이 되면 문이 닫히기 시작한다고 말했다. 그때가 되면 성공의 한계에 다다르게 될 것이다. 그는 똑같은 일을 계속 반복해서는 내 생활을 지킬 수 없다는 사실을 마음속에 새겨줬다. 성장과 성공의 의미에 대한 생각을 확대해야 했다.

미시간 주립대에 다니더라도 평생 가르치는 일을 할 수 있을 거라는 보장은 없었다. 예전에 겪었던 것과 같은 학업 문제를 이 학교에서는 겪지 않으리라는 보장도 없었다. 헌츠빌에서와 같은 공동체를 만들고 추종자를 모을 수 있다는 보장도 없다. 우리가 가진 걸 포기하고 어떤 가시적으로 보장된 것과 교환하는 게 아니었다. 그래도 위험을 감수해야 한다는 걸 알고 있었다. 앞으로의 일들이 두렵다는 이유로 가진 걸 계속 붙잡고만 있을 수는 없었다.

이런 사고방식 덕분에 이제는 살아가는 방식이 바뀌었다. 내 목적에 따라 걸으면서 새로운 깊이와 의미를 얻었다. 내 목적에 따라 걷는 것은 앞으로 걷고 전진하고 꿈꾸는 걸 의미한다. 내 앞에 놓인 것에 결코 만족하지 않고 끊임없이 배움을 갈망하는 걸 의미한다. 똑같은 운동을 계속 반복하면 어느새 몸이 익숙해진다. 더 이상 몸이 쑤시지 않는다. 체중도 줄지 않는다. 몸의 일부는 과도하게 발달하는 반면 다른 부분의 근육은 오히려 줄어든다. 우리가 계속 같은 장소에 머물 경우 우리 마음과 영성, 정서적 안녕에도 이런 일이 일어난다. 진행을 멈추면 우위를 잃게 된다. 하지만 항상 굶주린 상태에서 역량을 확대하면 계속 앞으로 나아갈 수 있다.

헌츠빌을 떠날 때 모든 것에는 유통기한이 있다는 생각을 했다. 오늘 신선한 빵이 내일은 곰팡내가 날 것이다. 오늘 신선한 우유도 내일이면 시어진다. 20대에 좋은 것이 30대에도 반드시 좋은 건 아니다. 오늘 여러분을 만족시키는 것이 내년에는 그런 만족감을 주지 못할 수도 있다. 디디와 내가 10년 동안 헌츠빌에서 쌓은 삶은 우리가 십대 때 품었던 꿈의 일부였다. 계속 앞으로 나아가면서 우리 꿈을 이어가려면 꾸준히 더 큰 꿈을 꿔야 했다. 우리는 좋은 걸 가지고 있었다. 하지만 나는 더 훌륭한 걸 원했다.

자극은 우리를
위대하게 만들 수 있다

하지만 자기가 좋다고 생각하던 것에서 본의 아니게 밀려나면 어떻게 될까? 좋은 걸(직업, 배우자, 도시 등) 가지고 있었는데 억지로 그걸 두고 떠나야 하는 상황이 된다면? 그 경험을 더 훌륭한 뭔가로 바꿀 수 있는지 여부는 본인에게 달려 있다.

운동선수들은 끊임없이 트레이드된다. 그들은 날마다 자기 몸, 자기 팀, 자기 미래를 재평가한다. 운동선수 입장에서는 트레이드가 업무의 일부이므로 언제든 새로운 팀으로 옮겨서 새로운 코치, 새로운 선수들과 함께 일하게 된다. 나는 같이 일하는 선수들에게 트레이드되면 선수로서 가장 좋은 입장에 처하게 된다고 말한다. 팀이 바뀌는 건 새로운 눈으로 세상을 볼 수 있는 기회다.

챔피언십이나 슈퍼볼에서 우승을 차지한 선수는 이미 승자가 되는 게 어떤 기분인지 느꼈기 때문에 느슨해지기 시작할 수 있다. 하지만 팀에서 그를 트레이드하면, 그들이 재능 있는 선수를 놓쳤다는 걸 예전 팀에 증명하고 싶기 때문에 오랫동안 느끼지 못했던 열정이 불타오르게 된다. 트레이드가 선수의 등을 떠밀어 계속 전진하게 만들 수 있다. 5년 동안 같은 팀에 있으면 슈퍼맨이 된 듯한 기분이 들기 시작한다. 하지만 다른 팀으로 트레이드되면 내면의 뭔가가 자극을 받아서 화가 나거나 속이 상하거나 의욕이 끓어오르는데, 그 자극을 자신에게 유리하게 활용하면 다음 단계로 올라설 수 있다. 그걸 이

용해서 예전의 자기보다 더 나아질 수 있는 능력이 있다는 걸 증명한
다년 위대한 수준을 향해 나아가게 된다.

> ## 좌절은 재기를 위한 준비다.

크리스 폴은 NBA에서 계속 팀을 옮겨 다녔다. 내 생각에 그가 그
렇게 가치 있는 선수가 된 이유 중 하나는 한 곳에 안주하지 않았기
때문이다. 그는 안주하거나 게을러질 수 있는 위치에 있었던 적이 없
다. 어느 팀에 있든(호네츠, 로켓츠, 클리퍼스, 선즈 등) 그는 항상 야수 같았
다. 그가 한 시즌에 80경기 정도를 뛴다고 가정해보자. 그는 그중 60
경기에서 최고의 활약을 선보인다. 대부분의 선수들은 그 정도로 하
지 못한다. 그들은 매일 120퍼센트의 노력을 기울일 의욕이 없다. 그
를 지금의 그로 만든 건 기꺼이 불편함을 감수하고 기꺼이 근육을 늘
리고 능력을 키워온 것과 관련이 있다고 생각한다.

　나는 그와 대화할 때면 지지자 역할을 한다. 그는 세계관을 재건
하기 위해 내가 필요한 게 아니다. 그에게는 쇠를 날카롭게 벼려줄 쇠
가 필요하다. 드물게 그가 산만해지는 날에는 집중할 수 있는 장소를
제공한다. 가끔 자기보다 젊은 팀 동료나 자기와 같은 내부 추진력이

없는 동료와 함께 일하는 게 어떤 느낌일지 생각해 본다. 그가 부상을 당하거나 2021 플레이오프 기간에 코로나에 걸렸을 때, 나는 그가 통제할 수 있는 걸 통제해야 한다고 강조했다. 그는 리더로서 계속 현명한 모습을 보일 수 있다. 팀 동료 입장에서는 다른 선수들을 위한 치어리더가 될 수 있다. 크리스 폴이 경기에 출장하지 못하는 동안 몬티 윌리엄스Monty Williams 감독은 하프타임에 그를 페이스타임으로 연결했고 덕분에 그는 다른 선수들에게 애정과 지지를 전할 수 있었다.

"마음은 가장 강한 근육이다." 불편함을 편안하게 받아들이고 도전을 통해 만족감을 얻세 되면 생각하는 방식도 바뀌기 시작한다. 여러분의 마음이 도전을 받아들이면 그 추진력으로 잠을 깨기 시작할 수 있다. 자신을 다르게 보기 시작하고 진정한 자신을 가졌다는 걸 알 수 있다. 우리 마음은 이룰 수 없는 건 꿈꾸지 않는다. 엘리트 중의 엘리트가 되고 싶다고 결심하면 내면에서 나오는 연료를 이용해 엘리트 중의 엘리트처럼 행동하기 시작한다.

심지어 마이클 조던도 자신에게서 위대함을 끌어내기 위해 발전할 방법을 찾아야 했다. 그는 상황을 일부러 꾸며내는 방법을 썼다. 다른 선수들에게 왜 자기 엄마에 대해 얘기하는지, 왜 자기보다 낫다고 생각하는지 물어보곤 했다. 선수들이 아무 말도 하지 않았는데도 말이다. 가장 뛰어난 사람들은 항상 자기 재능을 다음 단계로 끌어올릴 방법을 찾는다.

> ## 고통은 안일함이
> ## 만들 수 없는 걸
> ## 만들어낸다.

낯선 곳이 가장 흥미로운 곳이다

몇 년 전에 많은 흑인 기업가와 CEO를 상대로 강연을 하기 위해 애틀랜타에 갔다. 강연을 시작하기 전에 무대 옆에서 늘 하는 사전 의식인 명상과 기도를 하고 있었다. 이럴 때면 머릿속에 에미넴Eminem의 "루즈 유어셀프Lose Yourself" 가사가 자주 떠오른다. 네 손에 들어온 이 순간을 절대 놓지 마 / 기회는 한 번뿐이니까 날려 버리지 마 / 이런 기회는 인생에 한 번뿐이야. 그날 CEO 서클 창립자 중 한 명의 아들이 날 지켜보고 있다는 걸 몰랐다. 나중에 그 소년이 다가와서 강연할 때 긴장했느냐고 물었다. 내가 "물론이지"라고 말하자 믿을 수 없다는 표정을 지었다. 그는 유튜브에서 나를 봤는데, 내가 청중 앞에 설 때마다 여전히 긴장한다는 사실에 놀랐다.

하지만 나는 연예인이 아니다. 코치 겸 성직자다. 그리고 이 일을 하면서 사람들에게 얘기할 때 얼마나 많은 게 걸려 있는지 깨달았다. 내가 하는 일은 변혁적이다. 사람들은 내 말에 귀를 기울인다. 난 그들에게 영향을 미친다. 청중들에게 말할 때마다 그 상황을 매우 진지하게 받아들인다. 그런 이유로 지금도 항상 긴장하지만, 그렇다고 해서 내 일을 중단할 생각은 없다. 난 너무 감정적이라서 주의해야 한다. 자제하지 않고 놔두면 감정이 날 마비시킬 수도 있다. 몰입한 상태에서 얘기하는 걸 가로막을 수도 있고 정신이 산만해져서 매일 목표로 하는 탁월한 수준에 다다르지 못할지도 모른다. 젊은 시절의 나와 오늘의 나의 차이점은 감정도 나의 일부라는 사실을 받아들였다는 것이다. 그 힘든 과제를 받아들였다. 그리고 이런 자질 덕분에 내가 하는 일을 잘하게 되었다.

익숙하지 않은 것을 위해 익숙한 걸 희생한다는 개념에는 약간의 두려움이 내포되어 있다. 하지만 낯선 곳이 가장 흥미로운 곳이다. 세계를 여행할 때는 의도적으로 낯선 것을 찾는다. 다른 언어를 배우는 것도 낯선 걸 추구하기 때문이다. 새로운 책을 읽거나 새로운 사람과 이야기를 나누거나 새로운 영화를 볼 때 여러분은 낯선 것을 찾고 있다. 그리고 그렇게 함으로써 지식에 대한 갈망을 키운다. 같은 영화를 반복해서 보거나 같은 책을 백 번씩 읽을 수도 있다. 그것도 괜찮을 것이다. 좋으리라는 것도 안다. 하지만 새로운 걸 기대하지 않는다면 위대함의 진정한 의미를 결코 알지 못할 것이다.

두려움 때문에 하고 싶은 일을 못할 수는 없다. 두려움 때문에 만족스럽고 편한 곳에만 계속 머물 수는 없다.

평범한 사람은 모든 게 안정적이고 일정하게 유지되는 편안한 곳을 찾는다. 평범한 사람은 그 감정에 안주하는 걸 좋아하고 결국 현재의 상태를 계속 유지하게 된다. 좋은 게 좋은 거지만, 그런 상태에서는 우승을 차지할 수 없다. 좋은 게 좋은 거지만, 그게 사장이나 CEO 자리를 안겨주지는 않는다. 좋은 게 좋은 거지만, 그래서는 올림픽 출전 자격을 얻지 못한다. 좋은 건 좋지만 그건 훌륭함과는 다르다. 좋은 건 누구나 얻을 수 있지만, 계속 발전하면서 수준을 높이려면 위대한 걸 위해 좋은 걸 포기해야 하는 상황에 정면으로 맞서야 한다.

안전지대를 떠나는 게 두려울 수 있다. 그러나 불편함이 꼭 나쁜 것만은 아니다. 불편함은 운동을 하고 몸이 변할 때 느끼는 것이다.

새로운 나라를 여행하면서 자기가 어디로 향하고 있는지 모를 때도 불편함을 느낀다. 불편함은 힘과 지식과 인격을 쌓게 해준다.

　　차는 뜨거운 물에 넣지 않으면 우러나지 않는다. 안전지대에 있을 때는 작동하지 않는 것들이 있다. 열과 압력은 우리 안에 위대함을 만들어낸다. 열과 압력을 그런 식으로 본다면 좋은 게 될 수 있다. 여러분의 에너지는 집중하는 곳으로 흐른다. 두려움과 불편함을 숨막히는 것으로 여긴다면 숨이 막힐 것이다. 하지만 다른 사고방식으로 그 감정을 바라본다면 위대해지기 위해 뭘 해야 하는지를 확실하게 알 수 있다. 때로는 차의 풍미를 끌어내기 위해 뜨거운 물이 필요하다.

　　하지만 안전지대를 떠나는 것 때문에 두려움을 느끼는 게 아닐지도 모른다. 어쩌면 그 두려움은 다른 곳, 즉 행복이나 생존과 관련된 곳에서 생긴 것일지도 모른다. 나도 그 기분을 잘 안다. 나는 늘 가족을 부양해야 한다는 압박감을 느꼈다. 예전부터 동기부여 연설로 생계를 꾸렸던 건 아니다. 말하기가 주요 수입원이 되기까지의 과정에서 다른 기술과 능력을 많이 얻었다. 오늘날의 나는 다차원적인 인물이다. 이제는 내 목소리가 사라진다고 해도 나와 가족을 계속 안정적으로 부양할 수 있다는 걸 안다. 이 경우 가족을 부양할 수 없게 될 거라는 두려움은 긍정적으로 작용한다. 그 두려움은 팔방미인이 되라고, 연설이나 교사 일이나 코칭 이외의 다른 일을 더 찾아서 해보라고 꾸준히 도전한다. 교통사고를 당해 목소리를 잃은 N.W.A의 D.O.C.나 2년 동안 목소리가 제대로 안 나와서 투어를 취소해야 했던 아델_{Adele} 같은 사람을 생각하곤 한다. 나는 출신 지역 때문에 생존 능력이 강하다고 생각하는데, 그 배후에는 한순간 모든 걸 잃을 수도 있다는 두려움이 깔려 있다. 내 탁월함, 내가 이 세상에서 하는 모든 일에 훌륭하다는 건 이런 두려움을 달래주는 보험이다.

여러분에 대한 세상의 비전이
여러분의 비전과 항상 일치하지는 않는다

거의 5년간 미시간 주립대학에서 일했는데 모든 게 순조로웠다. CJ와 칼, 나는 어드밴티지를 확장했고 많은 청중을 끌어모았으며 아이들의 삶을 근본적으로 변화시켰다. 학생처는 우리가 하는 모든 일을 전폭적으로 지원했다. 하지만 상황이 바뀌면서 결국 새로운 책임자가 오게 됐는데 작업 방식에 대한 견해가 우리와 달랐다. 불행히도 그녀는 우리가 어드밴티지에서 하는 일을 예전 책임자만큼 좋아하지 않았다. 우리는 전통적인 방식으로 일을 처리하지 않았지만 학생 봉사 활동 방식을 완전히 바꿔놓았기 때문에 운영상의 자유를 얻었다. 이런 일이 종종 일어난다. 새로운 코치가 부임해서 자기 방식대로 팀을 꾸리려고 하거나 새로운 리더가 와서 자기 방식대로 일을 진행시키고 싶어 하는 것이다. 하지만 현실은 이렇다. 어드밴티지는 내가 돈을 받고 운영한 프로그램이 아니었다. 대학이 자금을 지원한 프로그램이 아니었다. 그런데도 매주 캠퍼스 안팎에서 인파가 몰려들었다. 그 프로그램은 피부색과 사회경제적 지위에 상관없이 모든 아이들의 삶에 큰 변화를 가져왔다. 어드밴티지는 단순히 좋은 수준이 아니라 아주 훌륭했다.

우리가 하는 일이 인정받지 못한다는 걸 깨닫자 이제 내 재능을 다른 데에 써야 할 때라고 느꼈다. 이런 상황에서 생기는 긴장감에 대처하다 보니 내가 하려는 의미 있는 일에 쏟아야 할 에너지를 빼앗기곤 했다. 우리 과 책임자인 리 준 박사는 내가 떠나는 걸 원치 않았다. 그는 1년만 기다렸다가 재평가해 달라고 부탁했다. 날 데려오려고 많은 걸 양보해줬고 미시간 주립대학에 처음 도착했을 때 정말 많은 지원을 받았기 때문에 완전히 떠나는 것에 대해 갈등했다. 그래서 1년을 더 기다렸다. 하지만 연말이 되어도 상황이 나아지지 않았다. 결국 떠날 수밖에 없었다.

그 일을 그만두자 이전에 누리지 못했던 자유가 생겼다. 대학에서 보조금이나 일정한 급여를 받지는 못했지만, 다음에 뭘 해야 하는지는 확실히 알게 되었다. 산만한 상황, 서류 작업, 회의에서 해방되면서 다음에 뭘 해야 하는지에 대한 감각을 얻었다. 자발적이든 아니든 위대한 미래를 얻기 위해서 지금의 좋은 상황을 떠나면 자신의 위대함을 실천할 시간이 생긴다. 평범함과 탁월함의 차이를 이해하게 된다. 성공으로부터 뭘 지킬 수 있고 뭘 버려야 하는지 알게 된다. 학교를 떠나자, 마치 트레이드된 선수처럼 지평선 너머에 있는 걸 얻기 위해 노력해야겠다는 목표가 생겼다. 위대한 순간이 날 기다리고 있다는 걸 알 수 있었다. 손을 뻗어 그걸 가져야만 했다.

결국 난 어드밴티지를 지켰다. 그건 지금도 존재하며 그 어느 때보다 인기 있고 다양한 활동을 벌인다. 지금도 매주 월요일 저녁마다 원하는 참석자들을 대상으로 연설을 한다. 그리고 그걸 페이스북과 인스타그램으로 생중계해서 내 행사에 참석하지 못하는 전세계인들에게 보여준다. 지금도 이 프로그램으로 돈을 벌거나 대학의 자금 지원을 받지는 못하지만 여전히 캠퍼스 안에서 진행하며 CJ와 내가 첫 번째 월요 모임을 열었을 때 꿈꾸던 모습 그대로 살아 있다. 우리는 우리의 비전을 타협한 적이 없다.

요컨대 여러분의 비전은 여러분만의 것이다. 다른 사람들이 여러분의 비전이나 목표를 이용해서 자신들의 의제를 강요하도록 내버려 둬서는 안 된다. 계속 자기 비전을 존중하고 다른 사람의 기대를 만족시키는 것은 신중해야 한다. 특히 기업, 정부, 대학, NBA, NCAA 같은 대규모 시스템을 상대할 때 더욱 그렇다. 미국을 건국한 이들은 비전과 꿈이 있었지만 그 꿈을 실현하는 인프라까지 직접 구축한 건 아니다. 그들은 일본인, 아일랜드인, 아프리카인, 라틴아메리카인들이 그들이 구상한 나라를 건설하게 했다. 조심하지 않으면 사람들이 자기 꿈을 이루려고 여러분을 괴롭힐 수도 있다. 언제나 본인의 비전을 잊지 말아야 한다.

힘들이지 않고 위대한 수준에 도달할 수는 없다

디디와 내가 미시간 주립대로 옮긴 뒤, 그녀는 동네에 있는 제7일 안식일 재림교회에 다니기 시작했다. 당시 그 교회의 담당 목사가 해외에 나가서 자리가 비어 있었다. 나는 가끔 자원봉사로 설교를 하곤 했는데 내가 설교할 때마다 교회 통로에 추가로 놓은 좌석까지 꽉 들어찼다. 결국 신도들이 내게 평신도 목사직을 수락하겠느냐고 물었다. 석사 과정을 마치고 미시간 주립대에 취직도 했으니 이제 공식적인 업무를 수행할 때가 된 것 같았다. 난 정착할 준비가 되어 있었다. 싫다고 저항하는 디디를 억지로 북쪽으로 데려온 셈이었지만 그녀도 결국 이곳에서 좋은 직장을 구했다. 아이들은 행복했다. 나는 좋아하는 일을 하면서 훌륭한 직업도 두 가지나 가졌다. 인생은 아름다웠다.

4년 동안 이상적인 형태로 교회에서 일했다. 처음 그곳에 갔을 때는 신도 수가 적었지만 1년 만에 규모가 대폭 늘어나 결국 좌석은 꽉 차고 입석만 남은 상태가 되었다. 하지만 그게 다가 아니었다. 우리는 지역사회에 도움이 되는 일을 했다. 우리는 방과 후 청소년 프로그램을 조직했다. 미시간 주립대학 학생들도 내 설교를 듣기 위해 찾아오기 시작했다. 우리는 다른 신도들과 인연을 맺고 함께 여행을 다녔다. 정신적, 육체적 위기에 처한 신도들을 지원했다. 거의 매주 특별 연사와 음악가들이 와서 강연을 하고 공연을 펼쳤다. 공원에서 함께 저녁을 먹고 바비큐 모임도 했다. 그리고 좌석은 항상 가득찼다. 내가 꿈꾸던 삶의 느낌 그대로였다… 적어도 한동안은.

나는 목사가 되는 걸 포함해 전통적인 방식으로 어떤 일을 해본적이 없다. 예배 시간에는 설교단 상석이 아닌 맨 앞자리에 앉았다. 메시지의 교리보다는 인간적인 측면에 더 초점을 맞춘 나만의 방식대로 이야기를 하고 설교를 했다. 교리에는 아무 문제도 없었지만 그건 내 취향이 아니었다. 나는 경험을 바탕으로 설교했다. 그리고 교회의 변화를 긍정적으로 바라봤다. 사람들에게는 저마다 정서적, 재정적, 교육적 요구 같은 실질적인 요구가 있었고, 우리가 개인적인 차원에서 그들을 도울 수 있다면 그거야말로 교회가 해야 할 일이라고 생각했다. 꼭 우리가 위대한 장소에 있는 듯한 기분이 들었고 그 위대함을 지역사회에 퍼뜨렸다.

신도가 점점 늘면서 다양한 배경을 가진 사람들이 공동체 곳곳에서 찾아왔다. 옛 신도들도 일부 돌아왔다. 그러나 곧 전통적인 신도 일부가 교회에서 일어나고 있는 변화에 적응하는 데 어려움을 겪고 있다는 사실이 분명해졌다. 어떤 이들은 내가 너무 현대적이라고 생각했고, 내 전달 방식이 너무 창의적이라고 생각하는 이들도 있었다. 리더의 위치에 있는 몇몇 고위 신도들이 나 몰래 SDA 교회의 지역 연맹 관계자들에게 편지를 쓰기 시작했다. 결국 그 문제를 조사하기 위해 책임자까지 찾아왔는데 그는 교회가 매우 잘 운영되고 있다고 판단했다. 그는 신도들의 출석률과 참여도 증가에도 주목했지만 그보다 더 중요한 건 회중과 주변 지역사회에 미친 긍정적인 영향이라고 했다.

하지만 안타깝게도 그걸로는 교회의 전통주의자들을 만족시킬 수 없었다. 그들은 보다 전통적이고 구조화된 사역 방식을 유지해야 한다고 단호하게 주장했다. 그래서 지역 연맹 지도자들을 넘어 주 연맹 간부들에게 편지를 보내기 시작했다. 예전부터 시스템, 프로토콜, 전통적인 방법론을 중시하던 그 단체는 나를 해고하라고 지역 행정부에 압력을 가하기 시작했다. 그리고 그건 효과가 있었다. 편지 쓰기 캠페인이 끝나고 얼마 뒤에 목사직에서 해임됐다는 전화를 받았다. 그건 내가 원하던 결말이 아니었으므로 좌절했다. 하지만 당당한 태도로 평화롭게 해결해야겠다고 결심했다. 교회에서 누구와도 갈등을 빚고 싶지 않았다. 나는 긴장 상태도 싫고 논쟁을 벌이는 것도 싫어한다. 그곳 사람들을 사랑했고 하느님이 내게 맡긴 책임을 최선을 다해 감당하고 싶었다.

번창하고 있지만 동시에 옴짝달싹할 수 없는 상황에 처해본 적이 있는가? 누구보다 성공할 수 있지만 동시에 제약이 심해서 자신의 진정한 잠재력을 실현할 수 없는 상황이라니 정말 이상하다. 하지만 가끔 이런 일이 벌어지곤 한다. 그리고 때로는 다음 단계로 올라가기 위해 추진력이 필요하다. 이 순간, 성경에 나오는 요셉 이야기에서 영감을 얻었다. 나처럼 요셉도 역설적인 상황에 처했다. 자기가 저지르지 않은 범죄로 감옥에 갇힌 그는 여전히 리더였으며 자기 일에서 최고가 될 방법을 찾고 있었다. 하느님이 우리를 이상적이지 않은 환경에 보낼 때도 있지만 그 안에서도 여전히 축복을 받을 수 있다. 여전히 좋은 일을 할 수 있다. 나는 불확실하고 실망스러운 상황 속에서도 믿음을 지킨 요셉에게서 영감을 얻었다.

교회에서의 마지막 날, 마지막 설교를 하면서 요셉과 그의 믿음에 대해 얘기했다. 내가 설교를 마치자 디디가 내 손을 잡았고 우리는 잘린, 제이다와 함께 교회 문 쪽으로 걸어갔다. 그리고 나는 아마 당시 그 자리에 있던 많은 사람들이 이해하지 못할 행동을 했다. 교회 문을 나서기 전에 문 앞에 멈춰서 신발 끈을 풀고 신발을 거기 놓아둔 것이다. 그건 내가 좋아하는 부츠였다. 한 신도가 감사의 표시로 내게 준 것이었다.

신발을 두고 온 건 두 가지 이유로 내게 상징적인 제스처였다. 첫째, 내게 그 일은 마치 약혼이나 결혼이 끝났을 때와 비슷한 느낌이었다. 한 사람이 끼고 있던 반지를 빼서 주저하는 손길로 그 반지를 상대방의 손에 쥐어주고 걸어간다. 이건 약속, 그리고 그 약속과 관련된 모든 것이 돌이킬 수 없도록 끝났다는 제스처다. 둘째, 누구나 어두운 시기를 지날 수 있는데 신은 그럴 때도 우리가 알지 못하는 새에 주변 환경을 바꾸기 시작한다는 걸 배웠다. 감옥에서 풀려난 요셉은 파라오 앞에 가기 전에 면도를 하고 옷을 갈아입으라는 말을 들었다. 감옥에 갇혔던 죄수가 다시 세상에 속한 사람이 된 것이다. 우리가 한 시즌에서 다음 시즌으로 전환할 때는 과거와 얽매여 있는 것들을 끊어내야 한다. 이전에 알던 모든 것을 떠나서 깨끗한 상태로 전환해야 한다.

디디와 나는 교회를 잃은 것에 충격을 받았다. 우리는 신도를 늘리고 지역사회에 환원하기 위해 우리가 가진 모든 걸 바쳤다. 우리는 우리가 만든 삶과 함께 진정한 위로와 평화의 장소에 있었다. 하지만 진홍색 좌석과 스테인드글라스 창문, 종이 부채를 손에 든 잘 차려입은 남녀를 뒤로 하고 떠날 때는 우리가 그런 감정적인 결말 속에서 새로운 시작을 만들어가고 있다는 걸 깨닫지 못했다.

그날을 돌이켜보니 이제서야 모든 게 이해가 된다. 내가 설교단에 오르기 전에 성가대가 마빈 샙Marvin Sapp의 "그를 미리 찬양하라Praise Him in Advance"라는 노래를 불렀다. 그때는 이해할 수 없었지만, 나와 가족이 엄청난 충격을 느끼고 있던 그 순간 하느님은 이미 우리를 위한 식탁을 준비하기 시작했다. 당시 교회에는 CJ도 있었다. 나는 깨닫지 못했지만 나중에 그가 말해준 바에 따르면, 교회에 있던 사람들 가운데 절반 이상이 내 뒤를 따라 나왔다는 것이다. 우리가 상쾌한 가을 오후 속으로 걸어 나갈 때, 태양과 바람이 새로운 계절로 들어서는 우리를 환영해주는 동안, 수십 명의 신도가 나와 내 가족 바로 뒤에 있었다. 우리는 가슴속에 고통과 찬양이 뒤섞인 채로 차로 걸어갔다.

그 다음 주에 찰스 애링턴Charles Arrington 박사와 그의 아내 시몬이 우리를 찾아왔다. 우리와 함께 교회에서 걸어 나온 사람들과 함께 자기네 집에서 예배를 드릴 건데 내가 시간이 될 때마다 와서 목사 자격으로 설교를 해줄 수 있느냐고 물었다. 난 그 청을 유보했다. 교단과 더 이상 문제를 일으키고 싶지 않았기 때문이다. 그런데 성경의 한 구절이 떠올랐다. 예수가 베드로에게 "나를 사랑하느냐"고 묻자 베드로는 "물론 사랑합니다"라고 대답했다. 예수가 다시 "날 사랑하느냐?"고 물었다. 베드로는 "네, 방금 말씀드린 것처럼 사랑합니다"라고 대답했다. 예수가 마지막으로 물었다. "날 사랑하느냐?" 베드로가 말했다. "네, 주님, 당신을 사랑합니다." 그러자 예수는 그를 바라보면서 말했다. "네가 나를 사랑한다면 내 양들을 잘 돌보아라."

"

미래의 자신을 위해
현재의 자신을 기꺼이 희생해야 한다.

"

내게 이끌어야 하는 무리가 있고 사람들이 나를 목자로 여기고 있다는 걸 부정할 수 없었다.

교회 밖에서 설교를 시작하자 소문이 났고 결국 내가 블랙리스트에 올랐다는 말을 들었다. 난 오대호 연맹에 속한 교회에 나가지 못하게 되었고, 제7일 안식일 재림파와 관련된 행사나 교회에서 연설하는 걸 금지당했다. 내가 사랑하는 오크우드, 디트로이트 외곽에 있는 내 첫 번째 집인 오크우드조차도 더 이상 내게 연설을 허락하지 않았다.

이게 바로 내가 좋은 걸 버리고 훌륭한 걸 선택했을 때 벌어진 일이다. 내가 선택한 방식은 아니었지만, 내 신앙과 영적인 가정에서 쫓겨났지만, 어떻게 봐도 그건 계속 앞으로 나아갈 수 있는 기회로만 보였다. 대부의 교회에서 강연을 하다가 교회 관계자에게 위협당해 자리를 뜬 뒤에도 종교의 정치를 넘어 더 큰 목적으로 향하는 길 외에는 아무것도 보이지 않았다. 누구도 성경을 독점할 수 없다. 누구도 신을 독점할 수 없다. 누구도 믿음을 독점할 수 없다. 영성은 매우 개인적인 것이므로 그걸 어떻게 실행하라고 강요할 수는 없다. 누구든 간절히 필요한 사람에게 나타날 것이다.

이게 디디와 내가 시작한 '변화의 장소 A Place of Change'라는 사역의 첫 걸음이었다. 우리는 '변화의 장소'를 시작하면서 그걸 교회가 아닌 사역으로 만들겠다고 맹세했다. 전통적인 조직이나 시스템과는 다를 것이라는 걸 알고 있었다. 우리는 신도들에게 받는 것보다 더 많은 걸 주고 싶었다. 처음에는 50~60명 정도와 함께 시작해서 집, 대학교 강의실, 커뮤니티 센터 등 여러 곳에서 예배를 드렸다. 그러다가 결국 버려진 의료 시설을 구입했고 지금은 이 '변화의 장소'에 전 세계에서 온 수천 명이 모인다. 팬데믹 기간에도 신도 수는 계속 증가했고 우리는 매주 디지털 방식으로 모여서 공개적으로 신앙을 실천했다. 어떤 주말에는 50,000명이 기도로 서로 교감하기 위해 우리 채널에 들어온다. 오늘날 우리는 억지로 전진해야 하는 상황에 처하지 않았다면 결코 알지 못했을 진정으로 위대한 장소에 와 있다.

이게 희생을 강요당하고, 미지의 세계에 발을 들여놓고, 불편함을 두렵게 여기는 마음에 맞섰을 때 누릴 수 있는 멋진 결과다. 어려움과 도전의 순간을 계속 앞으로 나아갈 기회로 삼으면 위대함을 향해 열려 있게 된다. 위대함은 안락함이나 편안함에서 오지 않는다. 위대함은 노력 없이는 얻을 수 없다. 위대함은 선에 대한 도전 위에 세워진다.

위대한 것을 위해 좋은 것을 버리는 건 감정적인 문제다

지금이 위대한 걸 얻기 위해 좋은 걸 버려야 할 때라는 걸 어떻게 알 수 있을까? 현재의 상황을 미래의 상황과 맞바꿔야 하는 시점을 어떻게 인지할 수 있는가?

많은 경우, 심각한 감정적 경험을 해야 할 수도 있다. 어쩌면 심각한 감정적 경험을 여러 번 겪어야 할 수도 있다. 뭔가 비극적이거나 심각하거나 감동적인 일이 일어나야 한다. 나도 그냥 어느 날 아침에 일어나서 '이제 움직이자'라고 생각한 게 아니다. 어느 날 갑자기 위대해지길 원한 게 아니다. 내 안의 좋은 것들을 동요시키려면 힘든 상황이 필요했다. 그리고 그런 힘든 상황이 위대한 것을 이끌어냈다.

그 순간에는 지금 자기가 직면한 것이 위대한 걸 얻기 위해 좋은 것을 떠나는 순간이라는 걸 인식하지 못할 수도 있다. 같은 해에 미시간 주립대학과 교회를 떠났을 때 내 인생은 완전히 뒤집혔다. 모든 게 바뀌었다. 그 한가운데에서 다음에 무슨 일이 일어날지 알 수 없었다. 내가 좋은 것에서 위대한 것으로 옮겨가고 있다는 걸 몰랐다. 내가 아는 건 이런 경험이 나를 무너뜨리지는 않을 것이고 이를 극복하는 유일한 방법은 앞으로 나아가는 거라는 사실이었다. 어느 시점에서는 자기 주변에서 일어나는 일을 받아들여야 한다. 그 어려움을 받아들여야 한다. 그리고 집요하게 계속해야 한다.

일단 받아들여야 상황을 명확하게 바라볼 수 있다. 그 경험을 통해 얻고 싶은 걸 의도적으로 정할 수 있다. 나는 목적지를 미리 정하지 않은 상태에서 장거리 달리기를 하는 사람이 아니다. 디디의 다발성 경화증, 교회, 미시간 주립대학과 함께 무너지지 않을 거라고 결심했다. 이런 경험을 바탕으로 더 높이 올라가겠다고 결심했다. 마이크 타이슨Mike Tyson은 "누구나 얻어맞기 전까지는 그럴싸한 계획을 가지고 있다"라는 유명한 말을 했다. 문제는 다시 일어날 것인가다. 위대해지려면 그 대답은 '예'여야 한다. 우리가 무슨 일을 겪든 결국에는 그만한 가치가 있다.

자신의 여정 이야기를 어떻게 쓸 건지 결정하자. 디디가 다발성 경화증에 걸렸을 때 '이게 뭘 의미하는 걸까?' 자문해 봤다. 우리는 그게 우리에게 어떤 영향을 미칠지 결정해야 했다. 가만히 앉아서 진행되는 과정을 기다리기만 하지는 않을 거라고 결심했다. 우리는 그 걸 똑바로 응시하면서 의미를 부여하기로 했다. 그 의미는 우리가 부부로서, 가족으로서, 공동체로서 더 강해지리라는 것이었다. 우리는 그걸 우리 삶을 다음 단계로 끌어올리는 도전으로 삼을 것이라고 다짐했다. 물론 세상이 여러분의 삶에 의미를 부여하게 할 수도 있다. 다른 사람들이 하는 말과 수다에 귀 기울이면서 그걸로 자신을 가득 채울 수도 있다. 아니면 자기만의 언어를 만드는 것도 가능하다. 자신의 이야기와 삶의 단어를 자기가 부여하고 싶은 의미와 정의로 가득 채워보자.

이제 이걸 생각해 보자. 코비 브라이언트는 위대해지고 싶으면 그 것에 집착해야 한다고 말했다. 반복해서 말하지만, 좋은 걸 넘어 훌륭한 수준으로 올라가려면 훌륭하게 해내고 싶은 일이 무엇이든 그것에 집착해야 한다. 그걸 원한다면 좋은 수준으로는 만족하지 못할 것이다. 좋은 수준과 위대한 수준을 가르는 척도를 즉시 알아차리고 단순히 잘하는 수준을 넘어 자기가 도달하고 싶은 수준으로 직관적으로 나아갈 것이다. 예측 가능성과 안정성은 기꺼이 포기해야 한다. 불편한 느낌에 익숙해져야 한다. 훈련의 고통을 감내하는 운동선수처럼 되어야 한다. 경쟁에서 다음 단계에 도달하려면 몸과 마음을 한계까지 밀어붙여야 한다. 자신을 평균 이상으로 끌어올릴 용기가 있어야 한다. 이런 용기를 모아서 위대한 수준을 향해 나아가는 게 여러분의 의무다.

좋은 걸 희생해서 위대한 수준으로 나아갈 때는 현재의 순간을 눈여겨봐야 한다. 자기가 발을 디디고 있는 곳이 어딘지 늘 인식하자.

실제로 그곳에 최고의 여러분이 존재한다. 하지만 끊임없이 발전하고 성장하고 변화하지 않는다면 영원히 같은 자리에 있게 될 것이고, 그러면 결국 그 자리가 사라질 수도 있다.

해야 할 일

1. 지금 여러분 인생에서 좋은 점은 무엇인가? 훌륭한 점은 무엇인가? 그 둘의 차이가 뭐라고 생각하는가?

2. 여러분은 삶의 무엇에 안주하고 있는가? 스스로 만족하는 부분은 무엇인가? 마음에 들긴 하지만 아주 좋아하지 않는 건 무엇인가?

3. 여러분의 발목을 잡는 두려움에 대해 생각해 보자. 당신이 직장, 관계, 사는 도시, 이데올로기에서 벗어나지 못하게 가로막는 건 무엇인가? 그걸 버릴 경우 무엇을 잃을까 봐 두려운가?

과제

여러분 인생에서 좋은 점을 하나 생각해 보자. 그것(직업, 관계, 재능)을 좋은 수준에서 훌륭한 수준으로 끌어올리려면 뭐가 필요한지 상상해 보자. 그 과정은 어떤 모습이고 어떤 기분이 들까? 위대함은 어떤 모습이고 어떤 느낌일까? 훌륭한 곳을 상상한 뒤 그냥 좋은 곳에 남는다면 어떤 기분일까? 좋은 것 그리고 반대로 훌륭한 것에 대해 어떤 감정을 느끼는가? 한쪽에서 다른 쪽으로 이동하면 뭘 잃게 될까? 얻는 건 무엇일까? 이걸 비교해 보자. 힘들고 두려운 상황을 헤쳐 나가는 자신을 상상해 보자. 좋은 일이나 상황을 훌륭한 수준으로 끌어올리기 시작할 수 있는 방법을 단계별로 적어보자.

CHAPTER

9

당신의 인생도
하나의
사업이다

지기가 가진 것으로 시작하면 누구나 사업가가 될 수 있다

맬컴 X나 마틴 루터 킹 주니어의 사업에 대해 얘기하는 사람은 아무도 없다. 아무도 마커스 가비나 휴이 뉴턴이 어떻게 생활비를 댔는지, 누가 그들의 재정 문제를 처리했는지 말해주지 않는다. 나는 소저너 트루스나 프레드릭 더글라스가 집회에서 연설한 뒤 보수를 받았을 거라고는 생각하지 않는다. 내가 생계를 위해 동기부여 연설을 시작했을 때는 세계 최고의 동기부여 연설가가 되는 방법을 알아내기 위해 참고할 수 있는 가이드가 없었다. 동기부여 연설의 세계는 보통 사람들의 세계와 동떨어져 있고 내가 처음 이 분야에 진출했을 때는 나같은 사람이 많지 않았다. 강연 일에 더 깊이 발을 들여놓은 뒤에도 대부분 본능과 충동에 따라 행동했다. 나는 자연스럽게 사역과 봉사의 정신을 지향했다. 몇 년 전까지만 해도 사업 구축과 관련된 내 사전에 선략이라는 단어는 없었다.

난 오랫동안 내 목소리의 금전적인 가치를 깨닫지 못했다. 내가 말하는 방식이 사람들에게 영향을 미치고 군중들을 움직인다는 건 알았다. 내가 감정을 불러일으키고 생각을 야기하는 능력이 있다는 것도 알았다. 하지만 내 목소리와 능력이 금전적 이익의 측면에서 제공하는 기회의 폭이나 범위에 대해서는 몰랐다. 믿기지 않게도 바로 내 몸에 사업 기회가 내재되어 있다는 걸 전혀 몰랐던 것이다. 연사로 참석해 달라는 요청을 받기 시작했을 때는 그런 기회가 생긴 것이 그저 감사하기만 했다. 강연료를 지불하기 시작하자 기뻤지만 그걸 생계 수단으로 생각하지는 않았다. 나 자신의 존재와 그렇게 불가분의 관계에 있는 것을 통해 돈을 벌 수 있다는 생각은 해본 적도 없었다.

CJ는 미시간 주립대에서 처음 만났을 때부터 타고난 사업 감각을 갖고 있는 게 똑똑히 보였다. 그는 자원을 요청하거나 결정을 내리거나 일을 실행하는 걸 두려워하지 않았다. 내가 사람들과 교류하거나 함께 할 방법을 생각하는 동안 CJ는 늘 우리 자료를 발표하거나 프로그램을 확장할 새로운 방법을 고민했다. 2005년에는 어드밴티지를 시작해서 진행하고 있었지만 그 이후에는 어떤 일이 생길지 알 수 없었다. 우리는 그냥 계속해서 추종자들을 만들고 아이들에게 조언을 해주고 지역사회를 위해 일했다.

어느 순간 칼이 등장했다. 그는 어느 날부턴가 어드밴티지를 찾아오기 시작하더니 계속 우리 곁에 머물게 된 조용한 남자다. 바베이도

스에서 태어나 생물학과 미디어를 공부한 칼은 어떤 잡무도 다 처리하고, 어떤 기술이 어떻게 작동하는지 알아내고, 대가를 바라지 않으면서 누구보다 꼼꼼하고 강박적으로 일하는 그런 사람이다. 자원봉사로 여러 가지 일에 기여하면서 오랫동안 우리 주변에 있었던 칼은 결국 우리 팀의 일원이 되었다. CJ와 칼, 내가 한 팀이 됐을 때 별로 거창한 계획은 없었지만 세 사람이 함께 하면 뭔가 큰일을 해낼 수 있을 것 같은 기분이 들었다.

요새는 우리가 맡은 역할을 나는 목소리, CJ는 두뇌, 칼은 손이라고 설명한다. 비행 평가의 측면에서 얘기하자면 난 승무원이다. 난 새로운 사람들과 함께 있는 걸 좋아하고 감정이나 충동에 따라 일한다. CJ는 조종사, 즉 의사결정자이자 실세이며 논리적으로 일한다. 일관성 있게 예측 가능한 일을 하는 보좌역인 칼은 지상 근무원이라고 할 수 있다. 그는 방향과 체계가 정해지고 기대치와 기준점을 바탕으로 일할 때 최고의 성과를 올린다. 처음 뭉쳤을 때는 깨닫지 못했지만, 사업을 운영하는 데 있어 서로 매우 잘 맞았다. 각자 다른 기술과 성격적 특성이 있기 때문에 효과적으로 의사소통만 되면 기름칠이 잘 된 기계처럼 작동한다. 하지만 이건 나중에야 깨달은 사실이기 때문에 처음에는 남들처럼 시행착오를 겪으면서 여러 가지 일을 했다.

CJ가 전문 연사들이 일하는 분야를 조사해보니 금전적으로 성공한 사람이 수십 명이나 되었다. 그는 동기부여 연설을 진정한 전문 직업 경로로 진지하게 생각할 수 있을 뿐만 아니라 그걸 통해 돈을 벌 수 있다는 것도 깨달았다. CJ는 내가 연설을 잘한다는 걸 알고 있었지만 문제는 내가 누군지 아는 사람이 아무도 없다는 것이었다. 여러분의 경우에도 일을 아무리 잘해도 여러분이 누구고 어떻게 연락해야 하는지 아는 사람이 없다면 성공할 수 없다. CJ는 미국에서는 유명인사들이 매우 특별한 존재라는 걸 알았다. 유명인이 되면 어딜 가든 사람들의 주목을 받는다. 하지만 우리는 어딜 가도 사람들이 전혀 알아보지 못했다.

내가 이 일을 하면서 처음 배운 교훈 하나는, 내가 누구고 어디로 향하고 있는지 정확히 말해야만 내가 인식되고 싶은 방식대로 세상이 인식해준다는 것이다. 다른 사람들이 여러분을 그 역할로 인식하게 하려면, 본인부터 그 역할을 하는 자신을 마음속에 그리고 있어야 한다. 나는 항상 나 자신을 '지역사회 활동가'이자 '동기부여 연설가'라고 불렀다. 세상 사람들이 날 이런 식으로 보게 하려면 내가 직접 말해야 했다. 나 자신의 비전을 실행하고 내면화해야 했다. 여러분도 거울 속의 자신을 보면서 나는 예술가다, 나는 의사다, 나는 기업가다, 나는 동기부여 연설가다, 라고 말해야 한다. 물론 어떤 경우에는 그 역할을 실제로 수행하는 데 필요한 학위나 교육을 아직 받지 못했을 수도 있지만, 본인이 그 역할을 하는 모습을 상상하면서 난 그 일을 이루기 위해 필요한 자질이 있다고 스스로에게 말한다면 그 목표를 향해 나아가기 시작할 수 있다.

현재 위치에서
지금 가진 것으로 시작하자

자기 의도를 밝히면, 그 의도와 일치하는 세상의 기회를 더 명확하게 볼 수 있다.

CJ와 칼, 내가 힘을 합쳐 하나의 초점을 향해 노력을 기울이자마자 일이 진행되기 시작하는 걸 볼 수 있었다. 하나의 강연 예약이 다른 예약으로 이어졌다. 구루 동영상이 히트를 쳤다. 그리고 캐롤라이나 팬서스 팀의 토머스 데이비스Thomas Davis가 전화를 걸었다. 그는 몇 년 동안 내 동영상을 보면서 내가 팀에 영감을 줄 수 있겠다고 생각했다. 마이애미 돌핀스 선수 개발 부서의 케일럽 손힐Kaleb Thornhill도 전화를 했다. 디트로이트 라이온스의 라인배커였던 스티븐 툴로치Stephen Tulloch의 연락도 받았다. 그는 대학 때부터 내 동영상을 봤다고 말했다. 그리고 NBA 피스턴스의 코치를 맡고 있던 로렌스 프랭크Lawrence Frank도 전화를 했다.

우리는 몇 년 동안 열심히 일하면서 노력했지만, 성공이 찾아오자 거대한 파도가 우리를 향해 밀려오는 기분이었다. 갑자기 기회에 휩싸이게 되었다.

재미있는 건, 내가 인기를 얻은 뒤에는 어떻게 하겠다는 계획이 없었다는 것이다. 우리는 성공이 어떤 모습일지 몰랐기 때문에 어떻게 준비해야 할지 몰랐다. 그래서 일단 일을 진행하면서 모든 걸 만들어 나갔다. 강연 예약을 위해 전화를 건 사람들은 CJ에게 "계약서를 보내달라"고 말했다. 하지만 우리는 계약을 처리해본 적이 없다. 그래서 CJ는 당시 로스쿨에 다니던 라샤나 파운틴LaShanna Fountain이라는 우리 교회 교인에게 전화를 걸었고, 그녀가 공식적인 서류 작성을 도와줬다. 우리는 웹사이트가 없었고 어떻게 만들어야 하는지도 몰랐다. 그래서 우리 팬인 코트니 레이Courtney Ray라는 사람이 전화를 걸어 무료로 사이트를 만들어주겠다고 자원했을 때 그의 도움을 받았다. 회사 로고도 없어서, 어느 날 아침 CJ가 차에 앉아서 회의가 시작되길 기다리는 동안 명함 뒷면에 로고를 그렸다.

새로운 일이 닥칠 때마다 그걸 하는 방법을 배웠다. 사업은 복잡할 수 있다. 하지만 사실 간단할 수도 있다. 지금 있는 곳에서 자기가 가진 것으로 시작하자. 그리고 여러분은 충분히 많은 걸 가지고 있다. 마틴 루터 킹 주니어는 "계단 전체를 볼 필요 없다. 그냥 첫걸음을 내딛기만 하면 된다"고 말했다. 이것은 인생과 사업을 위한 중요한 교훈이다. 한 걸음이 다음 걸음으로 이어질 것이다. 모든 최신 기술을 잘 다루는 상태에서 시작할 필요는 없다. 많은 예산도 필요 없다. 처음에는 자기가 이용할 수 있는 게 뭔지 확인하고 그걸 사용하면 된다. 그리고 다음 단계까지 밟고 나면 뭐가 됐든 그 다음이 찾아올 것이다.

우리를 성공으로 이끈 중요한 요소 중 하나는 우리의 단편적이고 투박한 사고방식이다. 우리는 엉성한 방법을 써서라도 항상 작업을 완료하려고 노력했다. 이 책을 쓰기 전까지는 출판계와 연줄이 없었고 책을 만드는 방법에 대한 실질적인 아이디어도 전혀 없었지만, 다른 동기부여 강연자들은 모두 책을 냈다는 걸 알고 있었다. 그래서 우리도 직접 책을 썼고, 직접 출판까지 했다. 초판을 찍었을 때는 책을 전부 랜싱에 있는 우리 집으로 보냈다. 배송일에 18륜 트럭이 우리 동네에 와서 책 수천 부를 놓고 갔다. 우리 집 차고는 책으로 가득 차서 디디가 차를 넣을 수 없을 정도였다. 매일 앉아서 수백 권의 책에 서명을 하면서 CJ와 칼이 그걸 포장해서 USPS 정액 요금제로 부쳤다. 행사장에 갈 때는 차에 책을 싣고 가서 트렁크에서 꺼내 바로 팔곤 했다. 그런 식으로 30만 부 이상을 팔았다.

이런 식으로 일을 처리하는 게 언제까지나 효과적일 수는 없지만 원래 기업가 정신은 시행착오를 바탕으로 한다. 그 일이 어떤 건지 알아낸 다음 완수해야 한다. 그리고 어떤 기회가 있는지 알아보기 위해 계속 기저이 영역에 들어가야 한다. 사업에서 성공하려면 일을 통해 배우고, 실험하고, 실험이 실패하면 다시 시도하려는 의지가 있어야 한다. 하지만 실험이 성공하면 그걸 성장 모델로 삼을 수 있다.

구루 동영상도 하나의 실험이었고 그 성과를 이해하기까지 몇 년이 걸렸다. 하지만 일단 이해하고 나자 앞으로 나아갈 방향에 대한 청사진이 생겼다. 그 동영상이 성공한 뒤, CJ는 다른 히트작이 필요하다는 걸 깨달았다. 원 히트 원더로 끝나길 바라는 사람은 없기 때문에 CJ는 내 메시지에서 어떤 부분이 그렇게 성공적이었는지 분석하기 시작했다. 이때쯤에는 벌써 몇 년 동안 내 프레젠테이션을 촬영해 둔 상태였기 때문에 그걸 걸러서 가장 영향력 있는 자료를 찾았다. CJ가 칼에게 그 동영상을 어떻게 자르고 편집해야 하는지 알려주면 칼이 지시대로 작업한 뒤 유튜브에 올려서 세상에 공개했다. 우리는 미디어 팀과 함께 페이스북, 인스타그램, 스냅챗Snapchat, 틱톡TikTok, 그리고 그 이후에 등장한 다른 모든 디지털 플랫폼을 실험해 봤다. 때로는 효과가 있고 때로는 없었다. 하지만 실험은 결국 기적의 영역이기 때문에 언제나 시도해볼 가치가 있다.

그 분야에서 일하는 사람들과 어울리자

CJ가 내 이름을 알리려고 노력하는 동안 칼과 나는 미시간 주립대에서 우리 일을 하고 있었다. CJ의 아내 캔디스는 뉴욕 북부에 있는 직장에 다녔기 때문에 그는 무대 뒤에서 혼자 열심히 일했다. 솔직히 말해서 그때 난 아직까지 사업에 전념하고 있지 않았다. 열심히 일했지만 돈을 버는 일이나 시스템을 만들고 실행하는 방법을 배우는 일에 별로 집중하지 않았다. 연설을 많이 하긴 했지만 실제 전략에 따라 일을 한 건 아니다. 그때까지는 꾸준한 노력을 통해 미래에 대한 실질적인 계획이 없다는 사실을 보완했다. 하지만 댄 길버트Dan Gilbert와 빌 에머슨Bill Emerson과 함께 일하면서부터 눈을 덮고 있던 비늘이 떨어졌다.

기업 강연 훈련을 하도록 도와준 토니가 날 댄과 빌에게 소개시켜 줬고 그들은 곧장 날 자기네 일원으로 받아줬다. 그들은 자기 사무실 맞은편에 있는 사무실을 제공했다. 이는 아마 미시간 주립대 인맥이나 디트로이트 인맥과도 관련이 있을 테지만, 그들이 투자할 가치가 있다고 생각되는 뭔가를 내 안에서 봤기 때문이기도 할 것이다. 그들이 내 탁월함을 알아보고 다음 단계로 올라가도록 돕고 싶었을 거라고 생각한다. 그들은 내게 재능이 있다는 걸 알아차렸고 그걸 발전시키도록 도와야 한다고 느꼈다.

　그게 2012년의 일이다. 당시 디트로이트 시내는 여전히 침체된 상태였다. 몇 가지 새로운 것들이 나타나기 시작했지만 전반적으로 유령 도시처럼 느껴졌다. 댄과 빌은 자신들이 설립한 부동산 회사인 베드록Bedrock를 통해 도시 전역의 부동산을 사들이고 있었다. 우드워드에 있는 그들의 건물은 도시 중심부에 위치해 있고 거대했다. 칼과 내가 처음 그곳에 갔을 때 우리는 어린아이처럼 입을 벌리고 사방을 둘러봤다. 꼭 외계에 온 것 같았다. 모두들 똑같은 옷을 입고, 똑같은 모습을 하고, 똑같은 말을 했다. 그곳에 있는 모두가 회사를 신봉하고 있다는 게 느껴졌다. 모든 방에는 회사의 '이념', 즉 그해에 집중하는 신념과 사명이 새겨진 화려한 벽이 있었다. 그들은 해마다 새로운 이념이 무엇이고 그걸 어떻게 달성할 것인지 개략적으로 설명하는 전술서를 발간했다. 그래픽팀, 미디어팀, 마케팅팀, 그리고 그냥 앉아서 아이디어를 생각해내는 것처럼 보이는 이들이 모인 팀이 있었다.

　어느 날 누군가가 나와 칼을 회의에 불러서 자기들이 개념화하고 있는 아이디어를 들려준 일을 결코 잊지 못할 것이다. 한 무리의 사람들이 모두 신발을 위한 증권거래소를 만드는 일에 대해 얘기하고 있었다. 사람들이 인터넷에 접속해서 테슬라 주식이나 경매에 나온 예술품을 사고파는 것처럼 신발을 사고팔 수 있는 곳이다. 칼과 나는 그들이 미쳤다고 생각했다. 나는 조던을 신는다. 운동화 문화에 대해 무지하지 않다. 하지만 프로젝트에 참여한 아이들이 인터넷에 접속해서 신발을 거래하지는 않을 거라고 생각했다. 그들은 다른 사람처럼 매장에 가서 대기표를 받고 줄을 서서 자기 차례를 기다린다. 그날 밤 칼과 나는 그 사람들이 미쳤다고 생각하면서 머리를 절레절레 흔들며 집으로 향했다.

그 회의는 온라인 마켓플레이스인 스탁엑스StockX를 구상한 자리였다. 나중에 스탁엑스는 10억 달러의 시장 가치가 있다는 평가를 받았다. 진짜 사업이 진행되는 장소를 자주 드나들면 이런 경험도 하게 된다.

댄과 빌의 사무실에 앉아 있으면 꼭 사업 신병 훈련소에 와 있는 것 같았다. 전문 용어를 배우고, 회의가 어떻게 진행되는지 지켜보고, 기업 환경에서 사람들이 어떤 식으로 상호작용하는지도 파악할 수 있었다. 나는 그들이 퀴큰 론즈와 클리블랜드 캐벌리어스를 소유하고 있다고만 생각했다. 하지만 그들은 수십 개의 다른 분야에도 손을 대고 있었고 당시 은행, 스포츠, 부동산, 모기지 등 30여 개의 사업체를 소유한 상태였다. 댄 길버트는 내가 만나본 사람들 가운데 임원 보좌관을 세 명이나 둔 유일한 인물이다. 내가 팀의 고위 구성원들과 회의를 하던 중에 워런 버핏Warren Buffett이 사무실로 찾아온 적도 있다. 카이리 어빙Kyrie Irving, 천시 빌럽스Chauncey Billups, 마크 잭슨Mark Jackson 등 유명인들이 많이 들락거렸다. 우리는 그런 일을 처음 접해봤기 때문에 그냥 앉아서 갖가지 질문을 던지며 지식을 흡수하기만 했다.

내가 이 세상을 엿보면서 얻은 가장 중요한 교훈 중 하나는 최고 위층까지 올라간 흑인이 없다는 것이었다. 결정을 내릴 수 있는 자리까지 올라가려면 해야 할 일이 많다는 걸 배웠다. 내가 그 자리에 오르지는 못하겠지만 우리 흑인들 중 누군가는 가야만 했다. 나는 좌절하기보다는 이 패러다임을 바꿀 수 있다는 전망에 흥분했다. 그 방에 들어가면 또 다른 수준의 자신감과 믿음이 생겼다. 나는 하기로 결심한 일을 하고 있었기 때문에 그 방에 들어갈 수 있었다.

칼과 나는 언제든 원하는 주제에 대해 배울 수 있는 기회를 얻었다. 우리는 둘 다 비즈니스 언어에 익숙하지 않았다. 내게는 열정과 말하는 기술이 있었지만 토니 로빈스Tony Robbins나 지그 지글러 같은 언어와 어휘 실력은 없었다. 첫째, 나는 백인 문화권에서 자라지 않았고 둘째, 경영대학원에 다니지 않았다. 마케팅 약어도 내게는 새로웠다. 우리는 그 큰 사무실에 앉아서 사업가들에게 제2의 천성이 된 문화적 단서와 코드를 익히기 시작했다. 우리는 편집자, 작가, 미술 부서, 미디어 인맥 등 우리가 상상할 수 있는 모든 자원에 접근할 수 있었다. NBA 경기 티켓을 얻어서 플레이오프 때 르브론 바로 뒷자리에 앉기도 했다. 마치 연중무휴로 백스테이지 출입증을 얻은 것 같았다. 댄과 빌과 함께 일한 덕분에 전략을 짜고 팀을 구성하면 어떤 일을 할 수 있는지 알게 됐다.

한편 초반에 우리를 도와준 로스쿨 학생 라샤나를 고용했다. 당시 그녀는 로스쿨을 졸업하고 워싱턴 D.C.의 BET에서 일을 하고 있었다. 애틀랜타 출신인 라샤나는 우리가 사업적인 면에서 생각하지 못했던 많은 공백을 메워줬다. 합법적인 운영과 인사상의 요구를 통합하고 우리 사업을 꾸려나가기 위한 전략을 세우는 데도 도움을 줬다. 오늘날 그녀는 우리 회사 COO로 일하고 있다. 그리고 그녀가 작전을 짜는 동안 CJ는 사업을 수행하는 방법을 배웠다. 칼과 나는 사업에 필요한 어휘와 아이디어를 우리 것으로 만들었지만, CJ는 우리가 제대로 된 사업을 하면서 돈을 벌려면 작품을 만들어서 세상에 내놓는 방법에 더 집중하면서 전략적으로 움직여야 한다는 걸 알았다.

다른 동기부여 연설가들의 사업을 연구하기 시작한 그는 그들이 대부분 유료 모델로 운영한다는 걸 알아냈다. 연사들이 운영하는 웹사이트에 들어가면 무료 콘텐츠(몇 분 분량의 콘텐츠, 단편적인 메시지, 단계별 계획의 시작 부분 등)를 약간 얻을 수 있다. 그리고 그 콘텐츠가 마음에 들면 계속 보기 위해 돈을 내야 한다. 우리 사업은 그런 유료 모델을 활용하지 않았다. 우리는 디지털 시대에 일을 시작했기 때문에 항상 방대한 무료 콘텐츠와 경쟁해 왔다. 우리는 사역 정신 때문에도 그렇지만 청중을 끌어들이기 위해 항상 콘텐츠를 무료로 배포했다. 기성 연사들은 대부분 이미 청중을 확보해둔 상태이기 때문에 돈을 내고 콘텐츠를 보라고 요구할 수 있었다.

CJ는 손익과 전통적인 예측의 관점에서 사업 전략을 수립하지 않았다. 그 역할은 라샤나가 맡았다. 대신 그는 마케팅과 브랜딩에 대한 심오한 직관이 있었기 때문에 일단 내 이름을 세상에 알리기만 하면 수익이 생길 테고 나머지는 차차 알아가면 될 거라고 생각했다. 그는 포춘 500대 기업을 상대로 일을 얻으려고 노력하기보다 우리만의 콘텐츠를 만들어서 그걸 세상에 알리는 데 에너지를 집중하면 결국 그 기업들이 우리를 찾아오리란 걸 알고 있었다. 전화벨이 울리기 시작하자 우리는 자체 행사를 열고 지지자들이 우리에게 원하는 게 뭔지 듣기 시작했다.

우리 사업을 성공시킬 수 있는 요인과 특정 분야에서 돈을 버는 방법에 대한 교육을 받는 것이 다음 단계에 도달하기 위한 필수적인 과정이었다. 우리 삶과 가족, 사업을 유지하려면 사업 수행 방식에 대한 지식을 흡수해야만 했다. 어떤 분야에서는 진짜 교육이 필요하다. 병원에 가 있기만 한다고 해서 의사나 간호사가 될 수는 없다. 병원 일에 참여할 수 있는 허락을 받으려면 그 현장을 잘 알아야 한다. 하지만 내 분야의 경우에는 그냥 이곳에 발을 들이기만 하면 누구나 동기부여 연설자가 될 수 있다. 전문가와 똑같은 수준은 아니겠지만, 여러분이 말하면 어딘가에서 사람들이 들을 것이다. 마찬가지로 누구나 사업을 시작할 수 있다. 누구나 세무서에 가서 사업자 등록을 할수 있다. 그러나 50퍼센트 이상의 기업이 실패하는 이유는 사업주가시간을 충분히 들여서 자기가 해야 할 일을 파악하지 않았기 때문이다. 그들은 자기가 속한 업계를 연구하지 않았다. 자기 기술과 분야에집착하지 않았다.

"

**한 달 또는 1년 뒤에 일어날 일에 대해
생각하지 말자. 눈앞의 24시간에 집중하면서
원하는 지점에 가까이 다가가기 위해
지금 할 수 있는 일을 하자.**

"

무엇을 할 것인지, 그리고 그걸 위해 뭐가 필요한지 알아내는 것부터 시작하자. 농구팀의 경우, 코치는 연습을 시작하기도 전에 뭐가 필요한지 안다. 12명의 선수가 필요하다. 포인트가드, 슈팅가드, 파워 포워드, 스몰포워드, 센터가 필요하다. 그리고 자기들이 공격 중심의 팀인지 아니면 수비 중심의 팀인지 알아내고 이 모델을 기반으로 팀과 전략이 작동하려면 뭘 해야 하는지 파악한다.

내 분야에서는 보통 사람들이 하루를 살아가는 데 필요한 에너지를 공급하고 힘을 실어줘야 한다는 걸 알고 있다. 그리고 그 지식을 배포할 방법이 필요하다는 것도 안다. 즉, 소셜 미디어를 활용할 줄 아는 사람이 필요하다는 얘기다. 촬영과 제작을 잘하는 사람도 필요했다. 이런 세계를 하나로 연결시키기 위해 기술에 정통한 사람도 있어야 했다.

물론 지식만 있다고 해서 사업을 운영할 수 있는 건 아니다. 일해 낼 사람이 필요하다. 실행할 사람이 필요하다. 이럴 때 비행 평가가 도움이 된다. 최고의 팀에는 운영을 주도하는 조종사, 팀의 업무 진행을 이끄는 항공 교통 관제사, 관계가 원활한지 확인하는 승무원, 지원을 제공하는 지상 근무원 등 다양한 성격 유형이 존재한다.

어떻게 하면 괜찮은 팀을 만들 수 있을까? 이를 위해서는 탁월한 운영 감각이 필요하다. 90년대에는 아무도 클리블랜드 캐벌리어스에서 뛰고 싶어 하지 않았다. 그러다가 르브론이 나타났다. 골든스테이트에서 뛰고 싶어 하는 선수도 별로 없었지만 스플래시 브라더스(스테판 커리와 클레이 톰슨)가 나타났다. 사업을 탁월하게 운영하면 사람들이 여러분을 위해 일하고 싶어 한다. 좋은 아이디어는 대부분 그걸 실현하고자 하는 열정을 품은 한 사람에게서 시작되었다. 열정은 매력적이고 사람들을 여러분 편으로 이끈다.

좋은 사람들을 끌어들인다는 것은 곧 자기 일에서 성공한 사람들을 주변에 둔다는 얘기이기도 하다. 어떤 분야에서 일하든, 직업적인 삶에 열정적이고 수익성이 높은 이들에게서는 교훈을 얻을 수 있다. 새로운 사람과 새로운 환경에 있기만 해도 새로운 사고방식, 새로운 단어, 삶과 일에 대한 새로운 관점을 접하게 될 것이다. 그들이 여러분의 특정한 관심사와 별로 관련이 없더라도 이곳과 세계 다른 지역에 사는 사람들의 생각을 알면 여러분의 사고방식과 사업 방식을 형성하는 데 도움이 된다. 세계에서 가장 성공한 사람들이 누구와 어울리는지 보라. 그들은 다른 성공한 사람들과 어울린다. 예술가 살롱, 싱크탱크, 전문가 협회는 해당 분야의 사람들이 지식과 새로운 아이디어를 공유하기 위해 있는 것이다. 자기 분야에 대해 자세히 알아보자. 가장 성공한 이들이 어디에서 시간을 보내고 무얼 공부하는지 알아보자. 콘퍼런스 또는 강연회의 참석하거나 그 분야의 리더가 쓴 책을 읽자. 관련 자료와 배우거나 본받고 싶은 사람들을 주위에 두자.

자신의 실제 가치를 알자

강연 일로 돈을 벌기 시작했을 때, 그 의미를 어떻게 받아들여야 할지 잘 몰랐다. 이런 기회와 보상을 얻을 수 있다는 사실만으로도 벅 찼다. 돈을 받을 수 있다는 것 자체가 너무 감사해서 액수에 대해서는 깊이 생각하지 않았다. 난 그냥 주는 대로 받았다. 학교가 강연료로 800달러를 주면 내 요금은 800달러였다. 그들이 강연료를 1,500달 러로 인상하면 내 요금은 1,500달러가 됐다. 강연을 하고 돈을 받는 다는 건 교회와 학교에서 목사와 상담가로 보낸 세월에 비해 큰 변화 였다. 하지만 자기 계발서 작가이자 동기부여 연설가인 밥 프록터Bob Proctor와 만나면서 나와 내 실제 가치에 대한 생각이 바뀌었다.

2012년에 마케팅 회사인 버브Verve와 일하기 시작했다. 그들과의 계약 조건은 꽤 괜찮았다. 1년에 강연을 14번 하고 140,000달러를 받 기로 했다. 그들은 140,000달러짜리 수표를 건네줄 뿐만 아니라 나 와 내 가족을 일등석에 태워주고 호텔 스위트룸에 묵게 하고 일하는 동안 쓴 경비도 대줬다. 바다 근처에 가면 바다가 보이는 방에 묵었 다. 도시에 있으면 스카이라인이 보이는 방을 구해줬다. 캐딜락이 우 리를 데리러 오고 방에 들어가면 항상 좋은 선물이 우리를 기다리고 있었다. 나는 그런 사치를 경험해 본 적이 없었다. 그때까지 겪은 다 른 일들과 비교하면서, 내가 해냈다고 생각했다.

이런 강연 중 하나에 참석해서 무대 뒤에 서 있을 때 밥 프록터가 다가왔다. 그는 단도직입적으로 "강연료를 얼마나 청구하느냐"고 물 었다. 나는 회사들이 주는 대로 받는다고 말했다. 그는 그런 방법은 좋지 않다면서 자기는 강연 1회당 20,000달러를 청구한다고 말했다. 어쨌든 난 그렇게 들었다. 그리고 깜짝 놀랐다.

내가 태어난 곳에서는 아무도 그렇게 많은 돈을 벌지 못한다. 우리 부모님은 아마 은퇴할 무렵의 연봉이 7~8만 달러쯤 될 것이다. 내가 단 네 차례의 강연으로 그 정도의 돈을 벌 수 있다고 생각하니 미친 소리처럼 들렸다. 심지어 의사나 변호사로 일하는 친구들도 그만큼 벌지는 못한다. 기업들에서 강연 요청이 왔을 때 CJ가 우리의 새로운 요금을 알려줬고 우리는 그 돈을 받기 시작했다. 나는 그 회사들이 내게 그 정도의 돈을 기꺼이 지불한다는 사실에 놀랐다. 내심 밥 프록터는 백인이니까 그 정도 액수를 받을 수 있는 거라고 생각했는데, 내가 똑같은 액수를 청구해도 그들은 받아들였다.

서너 달 뒤에 한 콘퍼런스에서 밥과 다시 마주쳤다. 그는 날 옆으로 데려가더니 일이 어떻게 되고 있느냐고 물었다. 나는 그의 조언에 감사하면서 강연당 20,000달러를 요구하라는 그의 제안을 받아들였다고 말했다. 그러자 그는 이렇게 말했다. "20,000달러를 청구하라고 말한 적 없는데요. 20,000달러 이상 청구하라고 했잖아요." 나는 그 숫자에 너무 집중한 나머지 그가 무슨 말을 하는지 제대로 듣지 못했다. 그가 실제로 한 말은 강연 보수에는 한도가 없다는 것이었다. 정말 충격적이었다. 전에는 그런 정보를 자진해서 알려준 사람이 없었다. 그건 내게 완전히 새로운 세상을 열어줬다.

이게 바로 위대함을 끌어들이는 방법이다. 훌륭한 사람처럼 행동하고 말하고 그렇게 보이기 시작하면(훌륭해지고 싶다는 생각을 머릿속에 주입하면) 훌륭한 것들을 끌어들이기 시작할 수 있다. 밥 프록터가 다가와서 중요한 얘기를 해주는 환경에 들어서게 된다. 위대함에 대한 집착이 진짜가 되면(표면적이거나 외적인 욕망에 관한 게 아닐 때) 자기와 같은 사고방식이나 직업윤리를 공유하는 사람들을 만나게 된다. 자기 같은 사람을 끌어들이는 것이다. 훌륭한 깃들을 끌어들이려면 훌륭한 태도가 필요하다.

전에는 감사하는 마음으로 내 가치에 대해 생각했다. 그 자리에 있는 것만으로도 행복했다. 내 분야에서 나보다 재능이 없는 백인들이 나보다 많은 돈을 번다는 사실을 몰랐던 건 아니다. 항상 알고 있었다. 다만 상대가 어떤 요금을 제시하든 거절할 입장이 아니라는 걸 알고 있었을 뿐이다. 미국에는 서열이 있다. 그리고 흑인들은 기업 세계에서 수표를 쓰는 사람들이 아니다. 심지어 NFL과 함께 일하기 시작했을 때도 선수들은 자기 팀을 위해 강연을 해달라면서 사비를 들여 날 초빙했다. 난 백인 남자들이 거액을 받고 하는 일을 공짜로 하고 있다는 걸 알았다. 하지만 한편으로는 돈을 내는 사람이 누구든, 라커룸에 들어가서 프로 선수들 앞에서 강연을 하면 그 나름의 방식대로 보상을 받게 되리라는 걸 알고 있었다. 결국 난 신뢰를 얻었고 내 가치에 맞는 보수를 받았다.

우리의 남다른 부분에 가치가 내재되어 있는 경우도 많다. 나 같은 경우 강연장에 들어가면 나와 같은 배경 출신의 사람들이 있기 때문에 그들은 내게 친밀감을 느낀다. 양복을 입은 백인 연설가는 라커룸에 들어가 선수들과 얘기를 나눠도 나와 같은 공감을 이끌어낼 수 없다. 기업 코치가 내가 다니던 학교에서 강연을 하면 아이들의 관심을 끌 수 없다. 나는 그 선수나 아이들과 같은 동네에서 자랐고 같은

성공은
할인되지 않는다.
위대함은
세일하지 않는다.
위대함을 반값으로
살 수는 없다.

학교에 다녔다. 나는 갱단의 폭력에 지배당하는 도시에서 자랐다. 감옥에 삼촌과 사촌들이 있다. 친아버지도 없이 자랐다. 그 삶이 어떤지 안다. 랭스턴 휴즈Langston Hughes의 말처럼 인생은 수정 계단이 아니다. 많은 청중들이 보기에 난 친숙한 외모와 친숙한 말투를 가졌고, 그렇지 않더라도 우리에겐 공통점이 있다. 우리는 힘든 시간을 보낸 취약한 인간이다. 그리고 힘든 시간을 보낸 사람들끼리는 만나면 서로를 알아본다. 나는 그 사람을 알아보고, 그 사람도 날 알아본다.

계속 발전하려면 자신의 다양한 기술과 기술 수준을 본인의 가치에 비추어 지속적으로 재평가해야 한다. 여러분이 자기를 소중히 여기지 않는다면 아무도 여러분을 소중히 여기지 않을 것이다. 여러분이 일하는 업계의 요율을 자세히 알아보자. 각 요율에 도달하거나 초과하는 데 필요한 게 뭔지 파악한다. 기준을 고수하면서 그 기준에 도달했는지 평가한다. 자신의 가치를 알면 그만큼의 돈을 청구해야 한다. 아직 가치가 충족되지 않았다는 걸 안다면, 충족되지 않은 가치를 그 일의 이점이나 비용과 비교해 보자. 인맥, 인센티브, 성장 기회 같은 장점이 비용을 초과한다면 일 자체의 경험을 통해 손실된 금전적 가치를 보충할 수 있다. 비용이 이런 이점보다 큰 경우에는 자신의 가치에 대한 믿음을 굳건히 유지해야 한다.

물론 모든 기회를 돈으로 따질 수 있는 건 아니다. 때로는 기회가 무형의 가치와 함께 찾아오기도 한다. 내가 퀴큰 론즈에서 처음 연설을 할 때는 적정 요금보다 훨씬 적은 돈을 받았다. 회사가 나를 직접 고용한 게 아니라 내가 꼭 와서 연설해 주기를 바랐던 직원이 날 불렸기 때문이다. 그래도 내가 그쪽 업계에 발을 들여놓을 기회라는 걸 알았기 때문에 강연 요청을 받아들였다. 나는 지금의 위치에 오르기까지 무료로 많은 일을 했고, 지금도 거의 날마다 무상으로 일한다. 이를 통해 내 가치를 높이고 목적을 실천하는 습관을 유지할 수 있다. 내가 매일 아침 일어나는 이유는 돈을 벌기 위해서가 아니라 내 목적을 실천하기 위해서다.

> "
> ## 여러분이 하는 일을 무상으로 할 수 있기 전까지는 성공한 게 아니다.
> "

균형감을 유지하자

NBA와 NFL에서 이름이 알려지자 유명인사들이 내게 연락을 하기 시작했다. 퍼프 대디, 타이리스 깁슨Tyrese Gibson, 레지 부시Reggie Bush 등이 미시간 주립대로 전화를 걸었다. 퍼프 대디가 내가 있는 대학교 사무실로 전화를 건다는 것은 곧 내가 성공했다는 뜻이다. 영화 촬영장에도 들르고 전용기를 타고 캘리포니아에 가서 즐겁게 지내자는 제안도 받았지만, 그런 삶을 누린 적은 한 번도 없다. 난 항상 내 일에 집중해야 한다고 믿어왔다. 물론 그런 초대를 받았을 때는 매우 으쓱했고 잔뜩 흥분해서 이제 내가 그 정도 수준의 사람이 됐다고 느끼기도 했다. 하지만 이미 성공을 거둔 백만장자들과 함께 휴식 시간을 보낼 필요는 없다. 나는 아직 성공하려고 노력하는 중이다. 나만의 삶을 만들려고 노력하는 도중에 굳이 그 삶이 어떤 모습인지 볼 필요는 없다.

경제적으로 성공하기 시작하면 균형감을 유지해야 한다. 가장 내밀한 자아의 목소리에 귀 기울이고, 자신의 동기에 충실하며, 진행 상황과 목표를 꾸준히 평가하고, 힘을 키우는 등의 작업을 우선시한다면 성공은 곧 축복이 된다. 본인에 대해서 잘 모르거나 자신의 동기와 목적, 그리고 돈 이외에 원하는 게 뭔지를 시간을 들여 고민하지 않는다면 부가 복잡한 문제를 일으킬 수도 있다.

내가 함께 일하는 많은 운동선수들은 프로 생활을 처음 시작할 때부터 엄청난 액수의 급여를 받는다. 갑자기 필요 이상으로 많은 돈이 생기고, 얼굴에 계속 조명이 비치고, 미디어에서는 그들의 패션과 트윗, 사교 생활을 감시한다. 이들 대부분은 이제 막 어른의 마음과 감정을 갖게 된 어린아이들이다. 일반적인 청소년도 이런 변화에 대처하려면 어려움을 겪는데, 여기에 돈과 명성이 더해지면 어떻게 될까? 균형감을 유지하기가 쉽지 않다.

운동선수로 자란 이들의 목표는 단 하나, 프로 리그에 진출하는 것이다. 하지만 일단 리그에 진출한 뒤에는 부와 명성을 관리하는 방법을 알려주는 이가 거의 없다. 어느 리그든 진출하고 나면 자신을 하나의 사업체로 생각해야 한다. 즉, 성공을 유지하려면 성공 안에서 균형을 찾아야 한다는 얘기다. 나는 리그에서 뛰는 선수들에게 다음과 같은 관점을 제시한다. 여러분에게는 유효 기간이 있다. 지금 열여덟, 열아홉, 스물, 스물한 살인 여러분의 경력은 아마 서른다섯 살 전에 끝날 것이다. 그러면 리그를 떠난 뒤 여러분의 인생은 어떤 모습일까?

성공 이후의 인생은
사업가처럼 생각해야 한다

성공을 경험해도 거기서 여정이 끝나는 게 아니다. 자기가 달성한 성공을 보호하기 위해 틀림없이 처음부터 더 많은 전략이 필요할 것이다. 아이러니한 일이지만 성공 이후의 삶은 어려울 수 있다. 목표로 한 일을 이룬 뒤에 어떻게 계속 발전할 것인가?

첫째, 가장 중요한 건 자기가 왜 성공을 위해 노력하기 시작했는지 기억해야 한다. 이는 자신의 목적과 동기에 다시 집중해야 한다는 뜻이다. 일정한 수준에 올랐다고 해서 목적이 사라지거나 삶의 이유가 사라지는 건 아니다. 그건 지속적인 발전의 원동력이다. 성공했다고 해서 목적이나 동기를 잊을 수는 없다. 성공에 취해 초점을 벗어나면 안 된다.

내게 성공은 돈과 안정, 그리고 능력 검증만을 뜻하는 게 아니다. 성공은 자아실현과도 관련이 있다. 성공한 운동선수나 CEO를 코칭할 때면 에이브러햄 매슬로Abraham Maslow의 욕구 단계를 활용한다. 그의 계층 구조에서는 주거지나 음식 같은 생리학적 요구를 맨 아래에 둔다. 그 다음이 안전에 대한 욕구이고, 그 다음이 애정과 소속감, 그 다음이 존중, 그리고 마지막으로 맨 위가 자아실현이다. 대부분의 운동선수들은 피라미드의 아래쪽 두 계층은 획득한 상태다. 스포츠는 사회에서 높은 평가를 받고 프로 운동선수가 되면 유명인의 지위를 얻을 수 있지만, 운동선수들도 시간 관리, 인정받고 사랑받는 느낌, 자신감 획득 등의 측면에서 일반적인 직업을 가진 사람들과 같은 어려움을 겪고 있다. 운동선수와 관련된 두 가지 주요 문제는 돈이 많다 보니 남들 눈에는 안정된 생활을 하는 것처럼 보인다는 것이다. 그래서 자아실현의 환상이 생겨날 수 있다. 하지만 프로 리그에 진출하고 최대한 오랫동안 리그에 머무는 데만 집중하다 보면 욕구의 계층을 올라가 지적인 기능까지 이르지 못하게 될 수도 있다.

리그에서 활약하는 시간이 끝나면 정신세계와 현실 사이의 단절이 가시화된다. 프로 스포츠계를 떠난 뒤 정해진 일정에 따르거나 몸을 최상의 상태로 유지하는 데 집중할 필요가 없어진 선수들이 방황하는 이야기가 끝없이 들려온다. 마약, 빚, 이혼은 이 이야기의 공통된 소재다. 직업이 뭐든 간에 자기 '리그'에서 성공한 사람들에게는 드물지 않은 일이다. 성공과 부의 최상위 단계에 도달했는데 자아실현을 이루지 못하면 균형감과 목적이 위험에 처할 수 있다.

자아실현과 관련해 내가 가장 좋아하는 사례 중 하나는 내 친구 제말 킹의 사례다. 요즘 제말은 '9시부터 5시까지 근무하는 백만장자'라는 별명으로 통한다. 시카고 출신인 제말은 1980년대에 매우 재능 있는 운동선수로 성장했다. NFL에 스카우트되었지만 웨스턴 일리노이 대학교 3학년 때 심한 부상을 당해서 선수 경력이 끝나고 말았다. 제말은 그 상황에서 선택할 수 있는 가장 논리적인 직업으로 눈을 돌렸다. 경찰이 된 것이다. 시카고 경찰국에서 일하는 건 그의 가업이었다. 그의 어머니, 아버지, 형제자매들 모두 시카고에서 법을 집행하고 있다. 친구들이 NFL에 드래프트되는 모습을 지켜보는 건 괴로웠지만 그는 자기가 뒤처지지 않으리라는 걸 알았다. 제말은 몇 년 동안 힘들게 노력했다. 그와 아내는 돈을 모았고 결국 부동산을 조금 샀다. 그리고 나중에 좀 더 샀다. 제말은 시카고 경찰국에서 상근직으로 일하면서 백만장자가 되었다. 그러나 금전적인 성공과 안정을 이룬 뒤에도 그는 멈추지 않았다. 그는 자기가 일하는 동네에 어린이집을 열었다. 그리고 주변 학교 학생들에게 부동산 거래의 기초를 가르쳐서 그들이 자기 동네를 다시 사들이고 이웃을 돌볼 수 있게 했다. 현재 제말은 시카고의 백만장자 거리에 사는데, 1세기 전만 해도 그와 같은 흑인은 감히 살 엄두도 내지 못했을 곳이다. 이제 그는 성공했을 뿐만 아니라 자아실현까지 이루었다. 그에게는 동기가 있고, 목표를 이루기 위한 경로도 있다.

"

여러분에게는 유효 기간이 있다.

"

오늘날 우리는 자기 몸을 이용해 일시적인 경력을 쌓은 많은 운동선수들의 사례를 볼 수 있다. 르브론 제임스, 드웨인 웨이드Dwyane Wade, 크리스 폴 같은 사람들은 역사상 가장 위대한 선수 범주에 들 만한 경력을 쌓았지만, 그들은 자신의 운동 능력이 인간으로서의 발전에 유일한 요인이 되도록 하지 않았다.

큰 성공을 거두는 순간에도 자신의 동기를 되새겨야 한다. 이런 순간은 목적에 집중하면서 자신의 현실적이고 진정한 부분을 향해 계속 나아갈 수 있게 해준다. 팬, 미디어, 반대론자 등 외부 세계에 너무 귀를 기울이면 자기 내면의 말을 듣거나 목표를 확인할 수 없다.

앞서 이 길을 걸은 사람에게 배우자

2012년부터 NFL 팀들을 상대로 꾸준히 강연을 했다. 연락해 오는 기업들도 점점 늘어서 항상 기적의 영역에 있는 듯했다. 그러다가 레스 브라운에게 전화를 받았다.

연설계에서 레스 브라운은 전설이다. 우리 업계에서 그는 역대급 인물이다. 현대의 동기부여 연설계에서 진짜로 성공을 거둔 최초의 아프리카계 미국인인 레스는 사업가이자 전문 구루로 존경받고 있다. 레스와 그의 쌍둥이 형제는 마이애미 리버티 시티의 버려진 건물에서 태어났다. 그는 백인 가정에서 가정부로 일하는 마미 브라운이라는 여성에게 입양되었는데, 그녀는 남은 음식과 물려받은 옷을 가져오곤 했다. 레스는 5학년 때 '교육 가능한 정신 지체아'로 판정되어 다시 4학년으로 내려갔다. 나는 레스만큼 상황이 나빴던 적은 없지만 그의 이야기에 공감할 수 있었고 그를 알지도 못하면서 친밀감을 느꼈다.

그의 전화를 받고 '좋았어, 바로 이거야. 한번 가보자고'라고 생각했던 게 기억난다. 레스의 만나보고 싶다는 말을 듣고 사흘 뒤에 칼과 함께 올랜도에 갔다. 우리는 그 지역에 볼일이 있는 것처럼 행동했고, 그곳에 8시간 정도만 있을 예정이면서도 그와의 만남을 위해 멋진 호텔 방을 얻었다. 레스가 도착하기를 기다리는 동안 마치 졸업 무도회를 위해 옷을 차려입고 문 앞에서 데이드 상대를 기다리는 듯한 기분이 들었다. 잔뜩 긴장했다. 마침내 도착한 그는 레스 브라운과 꼭 닮은 모습이었다. 어떤 사람을 TV나 사진으로 보고 난 뒤에는 그게 그의 진짜 모습인지 알 수 없지만, 우리 눈앞에 진짜 레스 브라운이 와 있었다. 그는 들어와서 우리 둘을 껴안은 뒤 일할 준비를 했다. 나는 카메라 앞에서 약 30분간 그를 인터뷰했다. 우리는 동기를 찾고(그의 동기는 어머니를 돌보고 그를 자랑스럽게 여기도록 하는 것이라고 했다), 자기가 원하는 걸 알아내고, 그걸 세상에 알리고, 매일 아침 일어나 그 목표를 추구하는 것에 대해 얘기했다. 레스와 대화를 나누는 건 오랜 꿈이 이루어진 것이다.

카메라가 꺼지자, 레스는 날 바라보면서 충고해줄 말이 있다고 했다. 아주 솔직하게 말해서 나는 세계 최고가 되는 데 필요한 자질을 갖추고 있지만 그 수준에 도달하기 위해서는 더 노력해야 하는 게 있다고 했다.

첫째, 나의 남다른 부분을 소중히 여기라고 했다. 비교는 행복과 기쁨을 훔쳐가는 도둑이다. 레스는 미국에서 흑인으로 살아온 경험이 날 다른 수준으로 이끌 것이라고 확신했다. 단순히 내 이야기를 들어줄 흑인 사업가들이 있기 때문이 아니라 우리의 역사와 문화, 세계관이 많은 이들의 투쟁과 관련이 있기 때문이다. 사람들이 자기도 성공할 수 있다는 걸 알려면 내 성공 여정에 대해서 들어야 했다. 레스는 오른손잡이들이 많이 뛰는 경기에 왼손잡이 투수가 출전하면 장점이 있는 것처럼 백인들이 많은 업계에서는 흑인이라는 게 오히려 장점이 될 수도 있다고 안심시켰다. 그는 내가 그런 이점을 마음놓고 즐겨야 한다고 말했다.

둘째, 내 금전적인 가치를 평가해야 한다고 말했다. 강연료로 얼마를 청구하느냐고 묻기에 사실대로 대답했다. 밥 프록터의 조언을 받아들인 뒤임에도 불구하고 레스는 내가 여전히 나를 과소평가하고 있다고 했다. "국내에서는 50,000달러, 해외에서는 100,000달러를 청구해야 한다"는 게 그의 의견이었다. 그 말에 입이 떡 벌어졌다. 그는 그게 공정한 가격이라고 장담하면서, 내가 이 업계에 완전히 독특한 새바람을 몰고 왔기 때문에 내가 생각하는 것보다 가치가 높다고 말했다. 그의 말은 "내가 나를 소중히 하지 않으면 아무도 나를 소중하게 여기지 않는다"라는 그 저변에 깔린 생각을 강화했다. 사람들에게 내가 얼마나 가치 있는 존재인지 얘기하는 건 내게 달려있다.

나는 그의 조언을 전부 이해했다. 그날 레스와 공동 서명을 한 듯한 기분을 느꼈다. 레스는 이 분야의 원조 대세이고 나는 그날 우리 공동체에서 누구보다 멀리까지 진출한 사람에게 성화를 넘겨받는 입장이었다. 그가 내 일을 긍정하고 세상 누구도 이해할 수 없는 수준에서 나를 검증해주자, 내 일을 추구하는 데 필요한 열정이 샘솟았다.

나는 다시 일을 하러 갔다.

아웃사이더의 입장을 받아들이자

초기에 자기계발 분야에 깊이 빠져들기 시작하면서 내가 동기부여 연설 업계에서 일하고 싶다는 걸 깨닫고는, 과거와 현재를 통틀어 그 분야의 거장들이 누구인지 조사해봤다. 그 당시에는 얼 나이팅게일Earl Nightingale, 지그 지글러, 브라이언 트레이시Brian Tracy, 웨인 다이어Wayne Dyer, 밥 프록터, 짐 론Jim Rohn, 스티븐 코비Stephen Covey, 레스 브라운 등이 유명했는데 레스를 제외한 전원이 백인 남성이었다. 외부에서 바라보니 그 업계에 진출하는 것 자체가 불가능한 일처럼 보였다.

내 말솜씨가 늘고 발전하는 동안 힙합도 성장 발전하고 있었다. 1989년에 오크우드에 입학했을 무렵에는 힙합이 주요 장르로 뿌리내리고 있었다. 지금 같은 주류의 위치는 아니었을지 모르지만 흑인 사회에서는 그게 전부였다. 힙합은 전에는 한 번도 들어본 적이 없는 방식으로 우리 문화의 이야기를 들려줬다. 그건 백인의 경험을 넘어서는 또 다른 관점을 세계에 제시했다. 비슷한 시기에 흑인 TV도 인기를 끌기 시작했다. 내가 자랄 때 본 TV 프로그램에는 주로 백인 문화권에 사는 백인 캐릭터들이 등장했다. 그러다가 코스비Cosby 가족이 등장하고 「프레시 프린스Fresh Prince」와 「마틴Martin」 같은 프로그램까지 나온 걸 보면, 세상을 바라보는 다른 방식에 대한 갈망이 존재했던 게 분명하다.

이 모든 상황을 보고 또 동기부여 연설 업계가 얼마나 1차원적인지 확인하고 나자 내가 그 안에 들어갈 공간이 있을 거라는 생각이 들었다. 당시 대부분의 연사들은 사업에 관심이 있는 사람들을 대상으로 기업 차원의 강연을 하고 있었다. 일반인의 수준에서 개인적, 직업적인 발전에 대해 얘기하는 사람은 아무도 없었다. 내가 본 바에 따르면 사업 부문은 규모가 크고 아직 개발되지 않은 거대한 잠재 고객이 있었다. 기업을 대상으로 일하는 백인 연사들은 디트로이트의 이스트 사이드나 시카고의 웨스트 및 사우스 사이드에 가지 않을 것이다. 그들은 인디애나주 게리나 앨라배마주 헌츠빌에도 가지 않을 것이다. 소년원이나 도시의 학교에 들르는 일도 없다. 흑인들은 그런 사상에 노출된 적이 없기 때문에 나는 그때까지 다른 사람들이 하지 않았던 방식으로 일할 기회를 찾았다.

자기가 그 분야의 어디에 적합한지 알아내고자 할 때는 먼저 자기가 적합하지 않은 부분부터 살펴봐야 한다. 레스 브라운과 얘기를 나누는 과정에서, 내가 어울리지 않는 이유가 나 자신을 차별화하는 방식 때문이라는 걸 깨달았다. 자기 분야에서 일하는 모든 사람과 자신을 비교해보고, 그 방법을 통해 어디에서 차이가 나는지 알아보자. 여러분의 분야에는 뭐가 부족하고, 어떻게 그 분야에 발을 들여서 빈 곳을 채울 수 있을까? 자신과 시간을 보내면서 그게 뭘 의미하는지 알아내야 할 수도 있다. 다른 사람의 말은 그만 듣고 자기 말에 귀를 기울이자. 내면으로 들어가 고요한 상태에서 자기가 하고 싶은 말에 귀를 기울여야 할지도 모른다. 자신의 목소리를 알기 위해 다른 목소리를 차단해야 할 수도 있다. 자신의 차이점을 알게 되면 그것에 의지하면서 자기 일의 전면에 내세울 수 있다.

여러분의 차별점이 여러분을 가치 있는 존재로 만든다. 이론적으로만 가치가 있는 게 아니라 말 그대로 가치가 있다. 그리고 일단 자신의 차별점을 알게 되면 그때부터 자기 가치를 최대한 발휘하는 건 전적으로 본인 책임이다. 자기 가치에 합당한 걸 얻고 싶으면 목소리를 높여야 한다. 자신의 가치를 반영할 수 있는 방식을 이용해서 조직적으로 표현해야 한다. 이건 옷 입는 방식을 뜻하는 게 아니다(내 경험상 옷차림과 아무 관련도 없다고 자신있게 말할 수 있다). 하지만 사업 수행 방식에 있어서는 대단히 중요한 문제다.

물론 내면을 들여다보는 게 두려울 수도 있다. 자신의 차이를 인정하거나 거기에 속하지 않는다는 기분을 느끼는 것도 마찬가지다. 또 자신의 가치를 직시하면서 더 가치 있고 탁월한 사람이 되려면 뭘 해야 하는지 묻는 것도 무서울 수 있다. 하지만 장담하는데, 이 과정을 통해 자신에 대한 새로운 감각을 얻게 될 것이다. 나도 이런 작업을 하면서 내면을 들여다봤을 때 내가 남들에게 뭘 줄 수 있는지 보았다. 난 에너지를 가져온다. 투명성을 가져온다. 반성을 가져온다. 나는 내 취약점이나 문제에 관해 얘기하는 걸 두려워하지 않는다. 내가 어디에서 왔는지 세상에 알리는 걸 두려워하지 않는다. 나는 부를 추구하는 곳에 오기 전에 치유를 추구하는 곳에서 왔다. 물론 아웃사이더가 되는 데 대한 두려움이나 받아들여지지 않는 것에 대한 두려움에 직면해야 할 수도 있다. 그건 인종 문제가 아니라 인간이라면 누구나 느끼는 감정이다. 우리는 모두 긍정적인 반응을 얻고 싶어 한다. 남들이 나를 중요시해주길 바란다. 공동체의 일원이 되기를 바란다. 하지만 두려움 때문에 진정한 자신이 되는 걸 주저해서는 안 된다. 두려움 때문에 해야 할 일을 못하게 되어서는 안 된다. 위대해지려면 기꺼이 위험을 감수해야 한다.

우리는 진정한 자신이 되어야 할 의무가 있다

2009년에 밥 프록터와 강연료를 얼마나 받아야 하는지 얘기한 후, 아직 20,000달러를 요구할 만한 수준이 됐다고는 생각되지 않지만 그래도 CJ에게 강연료를 더 높게 부르기 시작하라고 했다. CJ가 처음으로 10,000달러를 요구한 곳은 내게 공식 행사에서 연설을 해 줄 수 있겠느냐고 문의한 회사였다. CJ가 강연료를 제시하자 담당자가 회사에 확인해 보겠다고 했다. 다음날 그녀는 CJ에게 다시 전화를 걸어 10,000달러의 강연료를 승인받았다고 했다. CEO가 내건 유일한 조건은 내가 행사장에서 정장을 입어야 한다는 것뿐이었다. CJ가 내게 전화를 걸어 일이 잘 풀렸다고 말한 걸 결코 잊지 못할 것이다.

내가 할 일은 정장을 입는 것뿐이었다.

하지만 그때 내가 딱 잘라 말했던 게 기억난다. "정장? 난 정장을 입지 않아." 솔직히 말해서 CJ가 그런 제안을 받아들였다는 것에 조금 충격을 받았다. 나는 담당자에게 다시 전화를 걸어서 그렇게는 못 하겠다는 말을 전하라고 했다. 하지만 CJ는 해야 한다고 강력하게 주장했다. 그는 우리가 기업 강연 일을 맡으려고 아주 오랫동안 노력했는데 마침내 일거리가 생겼고 결국 요구하는 강연료까지 받게 됐으니 큰 성공을 거둔 것 아니냐고 생각했다. 또 당시 우리는 잘하고 있었지만 결코 풍족한 상황은 아니었다. 회사 상황은 괜찮았지만 10,000달러를 거절할 수 있는 위치는 아니었다. 하지만 내 입장은 변함없었다. 나는 그에게 "정장을 입어야 한다면 강연을 할 수 없다"는 메시지를 전하라고 했다. 그는 며칠을 기다렸다가 내가 마음이 바뀌었는지 확인하기 위해 다시 전화를 걸었다.

나는 그에게 분명하게 말했다. "CJ, 이건 우리가 만든 브랜드야. 모자와 티셔츠와 운동화 차림으로 말이야. 이게 우리가 세상에 우릴 내보이는 방식이야. 그리고 돈 때문에 그걸 바꿀 수는 없어. 이게 나라고." 나는 내가 그럴 자격이 있다고 생각했다. 그때는 벌써 20년이나 그 일을 하고 있는 상황이었다. 너무 오랫동안 규칙을 지켜왔기 때문에 더 이상 타협하고 싶지 않았다. 시간, 장소, 프레젠테이션 내용 등은 기꺼이 타협할 수 있지만 내 외모는 아니다. 나는 이 나라에서 자라면서 우리 민족이 너무 오랫동안 타협해 왔다고 느꼈다. 시스템에서 시키는 대로 A, B, C를 했는데 아직도 보상을 받을 수 없다고? 이제 D, E, F까지 하라는 건가? 나는 그들의 지시에 따라 탭댄스를 추는 데 지쳤을 뿐이다. 솔직히 말해서 정장과 넥타이가 그렇게 중요하다면 나는 그 자리에 어울리는 연사가 아니다. 그들은 예의에 집중하는지 몰라도 나는 결과에 집중한다.

솔직히 말하면, CJ의 입장도 이해가 갔다. 그는 20대였고 나처럼 남들이 가보지 않은 길을 많이 경험한 적도 없다. 오늘 그에게 당시 얘기를 하자, 그는 그때 상처받고 좌절했으며 내가 미쳤다고 생각했다고 털어놨다. 하지만 나는 가장 나다운 모습에 충실해야 한다는 걸 알고 있었다. 진정한 내 모습을 보여줄 의무가 있었다. CJ는 우리가 금전적인 면에서 이익을 올려야 한다고 생각했지만 내 방식에 대해 설명하자 이해했다.

CJ는 담당자에게 다시 전화를 걸어서 모자와 운동화는 협상이 불가능하다고 말했다. 그녀는 우리가 옷을 바꿔 입는 문제 때문에 10,000달러짜리 기회를 거절한다는 사실에 충격을 받았다. 나도 같은 생각이었다. 겨우 의상 문제 때문에 나를 거부한다고?

몇 달 뒤, CJ는 다른 회사에서 연락을 받았다. 그는 담당자에게 10,000달러보다 높은 금액을 불렀고, 담당자는 승인을 받을 수 있을지 회사에 알아보겠다고 했다. 다음날, 그녀는 CJ에게 다시 전화를 걸어 강연료는 승인을 받았는데 한 가지 확인할 게 있다고 말했다. CJ는 아무래도 내 모자와 운동화에 대해 얘기할 것 같은 느낌이 들어서 대화를 나눌 준비를 했다. 수화기 건너편의 여성은 이렇게 말했다. "그냥 확실히 해두고 싶어서요. 그가 평소처럼 모자와 운동화를 신고 와줄 수 있을까요? 동영상을 보니까 늘 그런 차림을 하고 있던데요."

마침내 자유를 얻었다. 그 승리감이 얼마나 뿌듯했는지 말로는 다 표현할 수가 없다. 처음에는 내 진정한 모습을 지키려는 노력이 골칫거리였지만 결국에는 자산이 되었다. 이제 사람들은 내가 기업 강연을 할 때 사무복 같은 카키색 바지와 파란색 버튼다운 셔츠와 로퍼 차림으로 나타날 거라고 기대하지 않는다. 내가 학생들이 입는 교복 차림으로 학교에 나타나리라고 기대하지도 않는다. NFL 선수들은 내가 자기들처럼 유니폼을 입고 패드를 착용하고 라커룸에 나타날 것이라고 기대하지 않는다. 그들이 날 연사로 초빙하는 이유는 내가 그들이 아니기 때문이다. 내가 나이기 때문에 와서 연설해 달라고 하는 것이다.

물론 그냥 티셔츠와 신발처럼 보일 수도 있지만 거기에는 나름의 이유가 있다. 나는 나답게 옷을 입을 때 편하다. 나답게 옷을 입어야 기분이 좋다. 나답게 옷을 입어야 나처럼 느껴진다. 나는 교회나 파티에 갈 때도 이런 옷을 입는다. 명절이나 졸업식 때도 이렇게 입는다. 돈을 많이 준다고 해서 이렇게 기분도 좋아지고 진짜 나답게 느껴지는 옷을 다른 걸로 바꾼다면, 그게 나에 대해 뭘 말해줄까? 돈만 주면 자신의 본질을 기꺼이 바꿀 사람으로 보일 것이다. 나는 할 수 있는 한 가장 나다울 의무가 있다.

세상은 여러분을 괴롭혀서 순응하게 할 것이다. 세상은 여러분이 특정한 이념을 따르거나 주류에 동화되어야 한다고 느끼게 할 것이다. 하지만 여러분은 자기 자신에게 충실해야 할 의무가 있다. 여러분은 여러분일 때 가장 힘이 세다. 나는 나일 때 가장 힘이 세다. 여러분은 여러분 자신이 되어야 할 의무가 있다. 나는 나 자신이 되어야 할 의무가 있다.

　나는 내 출신지 때문에 힙합 전도사 ET라는 별명으로 불린다. 내가 자란 방식, 내가 겪은 경험, 그 모든 게 나를 형성했고 다른 모든 이들과 다르게 만들었다. 난 힙합을 들으며 자랐고, LL 쿨 J, 런 DMC, UTFO, 팻 보이즈Fat Boys의 패션에 영향을 받았다. 나는 모자, 운동복, 청바지를 입고 다녔다. 그래서 지금과 같은 옷차림에 정착하게 된 것이다. 또 자라면서 들은 모든 음악에서 언어적인 단서를 얻었다. 모타운과 가스펠, 퀸 라티파Queen Latifah, 솔트 앤 페파Salt-N-Pepa, 로린 힐Lauryn Hill, 샤데이Sade. 그리고 주위를 둘러보니 그게 나한테 이점으로 작용한다는 걸 알 수 있었다. 기존 연사들의 환경에서 내가 주목한 건 메시지가 얼마나 학구적으로 들리는가였다. 전세계 인구의 80퍼센트가 4년제 학위를 가지고 있지 않은 상황에서 왜 전세계 청중들에게 호소하기 위해 학문적인 언어를 사용해야 하는 걸까? 하지만 음악은 보편적인 언어라는 걸 이해했다. 누구나 음악을 듣고 싶어 한다. 휘트니나 아레사 같은 사람들은 교회에서 노래를 부르며 자랐고, 사람들은 노래에 어떤 메시지가 담겼든 상관없이 그들의 노래를 들을 것이다. 그래서 내 프레젠테이션을 힙합 음악을 듣는 것처럼 구성하면 어떨까 생각했다. 이야기꾼인 비기Biggie를 차용했다. 시인인 투팍을 차용했다. LL의 열정도 빌려왔다. 솔트 앤 페파의 애티튜드, 퍼블릭 에너미Public Enemy가 보여준 흑인의 자부심, 로린 힐의 풍부한 감정, 유행을 선도하는 런 DMC의 모든 것도 빌려왔다. 그리고 이 모든 걸 내가 가장 존경하는 연사들(마틴 루터 킹 주니어와 맬컴 X)의 연설을 들으며 배운 내용과 융합시켰고 덕분에 누구와도 다른 내가 될 수 있었다. 나는 힙합 전도사 ET가 되었다. 동기부여 연설을 대중문화의 일부로 만들었다. 뉴욕 래퍼들이 힙합을 보편화한 것처럼, 나는 아이들이 동기부여 연설에 관심을 갖게 이끌었다. 나중에 CJ와 칼, 나는 믹스테이프와 앨범을 제작했고 힙합 아티스트처럼 내 메시지를 비트에 담아서 발표했다.

> "
> # 나는 나일 때 가장 힘이 세다.
> "

아니나 다를까, 나를 이해하고 내 경험에 공감할 수 있다고 느끼는 젊은 흑인 남성부터 시작해서 추종자들이 모이기 시작했다. 그들은 내게서 그들 자신의 모습을 보았다. 힙합이 주류가 되고 밀레니얼 세대가 등장하자 그들도 나를 찾아냈다. 그들이 미국 경제계의 먹이사슬에서 지위가 올라가기 시작하자 백인 사업가들도 내게 연락을 했다. 그리고 가장 재미있는 일이 일어났다. 내 추종자들이 바뀐 것이다. 이제는 흑인들만큼 많은 백인이 나를 따른다. 난 말 그대로 힙합의 물결을 타고 지금 이 순간에 이르렀다. 그게 내가 가장 잘 아는 세계이기 때문이다. 그것이 내 세계관과 언어를 형성했다. 그것이 나를 만들었다. 그리고 날 업계의 다른 모든 이들과 다르게 만들었다.

내가 성공했다고 말할 수 있는 건 항상 약자이자 아웃사이더 같은 기분을 느끼기 때문이다. 이제는 돈과 안정적인 지위, 전 세계의 지지자를 보유하고 있지만 여전히 내면의 분노를 떨쳐버릴 수 없다. CJ는 내가 마치 다들 내 먹이를 노린다고 생각하면서 그걸 지키고 있는 동네에서 가장 작은 강아지 같다고 말한다. 지금은 '성공한' 상태지만 가진 걸 다 잃거나 내가 왔던 곳으로 다시 돌아가야 할지도 모른다는 기분이 영영 사라지지 않는다.

나한테는 이 기분이 연료 같은 구실을 한다. 하나의 이점이기도 하다. 아웃사이더에게는 이점이 있다. 우선 다른 사람이 보지 못하는 관점에서 시스템을 바라볼 수 있다. 따라서 시스템의 결함과 약점을 감지할 수 있다. 기업들이 자사 문제를 해결하기 위해 외부 기업을 끌어들이는 이유는 외부인이 새롭고 신선한 관점을 제공할 수 있기 때문이다. 그들은 내부인 같은 편견 없이 질문을 하고 관찰을 할 수 있다. 아웃사이더와 약자는 끊임없이 굶주린다는 이점이 있다. 배가 고프다는 건 만족하지 못했다는 뜻이다. 만족하지 못하면 현실에 안주할 수 없다. 현실에 안주하지 않는다면 계속 발전하면서 앞으로 나아가야 할 이유가 있다.

"

아웃사이더에게는 이점이 있다.

"

여러분은 사업가다

CJ와 라샤나는 사업을 할 때 두려움이 없다. 그들은 상대방의 눈을 똑바로 바라보면서 예, 아니오, 그리고 가격을 말할 것이다. CJ는 문으로 들어오는 모든 사람을 조사하며, 진정성 테스트를 통과하지 못한 사람은 우리 곁에 머물 수 없다. 그는 사람들의 의도와 노력하려는 의지를 감지해내는 놀라운 능력을 가지고 있다. 그리고 그는 상대방에 대한 의견을 직접 말하거나 사업상 중요한 결정을 내리는 걸 두려워하지 않는다.

반면 칼과 나는 사업과 관련된 일을 보고 같은 반응을 보인다. 우리는 CJ와는 다른 방향으로 걷는다. 토머스 데이비스, 조 듀마스Joe Dumars, 로렌스 프랭크, 디트로이트 피스턴스, 마이애미 돌핀스, 앨라배마 대학교 같은 거물과 팀들이 연락을 해오기 시작하자 우리는 압도당했다. 프로 구단의 라커룸, 호텔, 펜트하우스에 초대받기 시작한 건 정말 초현실적인 일이었다. 그런 곳에 들어가서 차려져 있는 진수성찬과 장비, 작전회의 중인 모습을 보자 꿈속을 헤매는 듯한 기분이 들었다. 우리는 이런 엘리트 집단과 함께 이런 신성한 공간에 있게 되리라고는 상상도 못했다. 완전히 새로운 세상이었다. 그리고 그곳에서 진행되는 일은 내가 참여하기에 너무 거대하게 느껴졌다. 난 항상 내 일의 심리적이고 지적인 측면에만 집중하기 때문에 나를 사업가라고 생각해 본 적이 없다. 경력을 쌓는 내내 엄격하게 사역의 관점에서만 나를 바라봤다.

이건 철학적인 의미에서 하는 말이다. 당시 교회 목사였지만 난 학생, 교사, 청중, 가족, 운동선수, 팀 등 모든 사람을 보살피는 데 집중했다. 내 재능을 나눠주는 데 너무 집중한 나머지 그 재능을 이용해서 이익을 얻을 기회를 놓쳤다. 나는 돈은 사악하고 탐욕이나 허영심과 밀접하게 연관되었다고 생각했다. 기독교 신앙과 블루칼라 사고방식이 깊이 내재된 사람인 나는 돈을 미덕이 아닌 악덕으로 여겼다.

사업 문제는 항상 CJ가 처리했기 때문에 난 평소에 사업을 걱정할 필요가 없었다. 그는 그 길을 따라 계속 전진하면서 지식과 전략을 채워나갔고, 자신감 있는 결정과 단호한 행동으로 배를 조종했다. 나는 나 자신을 그와 같은 관점에서 바라보지 않았고 CJ가 사업을 잘 돌본다는 사실을 알고 있었기 때문에 계속해서 사역의 길에만 머물렀다. 그러나 어느 순간이 되자 내가 귀중한 지식과 기술을 내 것으로 만들지 못했다는 사실을 인정해야만 했다.

나는 사업가로서의 내 능력에 소극적이었다. 내심 부를 특정한 방식으로민 생각했다. 아프리카계 미국인 사회에서 자라는 동안 부자를 노예 소유주라고 여기거나 그들과 동일시했다. 우리 흑인들이 건설하고 노역한 철도, 목화, 사탕수수, 산업과 토지에서 나오는 돈을 보면 그걸 건설한 자본주의 체제의 일부가 되고 싶다는 생각이 이상하게 느껴질 수 있다. 나는 부를 나쁜 것과 연관지으며 자랐다. 성경에서는 항상 부자와 가난한 사람을 양분한다. 부자가 천국에 가는 건 낙타가 바늘구멍을 통과하는 것보다 어렵다.

오랫동안 그걸 한 가지 관점에서만 바라봤다. 내 재능을 좋은 일에 사용해야 하는데 좋은 일이란 곧 베풂을 의미한다. 하지만 내 재능을 이용해서 이익을 얻으면 더 큰 수준의 선행을 할 수 있는 능력이 생긴다는 걸 깨닫지 못했다. CJ는 내가 아이들을 학교에 보내고, 청소년 스포츠 프로그램에 장비를 기부하고, 음악 프로그램을 위한 악기를 사고, 소외된 청소년을 위한 여름 캠프를 개최하는 등 세상에서 더 좋은 일을 하고 싶으면 그런 기부를 뒷받침할 수 있는 돈을 벌어야 한다고 말했다. 사업을 할 수 있는 내 잠재력에 소극적이었던 탓에 사역을 발전시킬 기회를 놓치고 있었다.

돌이켜보면 나는 그동안 내 역할을 연설가와 활동가로만 한정해 왔다. 내 경력의 특정한 측면만 개발하도록 자신을 제한한 것이다. 그동안 칼과 CJ와 함께 여행을 다니거나 테레사 수녀 같은 행동을 하는 등 내 삶이 인류애적인 부분에만 푹 빠져서 자신을 사업가로 여기지 않았다. 사역에만 집중하면서 열정을 불태우겠다는 발상은 매력적이지만, 더 큰 사람이 되어 더 많이 벌고 더 많이 나누려면 패러다임을 바꿔야 했다.

물론 성경에는 부자가 천국에 가는 건 어렵다고 나와 있지만, 나는 부자가 된다는 것의 의미를 재정의하는 걸 목표로 삼았다. 기독교인 사업가가 된다는 게 뭘 의미하는지 정의하는 것을 목표로 삼았다. 나는 경쟁심 강하고 공격적이고 요구가 많고 부유한 사람이면서 동시에 믿음 깊은 사역자가 될 수 있다.

당시 우리가 설립한 스쿨 데이즈School Days라는 재단을 통해 1년에 아이들 두세 명을 대학에 진학시키고 있었다. 50명의 아이들을 대학에 보내려면 돈을 더 많이 벌어야 했다. 괜찮은 공동체 교회가 있었지만 진짜 교회와 글로벌 사역을 원한다면 돈을 더 벌어야 했다. 저축한 돈이 꽤 있었지만 아이들에게 물려줄 유산을 늘리려면 더 많은 돈을 벌어야 했다. 나는 사업가가 되어야 했다.

하지만 더 괜찮은 사업가가 되는 데 필요한 가장 중요한 교훈은 내 동기에 다시 집중했을 때 찾아왔다. 디디가 병에 걸리자 단순히 청중들을 상대로 강연하는 데만 의존하지 않는 계획을 세울 필요가 있음을 깨달았다. 끊임없이 여기저기 돌아다니는 게 아니라 아내를 돌보는 데 더 많은 시간을 쏟을 수 있는 계획이 필요했다. 디디가 어느때보다 안전하다고 느끼면서 안심할 수 있는 계획이 필요했다. 내 목표를 다시 생각해 보니 사업가가 되는 게 가장 자연스러운 해결책이었다. 이제 돈은 악덕한 존재가 아니라 일종의 보장이 되었다.

현재 디디는 과거 어느 때보다 건강하다. 물론 우리는 모든 시간을 함께 보낸다. 그녀는 가능할 때는 여행도 다니고 우리는 1년의 반은 기후 조건이 그녀의 건강에 좋은 캘리포니아에 산다. 공동체는 우리를 열렬히 지지하면서 가장 필요할 때 우리를 보살펴줬다. 디디도 여전히 이런저런 일을 하고 있다. 그녀는 일하지 않고 쉬는 법을 모른다. 그리고 우리는 그 어느 때보다 안전하다. 아무 문제도 없다.

여러분의 재능이 곧 여러분의 사업이다

기업이나 브랜드를 생각할 때는 제품이나 서비스를 먼저 본다. 자동차. 지갑. 샴푸 등. 그러나 이런 제품과 서비스의 이면을 살펴보면 그 이전에 헨리 포드Henry Ford, 루이 비통Louis Vuitton, 존슨 앤드 존슨Johnson & Johnson 같은 사람들이 먼저 존재했다. 사업은 정신과 비전의 물리적 표현이다. 어떤 기업을 보면 주차장, 건물, 책상, 엘리베이터 등이 보이겠지만 이 모든 것은 누군가의 생각과 꿈이 실현된 것이다.

마음을 사업 모드로 전환한다는 건 자기 자신을 하나의 사업으로 생각한다는 얘기다.

나 자신을 사역자라고 생각하는 동안에는 내 재능을 이용해서 제품이나 서비스를 만들 수 있을 거라고 생각해본 적이 없다. 물론 어떤 면에서는 요긴하긴 했다. 내 재능을 나눠주면서 엄청난 양의 무형의 가치를 얻었고 그걸 가장 필요한 사람들에게 제공했다. 하지만 내 재능을 가장 필요한 이들에게 계속 나눠주고 내 비전과 영향력을 키우려면 판매 가능한 가치가 있는 제품과 서비스를 만들겠다는 사고방식으로 전환해야 했다. 여러분에게 비전이 있다면 판매 가능한 제품을 가지고 있는 것이고, 판매 가능한 제품이 있으면 이미 사업에 발을 디딘 것이다.

"

마음을 사업 모드로 전환한다는 건 자기 자신을 하나의 사업으로 생각한다는 얘기다.

"

내가 사람들이 보고 싶어 하는 콘텐츠를 만들고 있다는 걸 깨달았을 때, 내 지혜를 통해 이익을 얻으려는 기업들에게 이 콘텐츠를 팔 수 있겠다는 생각이 들었다. 말 그대로 내 철학과 아이디어를 듣고 싶어 하는 이들에게 그걸 파는 것이다. 내 시간과 영향력도 팔 수 있다. 여러분이 들고 있는 이 책은 나의 철학, 사상, 시간, 영향력을 물리적으로 표현한 것이다. 내가 나 자신을 단순한 목소리나 연설가 이상으로 바라볼 수 있도록 마음을 바꾸자 스스로를 사업가로 여기게 되었고, 현재 내 회사는 내 능력과 철학을 바탕으로 조직되어 있다. 브레스 유니버시티Breathe University는 자신을 이해하려고 애쓰는 기업과 사람들을 위해 커뮤니티와 프로그램을 제공한다. 게임 체인저Game Changer는 초보 연설가들을 훈련시키고 연설을 직업으로 삼는 방법을 체계적으로 알려준다. 메이크 리얼 이스테이트 리얼Make Real Estate Real과 레거시 리빙Legacy Living은 사람들이 세대를 이어가는 부의 중요성을 이해하도록 도와주고 부는 단순히 돈과 재산 소유만 뜻하는 게 아니라는 걸 알려준다. 그리고 물론 비행 평가를 실시할 수 있게 도와주는 익스트림 이그제큐션Extreme Execution도 있다. 나 자신을 사업가로 여기기 시작하지 않았다면, 내 아이디어를 이용해 다양한 요구를 가진 사람들에게 다양한 서비스를 제공하는 회사들을 설립할 수 있다는 걸 몰랐을 것이다.

노동자 계급 가정에서 성장한 우리는 자신을 사업가로 여기면서 자라지 않는다. 자신을 노동자로 여긴다. 다른 사람을 위해 일하는 것에서 자신의 가치를 찾는다. 노동자 계급일 때는 자신의 젊음(20대와

30대, 그리고 그 이후의 시간까지)을 다른 사람이 운영하는 회사에 바치겠다고 결심한다. 자신의 에너지와 힘을 다른 사람의 비전을 위해서 쓴다. 자신의 타고난 재능을 다른 사람의 이익을 늘리는 일에 쓴다. 다른 사람이 비전이나 목표를 달성하도록 돕는 건 잘못된 일이 아니다. 그게 본인의 비전과 목표 달성을 방해하지만 않는다는 말이다. 하지만 아무 경계 없이 자신을 내어주다 보면, 자기가 원하는 게 뭔지 명확하지 않은 상태에서 그렇게 하게 된다.

자신을 하나의 사업으로 보는 방향으로 생각을 전환했다면, 이제 현실적으로 생각해야 한다. 사업에서 자신의 위치가 어디쯤이라고 생각하는가? 어떤 업계인가? 구체석으로 자신의 재능이 무엇이고 누가 그걸 통해서 이익을 얻을 수 있는가? 여러분의 제품은 무엇인가? 그 제품은 어느 시장에 속해 있는가?

기본적인 사항을 파악했으면 공부를 해야 한다. 내 경우에는 사람들에게 자원을 요청했다. 내가 이 일을 하는 동안에는 내내 사람들이 날 찾아와서 자기들에게 필요한 걸(인맥, 내 시간, 메시지 등) 부탁했다. 하지만 내가 사업가처럼 생각하기 시작하자 지금까지 쌓아온 그런 관계와 인맥을 좀 다르게 활용해야겠다는 생각이 들었다. 이제 지금껏 내가 도와준 사람들에게 그 대가로 도움을 요청할 수 있는 충분한 사회적, 자선적 자본을 보유하게 되었다.

해야 할 일

1. 어떤 사업을 하고 싶은가? 그 사업에 종사하거나 시작할 때 어떤 어려움이 있는가? 그 사업에 종사하는 것의 장점은 무엇인가? 사업 구축을 시작하기 위해 보유하고 있는 자원은 무엇인가?

2. 현장에서 자기가 할 수 있는 역할을 생각해 보자. 여러분은 그 사업에 무엇을 제공하는가? 여러분의 재능은 그 분야에 어떤 이득을 안겨주는? 자기가 그 분야에 얼마나 적합하다고 생각하는가? 반대로, 얼마나 적합하지 않은가? 아웃사이더로서 어떤 관점을 제공할 수 있는가?

3. 사업을 시작할 준비가 되지 않은 경우, 혹은 준비가 되었더라도 자기보다 먼저 그 길을 간 사람에 대해 알아보는 게 중요하다. 살아있거나 역사적인 멘토를 찾아보자. 자기 분야에서 누구를 존경하는가? 그들은 어디에서 출발했는가? 그들은 무엇을 읽고, 공부하고, 보았는가? 그들의 멘토는 누구였는가? 그들은 위대한 수준에 이르기 위해 어떤 길을 걸었는가?

과제

여러분은 무엇이 되고 싶은가? 의사, 작가, 생물학자, 코치? 거울에 비친 자기 모습을 보고 그 직업명을 불러보자. 그게 자신에게 어떤 의미인지 정의하자. 그 역할이 여러분의 인생 사업에 어떻게 어울리는가? 그 사업에서 하는 일과 어떻게 어울리는가? 그것이 지닌 유형

및 무형의 가치를 쭉 적어보자. 이제 자기가 일하는 분야를 보라. 사람들이 어떤 일을 하고 있고 중복되는 부분은 어디인지 조사해야 한다. 이제 무엇이 빠졌는지 보자. 그 분야에서 공백이 있는 부분은 어디인가? 외부인의 관점에서 바라보자. 현재 그 분야에서 찾아볼 수 없는 것과 자신의 재능을 이용해 기여할 수 있는 부분의 목록을 만든다. 여러분 분야의 혁신가였던 이들, 여러분보다 먼저 세상에 이름을 떨친 사람들의 명단을 작성한다. 그들이 이룬 변화를 나열하고, 자신을 그 명단에 집어넣은 다음 어떻게 판도를 바꿀 계획인지 적는다.

CHAPTER

10

당신은
스스로에게
빛을 지고 있다

아무도 당신에게 빚진 게 없다
하지만 당신은 자신에게 모든 걸
빚지고 있다

여러분은 무엇을 원하는가? 원하는 걸 얻으려면 자기가 뭘 원하는지 알아야 한다. 원하는 게 뭔지 모른다면 아무거나 가져가게 될 것이다. 하지만 자기가 뭘 원하는지 알면 그보다 작은 것에는 절대 만족하지 못할 것이다. 자기가 원하는 게 뭔지 깨달으면, 매일 일어나 깨어있는 나머지 삶을 그걸 추구하면서 보내야 할 의무가 있다.

자신에게 물어보자. 여러분이 자신의 삶에서 원하는 건 무엇인가? 자기 직업에서는 뭘 원하는가? 친구들과의 우정에서는 뭘 원하는가? 자기 삶이 어떤 모습이었으면 좋겠는가? 여러분은 이 질문에 대답할 책임이 있는 유일한 사람이고, 자기가 원하는 걸 얻을 책임이 있는 유일한 사람이다.

모든 것의 중심에 있는 여러분이 곧 여러분의 슈퍼파워다. 여러분의 재능이다. 여러분의 목적이다. 여러분의 동기다. 그런 것들이 존재하는 유일한 이유가 바로 여러분 때문이다. 여러분의 꿈은 여러분만의 꿈이다. 자기 자신 외에는 아무도 그 꿈을 실현하지 못한다. 아무도 여러분을 행복하게 해주거나 성취감을 안겨주거나 자아를 실현시켜 줄 의무가 없다. 여러분에게 빚을 진 사람은 여러분 자신뿐이다.

나는 이런 생각을 하면 위안이 된다. 이건 내 미래를 책임져 줄 사람이 아무도 없다는 뜻이다. 누구도 내 행복을 책임질 수 없다. 누구도 내 안정이나 성공, 영적 성취를 보장할 책임이 없다. 이 모든 일에 책임이 있는 사람은 나뿐이다.

너 자신을 알라

모든 것은 자신을 아는 데서부터 시작된다. 자신을 알면 원하는 게 뭔지도 알게 된다. 자기 자신을 알면 자기가 무엇을 위해 노력하고 있는지 알게 된다. 자신을 알면 자기가 어디로 향하고 있고 거기에 도달하기 위해 뭘 해야 하는지 정확히 알 수 있다.

가장 성공한 기업을 보면 성명서나 강령, 가치 목록 같은 게 있다. 이런 기업들도 하나의 비전에서 시작되었다. 여러분의 가치는 여러분의 정체성이다. 정체성이 없으면 자기 삶을 통제하거나 꿈꾸는 삶을 살기가 어렵다. 다른 사람의 정체성과 사명감에 휘말리기 쉽다. 정체성과 가치관을 가진 사람들이 자기가 중요하게 여기는 일을 하라며 여러분을 괴롭힐 것이다. 자존감과 자기애가 강한 이들 가운데 가치관이나 정체성이 없는 사람은 거의 없다. 가장 용감하고 가장 자신만만한 사람은 자기 자신을 아주 잘 안다. 이들에게는 확실한 정신적 지주가 있기 때문에 남에게 조종당하지 않는다.

우리는 모두 사랑하는 이들을 돌보고 일을 하고 공동체를 돕는 등 인생의 의무가 있다. 그러나 자신을 잘 모른다면 의무 자체에서 길을 잃을 수 있다. 자기가 원하는 걸 잊어버리고 다른 사람들이 여러분에게 원하는 것에 얽매일 수 있다. 나는 다른 사람의 시선을 너무 신경 쓴 나머지 그들을 행복하게 해주거나 그들의 요구를 충족시키느라 자기 일생을 다 바치고도 그 사실을 깨닫지 못하는 어른들을 안다. 자기가 누군지 모르면 다른 사람들이 그들의 가치관과 가치 체계를 자신에게 심어주길 기대하게 된다. 자기 삶을 어떻게 살아야 할지 알려주는 청사진을 다른 사람이 만들어주길 기대하는 것이다.

실제로는 자기만의 가치관, 자기만의 원칙, 자기만의 협상 불가능한 것이 있어야 한다. 자기만의 청사진을 만들어야 하는 의무가 있다. 그렇다면 어떻게 해야 할까?

자기가 믿는 것의 목록을 만들자. 신만을 뜻하는 건 아니지만 그것도 포함될 수 있다. 자기가 진실이라고 믿는 것은 뭐든 다 괜찮다. 나는 신을 믿는다. 내 가족을 믿는다. 내 교회를 믿는다. 내 공동체를 믿는다. 다른 사람들의 선한 마음을 믿는다. 이 목록의 마지막에는 가장 중요한 믿음이 있다. 나는 나 자신을 믿는다. 단순하게 들릴 수도 있고 오늘 지금 이 순간에는 여러분에게 사실이 아닐 수도 있지만, 다른 것을 믿기 전에 자기 자신부터 믿어야 한다.

> **"**
>
> ## 패자는 승자에게 초점을 맞춘다.
> ## 승자는 승리에 초점을 맞춘다.
>
> **"**

자신의 가치관 목록을 작성하자. 이건 날마다 여러분의 행동과 생각을 이끄는 것들이다. 나는 나 자신과의 관계를 소중히 여긴다. 다른 사람들과의 관계를 소중히 여긴다. 혼자만의 시간을 소중히 여긴다. 내 몸과 마음을 소중히 여긴다. 내 공동체와 가족의 지지를 소중히 여긴다. 내가 하고 싶은 일을 할 수 있는 시간과 공간을 소중히 여긴다. 이 목록의 마지막에는 가장 중요한 것이 들어간다. 나는 나 자신을 소중히 여긴다. 나부터 소중히 하지 않으면 다른 누구도, 다른 어떤 것도 소중히 여길 수 없다.

협상할 수 없는 것들의 목록을 만들자. 이건 타협하고 싶지 않은 것, 여러분의 가치관을 지켜주는 것들이다. 나는 우리 가족에게 중독 성향이 유전되고 있다는 걸 안다. 이게 내 DNA의 일부라는 걸 알기에 술, 담배, 도박, 마약에 대해서는 절대 협상하지 않을 것이다. 그런 위험을 감수할 수는 없다. 디디도 협상할 수 없다. 내가 여행을 간다면 디디와 함께 갈 것이다. 이건 계약서에도 명시된 사항이다. 내가 가면 그녀도 가야 한다. 내가 누리는 조용한 시간도 협상할 수 없다.

아침에 일어나면 내 하루를 세상 사람들과 나누기 전에 기도하고 명상하고 반성할 시간이 필요하다. 여러분의 협상 불가 목록은 핵심적인 가치관을 보여주는 거울이자 본인의 가치관과 신성한 신념을 고수하는 수단이 되어야 한다.

이 모든 목록이 여러분의 핵심적인 본질을 보여주는 청사진을 만들기 시작한다. 물론 여러분의 개인적인 경험과 성격도 이 청사진에 필요한 정보를 제공할 것이다. 내 경우, 나의 성격 유형을 이해하는 데 가장 좋은 도구는 비행 평가였다. 이 틀 안에서 내 자신을 보기 전에는 목적을 가지고 살아가면서도 왜 내가 그런 식으로 움직이는지 잘 이해하지 못했다. 어떻게 헤아 너 효과적으로 움직일 수 있는지, 어떻게 해야 다른 사람들과 소통하면서 효율적으로 일할 수 있는지 몰랐다.

어떤 사람들에게는 내가 교회, 학교, 강당, 라커룸, 감옥 등 모든 곳에 있는 것처럼 보이겠지만, 비행 평가를 통해 이게 내 성격의 일부라는 사실이 분명해졌다. 사람들은 대부분 나처럼 에너지가 넘치고 직관적인 사람은 그 성격에 맞는 직업과 인생 행로가 있다는 걸 깨닫지 못한다. 많은 조종사들은 자기가 조종사이고 팀을 위해 결정을 내릴 준비가 되어 있다는 걸 모른다. 많은 항공 교통 관제사들은 자기에게 많은 권한이 있고 사업의 진정한 리더라는 사실을 깨닫지 못한다. 자기가 누구인지 알면 자기에게 어떤 능력이 있고 그걸 세상에 어떻게 적용해야 하는지 알 수 있다. 나는 사람들과 어울리기 좋아하는 성격이므로 사람들이 있는 곳으로 간다.

하지만 청사진을 만들고 평가를 진행한 뒤에도 아직 단계가 하나 더 남았다. 본인이 그걸 원해야만 한다. 세상에서 여러분이 꿈을 이루는 걸 자기 자신만큼 간절히 바랄 수 있는 사람은 없다. 자신의 꿈을 원해야 한다. 집중해야 한다. 숨쉬고 싶은 만큼 간절하게 성공을 원해야 한다. 본인의 의욕과 욕망을 대신할 수 있는 건 없다. 내면에 타오르는 불이 없다면, 집요함이 없다면, 아무것도 이루지 못할 것이다. 여러분은 집중해야 할 의무가 있다. 꿈을 꿔야 할 의무가 있다. 밖에 나가서 그 꿈을 이루어야 할 의무가 있다.

자신을 우선시하라

기혼자라면 배우자가 요구하는 게 있을 것이다. 자녀가 있다면 아이들이 요구하는 게 있을 것이다. 직장에 다닌다면 상사가 요구하는 게 있을 것이다. 주변 모든 사람이 여러분에게 뭔가를 요구한다. 하지만 그건 괜찮다. 세상은 원래 그렇게 돌아가는 법이니까. 하지만 여러분도 자신에게 요구하는 게 있다. 그리고 자신에게 필요한 걸 주지 않는다면 다른 누구에게도 줄 수 없다.

일반적인 사람은 살면서 친밀하게 지내는 사람이 150명 정도다. 이 계산에 따르면 나는 아마 300명쯤 될 것이다. 이제 주변에 있는 가장 가까운 사람들 100명의 요구를 충족시키기 위해 전화를 걸고, 졸업식이나 생일 파티에 참석하고, 선물을 산다고 가정해 보자. 이 경우 여러분은 자기 인생을 다른 사람들에게 넘겨주고 있는 셈이다. 다른 사람들이 여러분의 재능을 지배하도록 허용하고 있다. 도움이 필요한 이들을 외면해야 한다는 얘기는 아니지만 모든 사람이 원하는 모든 것이 될 수는 없다. 그렇게 많은 사람을 돌보다가는 아마 자기 자신을 돌볼 수 없을 것이다.

나도 경험해 봐서 잘 안다.

사람들이 자기 출신지를 떠나 성공을 거뒀을 때 드는 생각이 있다. 주로 원래 살던 곳에서 벗어나 성공한 운동선수나 기업가들에게서 그런 모습을 자주 본다. 그걸 생존자의 죄책감이라고 한다. 여러분은 남들처럼 힘든 시간을 이겨냈다고 생각하지만 결과적으로 그들은 실패했고 여러분은 성공했다. 여러분은 살아남았고 그것에 대해 죄책감을 느낀다. 그리고 죄책감을 해소하기 위해 자신을 아낌없이 내주기 시작한다. 대학에 가서 좋은 직장을 얻은 사람은 나뿐이니까 이모한테 차를 사준다. 동생이 집을 사도록 돈을 보태준다. 사촌들과 동네에서 함께 자란 친구들에게 돈을 준다. 여러분과 같은 수준의 성공을 이루지 못한 사람들의 욕구를 충족시키려고 자기가 가진 걸 전부 내준다. 관대한 태도가 잘못된 건 아니지만 결국 한계가 있기 때문에 양쪽 모두에게 해롭다.

생존자의 죄책감을 너무 심하게 느끼는 나머지 본인의 행복까지 억누르는 NFL과 NBA 선수들과도 대화를 나눠봤다. 난 그들이 재능을 계속 발휘할 수 있으려면 먼저 자기 자신부터 돌봐야 한다고 강조한다. 그들이 최고의 성과를 올리지 못한다면 더 이상 누구도 돌볼 수 없기 때문이다. 또 그들이 3,000만~4,000만 달러 정도씩 벌지 몰라도 주변에서 다들 찾아와 돈을 달라고 하면 금세 바닥날 수도 있다. 모든 사람을 돌볼 수는 없고 그럴 책임도 없다. 나, 에릭 토머스는 우리 가족의 유일한 부양자다. 그러므로 나의 정신적, 정서적, 육체적, 영적 건강은 다른 사람보다 우선이다. 내 가족을 계속 부양할 수 있도록 모든 걸 내게 쏟아야 한다. 다른 사람을 돌보기 진에 나 자신부터 돌봐야 한다.

자신보다 다른 이들을 돌볼 의무가 있다는 생각에 생계를 포기하는 사람들에 관한 얘기를 종종 듣는다. 요전에 비행기를 처음 타본 50세 남자와 이야기를 나눴다. 그는 평생 일만 했기 때문에 어디에도 갈 시간이 없었다. 티켓을 예약하고 떠날 준비까지 다 해놓고도 여전히 공항에 가서 비행기를 타야 하는 건지 확신이 서지 않았다. 그는 자신을 돌보느라 다른 사람을 돌보지 못한다고 걱정했다. 나는 아이들을 키우느라 학교에 복학하는 걸 포기하거나 항상 원하던 직업을 추구하지 못하는 여성들과 자주 얘기를 나눈다. 난 젊은 시절에는 아내가 남편의 오른팔 같은 조력자가 되어야 한다는 구태의연한 기독교 철학에 동의했다. 내 사업이 성장하자 디디가 날 도와줘야 한다고 생각했지만, 디디는 이 문제에 대해 항상 솔직했다. 예전부터 그녀의 꿈은 간호사가 되는 것이었고 자기가 그 꿈을 추구하는 걸 아무도 방해하지 못하게 했다. 그녀는 내 꿈을 위해 자신의 정체성을 잃거나 자기 꿈을 제쳐두고 싶어 하지 않았다. 그건 심오한 문제다. 그걸 이해하기까지 시간이 좀 걸리기는 했지만 지금은 그녀의 생각에 동의한다.

내 꿈은 내 꿈이지, 다른 사람의 꿈이 아니다. 내 꿈은 나만의 것이고 이걸 추구하는 것이 나의 의무다. 내가 좇지 않는다면 아무도 이 꿈을 좇지 않을 것이다.

하루는 24시간, 일년은 365일뿐이다. 여러분이 이 땅에서 몇 년을 살지는 아무도 모른다. 그러니 여기서의 시간을 최대한 활용할 수 있는 방식으로 살아야 한다. 그게 여러분의 의무다.

자신을 최우선으로 생각해야 한다. 자신을 돌보고 시간을 내서 자신을 바라보고 자기 본모습대로 살아가는 데 익숙해지면 그때 비로소 다른 사람을 돌보고 다른 사람을 바라보고 다른 사람들과 편안하게 지내기 시작할 수 있다. 자신을 발전시키고 본인이 원하는 집중적이고 중심이 잘 잡히고 자아실현을 이룬 사람이 될 수 있는 시간을 충분히 가져야만 남들에게두 베풀 수 있다.

세상이 내게 품은 기대에 부응하는 걸 포기하자 에릭 토머스의 완전히 새로운 부분에 들어서게 되었다. 자신에게 자리를 내주기 위해 주위 사람들과 이어지는 문을 닫는 것이 고통스러울 수도 있다. 나도 헌츠빌을 떠나 미시간 주립대에서 새로운 삶을 살 때 고통스러웠다. 나만의 길을 만들기 위해 미시간 주립대를 떠날 때도 고통스러웠다. 교회를 떠나 완전히 새로운 공동체를 만들 때도 고통스러웠다. 성장은 고통스럽다. 십대 때 급격한 성장으로 인해 뼈가 아팠던 일이 기억나는가? 그런 급성장을 겪지 않으면 키도 클 수 없고 어른이 될 수도 없다. 앞으로 나아가는 건 고통스럽다. 변화는 고통스럽다. 하지만 사실은 같은 장소에 머무는 것도 고통스럽다. 단지 다른 종류의 고통, 오래된 물집 위에 생긴 굳은살처럼 익숙해진 고통일 뿐이다. 고통 없이는 성장할 수 없다. 하지만 자신과 접촉하면 본인의 상태를 확인하고 성장 경험을 받아들일 수 있다.

"

자기 꿈을 추구하기 위해
허락을 받을 필요는 없다.
그건 여러분의 꿈이다.
그걸 좇는 데 공동 서명인이 필요하지는 않다.

"

여러분에게 시간을 빚진 사람은 여러분뿐이다. 여러분은 자신을 위해 시간을 할애할 수 있는 유일한 사람이다. 삶의 현실 속에서는 어떤 모습일까? 집중하는 것으로 하루를 시작하자. 가운데에 점이 찍혀 있는 종이를 상상하자. 그 점은 바로 여러분이다. 여러분을 중심에서 멀어지게 하고 가장자리로 끌어당기는 것들이 많을 것이다. 여러분이 해야 할 일은 날마다 최대한 중심을 유지하면서 집중하는 것이다. 아침에 일어나면서부터 '돈을 벌어야 해'라는 생각을 해서는 안 된다. 재무부에서는 매일 돈을 찍어내지만 평화, 기쁨, 행복은 찍어내지 못한다. 월마트에 가서 시계를 살 수도 있고 루이비통에 가서 지갑을 살 수도 있다. 하지만 충족감을 살 수는 없다. 중심을 지키고 있어야만 자신을 볼 수 있고 어디로 가야 할지 알 수 있으며 자기 앞에 펼쳐지는 미래를 볼 수 있다.

여러분은 명상을 하면서 중심을 잡을지도 모른다. 달리기를 하거나 성경을 읽거나 혼자 커피를 마시면서 조용한 시간을 보내는 방법

"

피와 땀과 눈물을
기꺼이 쏟는다면
원하는 걸 가질 수 있고,
될 수 있고, 할 수 있다.

"

도 있다. 중심 잡기는 하루 중 언제든 가능하다. 지하철을 타거나 운전하는 동안, 사무실에 있을 때, 학교에서 집으로 걸어가는 동안일 수도 있다. 중심 잡기는 마음을 바르게 하는 것이다. 그리고 여러분의 마음은 항상 여러분과 함께 하며, 여러분은 자기 마음을 책임져야 한다.

여러분의 하루가 어떤 식으로 진행되는지 생각해 보자. 오늘은 성취가 여러분에게 어떤 의미인지 마음속에 그려보자. 이상적인 날의 모습을 떠올리자. 만약 아직 거기 도달하지 못했다면, 이상적인 날을 경험하지 못했다면, 다음 주나 다음 달, 내년에 그런 이상적인 날에 도달하기 위해 오늘을 어떻게 보내야 하는지 생각해 보자. 여러분의 한 주는 어떤 모습인가? 다음 단계로 올라가려면 무엇을 해야 하는가? 여러분의 한 달은 어떤 모습인가? 1년은? 자신을 정상 궤도에 올려놓기 위한 계획을 세우자. 여러분을 위한 계획은 여러분만 세울 수 있다. 그리고 여러분은 자기 계획의 중심이 되어야 하는 의무가 있다.

자신을 최우선으로 여기는 방법 가운데 하나는 혼자 시간을 보내는 것이다. 자신의 슈퍼파워가 뭔지 알아내야 할 때도 혼자 시간을 보낸다. 자신의 목적을 찾을 때도 혼자 시간을 보낸다. 자신의 동기와 연결될 때도 혼자 시간을 보낸다. 자신을 알려면 혼자 있어도 괜찮아야 한다. 실패하는 걸 두려워해서는 안 된다. 거절에 대한 두려움을 떨쳐버려야 한다.

밖에 있어도 괜찮아야 한다. 밖에 있으면 자기만의 관점이 생긴다. 이를 통해 자신을 더 잘 볼 수 있고, 전진시켜야 하는 게 뭔지 알 수 있다. 자신을 알게 되면 자신과 함께 시간을 보낼 수 있을 만큼 스스로를 사랑하게 되므로 혼자 있는 게 편해진다. 다른 사람들의 생각이나 회사나 조직이 원하는 것, 시스템이 요구하는 것을 두려워하지 않게 된다. 그런 것들의 외부에서, 그리고 자신의 충만함 안에서 자기 모습을 볼 수 있다. 그리고 당연한 일이지만, 자신이 편하게 느껴지면 그때부터 기회와 다른 사람들을 끌어들이기 시작한다. 여러분이 자기 자신과 함께 있는 걸 받아들이지 않는다면 아무도 여러분과 함께 있는 걸 받아들이지 않을 것이다.

자신의 가치관, 신념, 초점, 자기 인식에 대한 청사진이 있으면 이제 기준을 정해야 한다. 자기가 이룬 성과와 시간을 보내는 방식을 지속적으로 평가해야 한다. 목표도 좋지만 기준이 있어야 다음 단계로 올라설 수 있다. 그 기준에 맞춰서 시간 관리를 하면 기준을 충족시키기 위한 자연스러운 흐름이 생길 것이다.

나는 아침에 하려고 결심한 일을 했는지 자문해 본다. 내게 가장 큰 행복감을 안겨주는 방식으로 시간을 썼는지 자문해 본다. 내 인생의 이 시점에는 많은 기회가 있다. 사람들은 내게 토크쇼에 출연해 달라고 부탁하고, TV 프로그램을 제안하고, 할리우드로 초청하고, 자가용비행기를 태워주기도 한다. 하지만 나는 내 시간을 책임져야 한다. 그리고 모든 기회가 시간을 보내는 방법에 대한 내 기준을 충족시키지는 못한다. 내가 다른 사람들처럼 분방하게 행동한다면 가보고 싶은 모든 학교와 교회와 감옥을 방문할 수 없다. 다른 사람의 일을 처리하느라 바쁘다면 가족과 아이들과 시간을 보낼 수 없다. 나는 내 기준을 지켜야 한다. 그러니 여러분도 매일 자신에게 물어보자. 원하는 방식대로 시간을 썼는가? 예배를 드렸는가? 운동은 했는가? 명상은?

가족, 친구, 공동체 등 원하는 사람들과 시간을 보냈는가? 시간을 보내면서 그 시간에 집중했는가? 그 순간을 온전히 살았는가? 함께 하면서 계속 발전시키고 싶은 사람들과의 관계에 집중했는가?

여러분의 삶이 곧 유산이다

우리 엄마는 항상 모든 세대는 자기가 받은 만큼 보답해야 한다고 말했다. 이는 자기 이전 세대가 어떤 일을 했는지 보고 그들이 한 일을 더 발전시키기 위해 자신의 역할을 다해야 한다는 뜻이다. 내 증조부모는 기회를 찾기 위해 짐 크로 법이 시행 중이던 남부를 떠나 북부로 가족을 이주시켰다. 내 조부모는 자녀들이 자기들보다 많은 걸 가지도록 하기 위해 할 수 있는 일은 다 했다. 내 부모는 프로젝트에서 벗어나 산업계에서 안정적인 일자리를 얻었기 때문에 난 그들보다 많은 걸 누릴 수 있었다. 우리 가족은 디즈니나 멕시코 여행은 가지 않았지만 매 끼니 푸짐한 식사를 하고 옷도 사입고 여기저기 여행도 좀 다녔다. 디디와 나는 우리 가족 중에서 대학 교육을 마친 첫 번 째 세대다. 우리는 직업을 구해서 생활이 안정된 뒤에 아이를 낳았다. 우리 아이들은 양친이 모두 있는 가정에서 자랐다. 그리고 현재 우리 아이들은 진정한 기회를 얻었다. 그들은 최고의 학교에 다녔고 내가 꿈만 꾸던 인맥을 가지고 있다. 아들 잘린은 NBA 팀에서 일하고 딸 제이다는 심리학 석사 학위를 땄다. 물론 지금은 자신들이 누리면서 자란 특권에 대해 걱정하지만, 그것 자체가 특권이다.

유산을 남기려면 자기 세대의 기수가 되어야 한다. 다음 세대를 발전시키는 데 도움이 될 기준을 세워야 한다. 이건 단순히 재정적 안정에 관한 문제가 아니다. 우리는 세대의 부를 단순히 금전적인 쪽으로만 생각하는 경우가 많다. 그러나 세대의 부는 감정적이고 정신적이며 영적이다. 우리는 돈보다 훨씬 많은 것을 물려받는다. 우리는 삶의 방식을 물려받는다. 나는 나 자신과 내 기준에 헌신하면서 유산을 만들어냈다.

지금이 바로 여러분의 유산을 구축하기 시작해야 할 때다. 지금이 주도권을 잡을 때다. 지금이 그 일을 할 때다. 지금이 앞으로 펼쳐질 위대함을 꿈꿀 때다. 하지만 꿈만 꾸는 게 아니라 그 꿈을 실현해야 한다. 위대해져야 한다. 자기 삶을 장악할 때가 왔다. 자신에게 발을 들여놓을 때가 왔다. 자기만이 살 수 있는 방식으로 삶을 살기 시작해야 한다. 진정한 자신이 될 때가 왔다. 이 책을 내려놓을 때가 됐다. 이제 여러분의 책을 써야 할 때다.

감사의 글

교회에서, 거리에서, 특별 행사장에서 이루어지는 모든 사람과의 만남, 모든 대화, 모든 악수, 모든 격려의 말에 진심으로 감사한다. 여러분은 내가 이 일을 하는 이유다. 정말 감사합니다.

자비 출판을 하던 우리 책을 빅 리그로 끌어올려준 편집자 매튜 벤자민과 하모니-로데일 팀에게 감사드린다. 나와 이 여정을 함께 해준 레슬리 파리소도 정말 고맙다.

레스 브라운, 밥 프록터, 토니 너콜스, 빌 에머슨, 댄 길버트, 토머스 데이비스, 크리스 폴, 레지 부시, 타이리스 깁슨, 글렌 트위들, 인시피오 아카데미, 스티븐 툴로치, 숀 "디디" 콤스, 빅터 올라디포, 캠 뉴턴, 디마리오 데이비스, 마이클 B. 조던, 지아반니 러핀, 오마리온, 케일럽 손힐, 브라이언 보스틱, 아이재아 토머스, BJ 스태블러, 준 아처, 앤서니 "쇼타임" 페티스, 케네스 넬슨, 듀크 루퍼스, 프린스 필더와 샤넬 필더, 로렌스 프랭크, 마크 잭슨, 제프리 슈미트, 니야 버츠, 마크 단토니오, 마이크 데이비스, 스콧 드류, 앨빈 브룩스 3세와 베일러 팀,

드류 발렌타인과 로욜라 팀, 디스클로저, 미케스트로, 애슐리 아이저 호프, 톰 이조, 부피니 앤 컴퍼니, 카야니, 본데일 싱글턴에게 감사한다. 그리고 내게 영감을 준 오크우드의 전설들, 데니스 로스 3세, 버츄(트로터 자매에 대한 열광적인 사랑)와 샤본 플로이드, 샤론 라일리와 페이스 코랄, 안젤리크 클레이, 안젤라 브라운, 브라이언 맥나이트, W. S. B.Willing Succeeding and Black, DP(오웬 시몬스), 보이스 오브 트라이엄프(데미안 챈들러), 윈틀리 핍스, 배리 블랙, 크리스 윌리스, 테이크 6, 듀웨인 스탈링, 폴 그레이엄과 패트릭 그레이엄("트윈스"), 벨 타워 사역부, 어빈 다프니스, 멜빈 헤이든, 퀸시 해리스, 스티븐 툴록, 커넥트파이브에게도 감사 인사를 전한다.

뉴발란스, 언더아머, ESPN, NBC, 퀴큰 론즈에서 함께 일했던 모든 분들과 AT&T에서 만난 션 해리스에게 감사한다.

내 인생의 여성들: 그웬 할머니, 라마 할머니, 완다 이모, 클레오 이모, 부비 이모, 타와나 이모. 기저귀를 차고 다니던 시절부터 꾸준히 이어지고 있는 여러분의 지지에 감사드린다. 또 시스터 램, 마 트로터, 마 베즈(스털링 포스터)도 빼놓을 수 없다.

내 인생의 남성들: 브루스 삼촌, 지미 삼촌, 데이비드 삼촌, 팀 스미스와 웨인 스미스, 로버트 킹, 레온 버넷, 제임스 도겟 목사, T. 먀샬 켈리 목사, 프레스턴 터너, 루퍼트 캐노니어, 칼라스 퀴니 시니어, 대니얼 보건 코치, 제럴드 클리프트 카일, 르네 챈들러, 제임스 블랙 목사, 에릭 캘빈 워드 장로, 숀 홀랜드 목사, 래리 트리스 목사, 네이선 딕슨 목사, 스티븐 코피, 월터 깁슨 목사, 호프 펠로우십, E. E. 클리블랜드… 이분들에게서 책임감을 배웠다.

형제들: 라돈 대니얼스, 리 램, 로이드 폴(세인트 마틴에 감사를 전한다). 칼라스 퀴니, 버크스 홀랜즈, 찰스 애링턴, 섀넌 오스틴, 그레그 아노, 에이드리언 마쉬, 존 새먼, 데릭 그린, 퀘스트 그린, 조이 키블, 제이미 쿡, 잉키 존슨, 제레미 앤더슨, 칼 필립스.

나를 지지해주는 모든 이들에게 감사한다. 이름을 전부 댈 수는 없지만 퀴니 가족, 타이우스 가족, 라샤나 파운틴, J. D., 애링턴 가족, 월터 비벤스, 데릭 윌리엄스, '변화의 장소' 사역팀 가족, 로드니 패터슨, 머레이 에드워즈, 리 준 박사, 보니타 커리 박사, 소냐 거닝스 박사, 페로 다그보비 박사, 브랜든 보스틱, LBJ, 미크 밀, 램 가족, 토베 은위와 팻 은위, 넬 그랜트, 라마 히긴스, 모스타파 고님, 제프 이데헨, 제말 킹, 조쉬 해치, 데렉 보우, 토니 비앙코시노, 앤서니 플린, 도로시 L. 그린, 오스틴 가족. 이들과 이 책에 언급된 모든 분들에게 감사드린다.

돌아가셨지만 잊을 수 없는 이들: 마이크 삼촌, 벤 삼촌, 앨런 존슨, 케이 크레이그-하퍼, 르네 브랙스턴, 레니아 브랙스턴, 글렌다 크레이그-앤더슨, 워드 장로, 클리블랜드 장로, 마베즈, 크리스 대니얼스, P.C. 윌리스 목사.

엄마와 날 믿어준 모든 가족에게 감사한다.

ETA 직원들: CJ, 칼, 엘 "L", 티파니 헤이즈, 카멜라 퀴니, 아샨테 터커, 발레리 호킨스, 니키 손더스, 시에라 프라이어, 마셜 폭스, 셰릴 맥브라이드 브라운 박사, 트레인 퀴니, 밸러리 험프리, 찰스 테리, 브랜든 번즈, 셸리 본, 호세 베넷. 내가 업계에서 가장 재능 있는 팀을 보유하고 있다는 걸 안다. 우리가 함께 할 미래가 매우 기대된다.

유튜브, 트위터, 인스타그램, 페이스북에서 날 지지해주는 분들과 내 책이나 MP3를 구입하거나, 티셔츠를 입거나, 믹스테이프를 다운로드하거나, 동영상을 공유하거나, 다른 사람에게 나와 내 일에 대해 얘기한 모든 분들께 감사드린다. 당신들 덕분에 매일 아침 일어나 내 소명을 다하고 있다.

내 가장 친한 친구이자 반석, 끝까지 굴하지 않는 책임 파트너가 되어준 내 아내 딜시 "디디" 모즐리에게 감사한다. 그녀는 내가 최고가 되도록 밀어줬고, 그래서 난 그녀에게 최고의 것을 주고 싶다. 내 인생의 두 가지 기쁨인 잘린과 제이다의 아빠가 된 것은 나의 특별한 특권이다. 이보다 더 좋을 수는 없다.

마지막으로 불가능은 아무것도 아니라는 걸 날마다 증명하는 하느님에게 영광을 돌린다.

그리고 날 위대한 수준까지 밀어붙여 준 날 싫어하는 이들에게 특별한 감사를 표한다. 앞으로도 영원히 당신과 당신 가족에게 축복이 계속되기를. - 마태복음 5:44

감사합니다.

에릭 토머스

옮긴이 박선령

세종대학교 영어영문학과를 졸업하고 MBC방송문화원 영상번역과정을 수료했다. 현재 출판번역 에이전시 베네트랜스에서 전속 빈역기로 활동 중이다.

옮긴 책으로는 『타이탄의 도구들』 『지금 하지 않으면 언제 하겠는가』 『하루 한 장 마음챙김 긍정 확언 필사집』 『최고의 팀은 무엇이 다른가』 『억만장자 시크릿』 『북유럽 신화』 『똑똑하게 생존하기』 등이 있다.

가질 수 있고 될 수 있고 할 수 있다

초판 1쇄 발행 2023년 9월 4일

지은이 에릭 토머스
옮긴이 박선령
펴낸이 김선준

책임편집 이희산
편집팀 송병규
마케팅팀 이진규, 권두리, 신동빈
홍보팀 한보라, 이은정, 유채원, 권희, 유준상, 박지훈
디자인 김세민
경영관리팀 송현주, 권송이

펴낸곳 (주)콘텐츠그룹 포레스트   **출판등록** 2021년 4월 16일 제2021-000079호
주소 서울시 영등포구 여의대로 108 파크원타워1 28층
전화 02) 2668-5855   **팩스** 070) 4170-4865
이메일 www.forestbooks.co.kr
종이 ㈜ 월드페이퍼   **인쇄** 더블비   **제본** 책공감

ISBN 979-11-92625-71-3 (03320)

㈜콘텐츠그룹 포레스트는 독자 여러분의 책에 관한 아이디어와 원고 투고를 기다리고 있습니다. 책 출간을 원하시는 분은 이메일 writer@forestbooks.co.kr로 간단한 개요와 취지, 연락처 등을 보내주세요. '독자의 꿈이 이뤄지는 숲, 포레스트'에서 작가의 꿈을 이루세요.